QUESTIONS

THÉORIQUES ET PRATIQUES

SUR LA TRANSCRIPTION EN MATIÈRE HYPOTHÉCAIRE

DANS L'ORDRE DES ARTICLES

DE LA LOI DU 23 MARS 1855

(C.)

DIJON, IMPRIMERIE LOIREAU-FEUCHOT
place Saint-Jean, 1 et 3

QUESTIONS

THÉORIQUES ET PRATIQUES

SUR LA

TRANSCRIPTION EN MATIÈRE HYPOTHÉCAIRE

DANS L'ORDRE DES ARTICLES

DE LA

LOI DU 23 MARS 1855

PAR

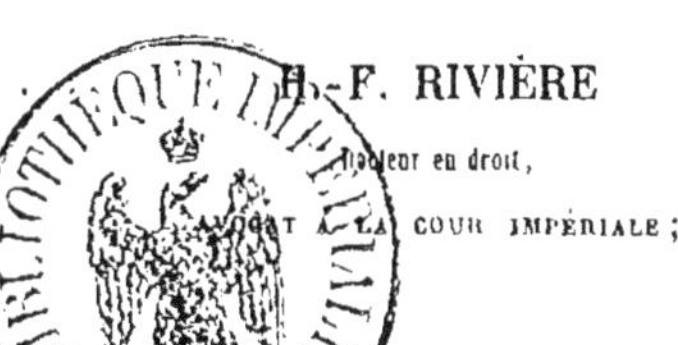

H.-F. RIVIÈRE
Docteur en droit,
avocat à la cour impériale;

ET

A. HUGUET
Docteur en droit,
avocat au conseil d'État et à la cour de cassation.

PARIS

CHEZ A. MARESCQ et DUJARDIN, LIBRAIRES-ÉDITEURS

RUE SOUFFLOT, 17

ET CHEZ LES AUTEURS, RUE JACOB, 48

1856

AVERTISSEMENT.

Une loi qui a pour but de simplifier et d'améliorer l'établissement de la propriété, de donner plus de facilité et de sécurité aux transactions, de favoriser le crédit, doit nécessairement solliciter les méditations des jurisconsultes. Aussi celle du 23 mars 1855 a-t-elle été dès les premiers jours de sa promulgation l'objet de plusieurs commentaires.

Mais les règles sur la transcription, comme toutes celles qui ont trait à la constitution de la propriété foncière et au crédit immobilier, offrent une vaste carrière à l'interprétation. Les textes de la loi nouvelle se rattachent, en effet, aux principes les plus importants de notre droit. Il sera facile de s'en convaincre par la lecture de cet ouvrage ; et cependant nous ne nous flattons pas d'avoir épuisé la liste des aperçus et des difficultés que la matière peut faire naître. La jurisprudence, dans l'infinie variété des faits, ne manquera probablement pas de la compléter.

Du reste, les questions que nous avons posées ne renferment pas toutes des *problèmes*. Il en est même quelques-unes qui n'ont d'autre objet que de faire connaître les principes généraux. Nous avons pensé que certaines règles, qui plus tard passeront pour ainsi dire à l'état d'axiomes, pourraient bien, le jour où la loi deviendra exécutoire, ne pas avoir pour tous le même degré d'évidence.

C'est aussi pour ce motif que nous faisons parfois précéder la solution des difficultés d'un exposé succinct des principes les plus élémentaires.

Nous avons jugé également nécessaire d'analyser avec soin les opinions des auteurs sur les questions déjà soulevées. Il nous est arrivé assez souvent d'être d'un avis différent, et de critiquer les décisions de plusieurs jurisconsultes estimables. Mais, sans rien sacrifier de ce qui nous paraissait utile, nous croyons avoir toujours mis dans notre discussion toute la déférence due à leur talent.

Une partie de notre législation qui touche à de si graves intérêts impose à l'interprète la plus grande circonspection. Une fausse application des textes, nous le savons, produirait les conséquences les plus désastreuses. Pénétrés de cette idée, nous n'avons pas oublié d'exprimer les doutes qui, malgré nos solutions, existaient quelquefois dans notre esprit.

Dans la distribution de nos matières, nous avons non-seulement adopté l'ordre des articles de la loi du 23 mars, mais nous avons, autant que possible, suivi pas à pas les dispositions de chaque article. Nous avons enfin voulu faire de l'analyse, persuadés que le temps de la synthèse n'était pas encore venu.

D'autres travaux viendront sans doute projeter leur vive et brillante lumière sur toutes les parties du monument que le législateur de 1855 a élevé : *majores majora canant ;* nous serons heureux si nos faibles efforts sont seulement parvenus à répandre quelque jour sur les points les plus saillants.

QUESTIONS THÉORIQUES ET PRATIQUES

SUR LA

TRANSCRIPTION

EN MATIÈRE HYPOTHÉCAIRE.

OBSERVATIONS HISTORIQUES ET PRÉLIMINAIRES.

SOMMAIRE.

1. De la transmission des droits par l'effet des conventions sous l'empire du Code Napoléon. — Effets de la transcription sous ce régime. — Des changements introduits par la loi du 23 mars 1855. — Passage d'un discours de M. de Belleyme au Corps Législatif.
2. Objections des adversaires du principe de la transcription. — Passage d'un discours de M. Lequien. — Notions sur l'origine de la transcription. — Passage d'un rapport au Conseil des Cinq-Cents sur la loi du 11 brumaire an VII. — Observations de M. Duverdy. — Réponse à ces observations. — Considérations sur le but que les rédacteurs de la loi du 23 mars se sont proposé.
3. Aperçu général des dispositions de cette loi.
4. Autres objections faites contre le principe de la transcription. — Réponses.
5. Remarques sur les réformes opérées par la loi du 23 mars. — Système d'interprétation qui doit être adopté.

1. — Selon les dispositions du Code Napoléon et avant la loi du 23 mars 1855, les droits étaient transmis à l'acquéreur, même au regard des tiers, par le seul effet de la

convention, sans qu'il fût besoin, pour opérer cette transmission, ni de tradition ni d'aucune solennité extérieure.

Il existait cependant quelques restrictions à ce principe, notamment en ce qui concernait les donations de biens susceptibles d'hypothèques : ces donations ne recevaient déjà à cette époque toute leur perfection que par la transcription des actes qui les contenaient au bureau de la conservation des hypothèques ; jusqu'à l'accomplissement de cette formalité, elles ne pouvaient être opposées aux tiers, et n'opéraient pas à leur égard transmission de la propriété des immeubles donnés (art. 939 et suiv. C. N.; voy. aussi art. 1069 et suiv.).

Mais cette exception, malgré la doctrine contraire de quelques jurisconsultes, s'appliquait aux donations seulement; le principe de la transmission de la propriété et des autres droits réels, même à l'égard des tiers, par l'effet des contrats à titre onéreux, était admis par une jurisprudence et une doctrine pour ainsi dire constantes et unanimes.

Quand une difficulté s'élevait entre deux personnes qui prétendaient avoir acquis, du même individu, sur le même immeuble, des droits qui s'excluaient ou dont l'un restreignait l'autre, la question était résolue par la date des actes d'acquisition : celle-là était préférée dont l'acte avait une date certaine antérieure.

Sous ce régime, la transcription n'avait donc, si on en excepte la matière des donations et substitutions, que des effets assez restreints : par suite de l'accomplissement de cette formalité, l'acquéreur pouvait bien arriver soit à prescrire par dix ou vingt ans (2180 4° C. N.) et à purger les priviléges et les hypothèques inscrits qui grevaient les immeubles acquis, soit à faire courir le délai à l'expiration duquel les créanciers ayant du chef du précédent propriétaire des priviléges et hypothèques non encore rendus publics, étaient déchus du droit de les inscrire. Mais, comme l'acquisition du droit de propriété et des autres droits réels était l'effet direct et immédiat de la convention, l'acquéreur pouvait invoquer ces droits contre ceux auxquels l'ancien propriétaire en avait consenti sur l'immeuble depuis le contrat. Il était, par conséquent, préféré à un second acquéreur qui aurait fait transcrire son titre et qui se serait fait mettre en possession. Il n'était pas non plus obligé de supporter les servitudes personnelles ou réelles, les hypothèques dont la création était postérieure à son acquisition.

La loi du 23 mars 1855 *sur la transcription en matière hypothécaire* (1), ainsi appelée, sans doute, à cause du rapport de ses prescriptions avec les dispositions du régime hypothécaire et des modifications qu'elle y introduit, a apporté des changements importants dans les principes que nous venons de rappeler sommairement.

Les dangers qui pouvaient résulter du système du Code avaient été depuis longtemps indiqués. M. de Belleyme a résumé avec une grande précision, dans son rapport au Corps Législatif, les observations qui avaient été présentées sur ce point soit par les auteurs, soit par les Cours et les Facultés de droit, lors de l'enquête de 1841 (2).

(1) 23-26 mars 1855. — XI, *Bull.* CCLXXVII, n° 2474.

(2) Voy. ces observations dans le tome Ier des *Documents relat. au Régime hypoth.*, et le Rapport de M. de Belleyme. On trouve ce Rapport avec les

Afin de parer aux inconvénients de la clandestinité de la transmission de la propriété, les rédacteurs de la loi du 23 mars, se conformant en cela aux vœux émis par presque toutes les Cours et les Facultés de droit, par toutes les Commissions nommées soit par le ministre de la justice, soit par les assemblées législatives, soit par l'ancien Conseil d'Etat, rétablirent le principe de la transcription édicté par la loi de brumaire an VII, en l'appliquant à des démembrements, à des charges de la propriété, à certains droits que cette loi n'avait pas compris dans ses dispositions. « Ce qu'on se propose par le projet de loi, disait M. de Belleyme, c'est d'introduire un changement dans les règles établies en matière de translation de propriété. Dans l'état présent des choses, pour l'acte translatif de propriété, et notamment pour la vente, qui est le plus usuel des actes de cette nature, aucune formalité spéciale n'est prescrite : le simple consentement, la seule volonté des contractants suffit pour la translation de la propriété entre les parties et à l'égard des tiers. Il n'en sera plus ainsi désormais. La translation de propriété n'aura lieu pour les tiers que quand l'acte sera transcrit sur le registre du conservateur des hypothèques. Lorsqu'il suffisait du simple consentement, de la seule volonté des parties, d'une convention verbale, d'un acte sous seing privé, et, à plus forte raison, d'un acte authentique pour transférer la propriété, la connaissance de l'acte était circonscrite entre les seuls contractants; il n'existait aucune formalité publique et

autres documents relatifs à la loi nouvelle dans le second appendice de l'ouvrage intitulé : *Explication de la loi du 23 mars* 1855, par MM. Rivière et François.

légale au moyen de laquelle on pût s'assurer que le droit de propriété résidait dans la personne avec laquelle on avait l'intention de traiter.....

« Un homme de bonne foi pouvait traiter avec celui qui n'était plus propriétaire. Un homme de mauvaise foi pouvait vendre ce qui ne lui appartenait plus. L'acheteur pouvait être exposé à payer le prix et à ne rien recevoir en échange, ou bien, après le prix payé et la mise en possession de l'immeuble, l'acquéreur pouvait être évincé par un acheteur antérieur qui s'était laissé ignorer et qui venait opposer un enregistrement jusque-là inconnu, fait clandestinement à deux cents lieues de distance de l'immeuble.

« Le propriétaire qui avait aliéné la nue propriété pouvait, en conservant l'usufruit et la possession de l'immeuble, faire une nouvelle vente et tromper un second acquéreur. Pour un usufruit, pour une servitude, pour un bail, une surprise analogue pouvait être pratiquée. La bonne foi du vendeur immédiat ne suffisait pas pour garantir son acquéreur, car ce vendeur pouvait se croire légitime propriétaire et ne pas l'être; le vice qui entachait la transmission pouvait remonter à deux ou trois générations de vendeurs. Dans ces diverses circonstances, l'acquéreur était dans l'impuissance légale de s'assurer de l'état vrai des choses. Il n'y avait aucune sécurité dans les transactions.... Cependant, le droit de propriété valait bien la peine d'être énergiquement protégé et garanti, car la propriété complète, l'usufruit, la servitude, l'hypothèque, donnent lieu à des transactions dans lesquelles des centaines de millions viennent sans cesse se confier à la protection de la loi. Or, il y a, quant à l'hypothèque, par exemple, la même incertitude que pour le cas de vente. Le prêteur ignore, lui aussi, si son emprunteur est réellement propriétaire » (discussion au Corps Législatif, séance du 13 janvier 1855).

2. — Le principe de la transcription a cependant eu et a encore aujourd'hui ses adversaires. Parmi eux il en est qui ont prétendu que ce changement introduit dans nos lois n'était que le rétablissement d'une ancienne règle du droit féodal qui avait autrefois une raison d'être qui n'existe plus aujourd'hui (voy. le discours de M. Lequien, séance du 13 janvier 1855. — *Moniteur* du 15). D'autres ont écrit que le principe de la transcription était dû à une erreur de droit commise par un Représentant dans un rapport présenté au Conseil des Cinq-Cents (1). D'autres enfin, sans repousser précisément le principe du projet de la loi du 23 mars, ont fait porter leurs critiques sur la disposition de la loi de brumaire an VII, qui, selon eux, était *un expédient du régime du Directoire* (voy. discours de M. Millet, séance du 15 janvier 1855. — *Moniteur* du 17).

Il n'est peut-être pas sans intérêt de rétablir en quelques mots la vérité sur tous ces points : il importe de ne pas laisser subsister quelques préventions fâcheuses contre les principes d'une loi qui par ses conséquences économiques est, selon nous, destinée à procurer d'assez grands avantages à la société.

Voici d'abord comment M. Lequien s'exprimait au Corps Législatif :

(1) Voy. l'excellent article de M. Duverdy. — *Revue historique*, 1855, 2e livraison, page 112.

« Dans le droit coutumier, la vente n'était pas parfaite par le seul consentement, et il fallait des formalités équivalentes à la transcription. Mais cet état de choses tenait à ce qu'on ne pouvait pas, pour acheter, s'adresser à un seul vendeur, il fallait acheter de deux personnes. Le principe était qu'il n'y avait pas de terre sans seigneur. Le seigneur ne pouvant ni aliéner ni amoindrir sa seigneurie, on avait imaginé de diviser le droit de propriété et de distinguer entre le domaine *utile* et le domaine *direct*. Le seigneur conservait le second et disposait du premier. On ne pouvait devenir acquéreur qu'après s'être fait agréer par le seigneur, dont le consentement ratifiait la vente. C'est cette formalité qui, dans le droit intermédiaire, fut remplacée par la transcription. Dans le droit nouveau il n'y avait plus à s'occuper de ces restes du passé; aussi a-t-on dit dans le Code que la vente, comme les autres conventions, était parfaite par le seul consentement des parties. » L'orateur soutenait que vouloir rétablir la transcription, c'était reconstituer en quelque sorte la féodalité, c'était faire de nouveau la séparation du domaine direct et du domaine utile, c'était dire que le domaine utile serait seul transféré (séance du 13 janvier 1855. — *Moniteur* du 15) (1).

(1) La Cour de Besançon pensait, au contraire, que la transcription datait de la Convention. Elle en trouvait le type dans un fragment du Code hypothécaire du 9 messidor an III; c'était, disait-elle, une conséquence nécessaire du système que l'on voulait, à cette époque, mettre à exécution (*Doc. relat. au Rég. hyp.*, tome Ier, p. 170). — Aux termes de l'article 105 de la loi du 9 messidor, celui au profit duquel une expropriation volontaire, onéreuse ou à titre gratuit était consentie, était obligé de notifier et déposer expédition de son contrat dans le mois de sa date à chaque bureau de la conservation des hypothèques dans l'arrondissement duquel les biens étaient situés. Il était tenu

Ces notions sur l'origine de la transcription sont assez incomplètes et ne sont peut-être pas parfaitement exactes.

Dans la France féodale, quand on voulait acquérir la saisine, il fallait l'investiture et la foi pour les fiefs, le vest et le dévest par le seigneur pour les censives, l'ensaisinement par le juge ordinaire pour les alleux, qui, du reste, étaient assez rares (Grand Coutumier, liv. II, ch. 27, 29, 21. — Coutume de Paris, art. 132. — Klimrath, *Sur la Saisine*).

Lorsqu'il n'y avait que simple tradition de fait, la saisine de droit n'existait pas encore au profit de l'acheteur : « Celui, dit Bouteiller (*Somme rural*, liv. I, ch. 67), qui vend sa tenure, mais il en retient encore la saisine par devers luy, ne n'en fait vest à l'acheteur, sçachez qu'il est encore sires de la chose ; mais, toutes fois, il peut estre contraint à faire le werp et adhéritement de la chose. »

L'art. 72 des *Coutumes notoires* porte aussi : « Aucun ne peut être propriétaire s'il n'est ensaisiné réaulment et de fait par le seigneur d'icelle propriété ou par les gens dudit seigneur sous qui elle est (Brodeau, *Sur Paris*, art. 81). Klimrath rapporte un passage du Coutumier d'Artois (chap. 24, § 5-12) qui explique d'une manière pittoresque et intéressante les formalités de l'ensaisinement (voy. Klimrath, *Etude sur la Saisine*).

Ces anciens principes passèrent dans les coutumes de *saisine* et de *nantissement*. Ailleurs, on s'en écarta plus ou moins (voy. Denizart, v^is SAISINE et DESSAISINE). Le système des *appropriances* de la Bretagne avait une grande

registre de ces notifications (art. 108), et, faute de remplir cette condition, les hypothèques consenties par l'ancien possesseur, même après le contrat étaient bien et valablement acquises jusqu'au jour de la notification (art. 106).

analogie avec celui de la saisine et du nantissement (pour les détails, voy. Merlin, v° APPROPRIANCE).

Les formalités du nantissement, qu'on appelait *devoirs de loi*, n'étaient pas uniformes dans toutes les coutumes (voy. Merlin, *Rép.*, v^is^ DEVOIRS DE LOI, § 1 et 2). Les *francs-alleux* y étaient eux-mêmes soumis, selon la jurisprudence du Hainaut et des Pays-Bas (Merlin, *loc. cit.*, § 1). Les devoirs de loi (il importe de le remarquer) étaient une formalité distincte de l'enregistrement.

Dans la plupart des Coutumes, l'enregistrement au greffe des juges qui avaient reçu les devoirs de loi était une condition essentielle pour leur validité (Merlin, *loc. cit.*, § 3). Dans d'autres, la règle était différente *(ibid.)*. Selon quelques-unes mêmes, les devoirs de loi pouvaient se prouver par *record des juges vivans* (Cambrésis, art. 5, tit. 5), ce qui prouve bien que l'enregistrement n'était pas de leur essence.

Bien plus, lorsqu'il s'agissait des *francs-alleux*, les devoirs de loi avaient lieu devant les *francs-alloëtiers*, qui recueillaient les actes sur des feuilles volantes, que l'un d'eux retenait chez lui (Merlin, *Rép.*, v° FRANC-ALLOËTIER).

Quoi qu'il en puisse être, le nantissement n'était que l'image de la tradition de fait; il était comme la tradition réelle du droit romain, le complément, l'exécution du contrat. Il était, comme elle, nécessaire pour transférer la propriété et les droits réels soit entre les parties contractantes, soit à l'égard des tiers (art. 1, tit. 5, Coutume Cambrésis). Tant qu'il n'avait pas eu lieu, le vendeur était encore *sire de la chose*, selon l'expression de Bouteiller. Mais le contrat subsistait et produisait une action personnelle au moyen de laquelle il pouvait être contraint à l'exécution. L'abrogation des devoirs de loi fut la conséquence de la suppression des justices seigneuriales prononcées par les lois du 4 août 1789 (Merlin, *Rép.*, v° Devoirs de loi, § 4). Les art. 3 et 4 de la loi du 19 septembre 1790 abolirent les formalités de saisine, dessaisine, déshéritance, vest et devest, reconnaissance échevinale, mise de fait, main assise, plainte à la loi, et généralement toutes celles qui tenaient au nantissement féodal ou censuel; et, pour en tenir lieu, cette loi ordonna la transcription des grosses des contrats d'aliénation ou d'hypothéque aux greffes des tribunaux de district.

La transcription prescrite par la loi de 1790 produisait le même effet que le nantissement, c'est-à-dire qu'elle était nécessaire pour consommer les aliénations et les constitutions d'hypothèques (art. 3); en d'autres termes, tant qu'il n'y avait pas eu transcription, il n'existait qu'une simple action personnelle entre les parties. Le droit réel ne prenait naissance que par l'accomplissement de cette formalité. Mais il n'y avait plus de devoirs de loi à passer, soit devant les justices seigneuriales, soit devant les francs-alloëtiers. La transcription seule suffisait.

Ces dispositions subsistèrent jusqu'à la loi du 11 brumaire an VII. A cette époque, non-seulement il n'était plus question de formalités symboliques, mais un grand principe commençait à dominer. L'ancienne règle de la nécessité de la tradition réelle pour la translation de la propriété avait été combattue par les auteurs qui avaient écrit sur le droit naturel, et Pothier, tout en abandonnant la question à la dispute de l'école, n'en avait pas moins exposé, avec sa lucidité habituelle, les motifs qui militaient en faveur de la transmission par le seul effet du consentement. D'ailleurs, la règle de la tradition était déjà singulièrement modifiée dans la pratique au moyen de la tradition feinte, résultant des clauses de constitut et de précaire (Pothier, *Oblig.*, n° 151; *Vente*, n° 321. Argou, 2e édit., t. 1er, p. 243). Tout porte donc à penser que le principe spiritualiste consacré par le Code Napoléon avait déjà triomphé lors de la rédaction de la loi du 11 brumaire. Nous lisons en effet ce qui suit dans le premier rapport au Conseil des Cinq-Cents : « La mutation, en ce qui concerne le vendeur et l'acheteur, *est parfaite par leur seul consentement mutuel;* mais d'autres peuvent avoir intérêt à la connaître. Sa clandestinité peut être aussi fatale à la bonne foi, aussi utile à la fraude que celle des hypothèques. Des tiers peuvent croire que celui qui était propriétaire hier l'est encore aujourd'hui ; que celui qui possédait naguère *animo domini,* ne possède pas maintenant à titre purement précaire; ils peuvent prêter sur un gage qui n'existe plus; Il importe à la société qu'on ne puisse les décevoir; il fallait donc que les mutations fussent aussi assujetties à une transcription sur un registre public; il fallait qu'elles ne pussent nuire à ceux qui auraient contracté avec le vendeur avant cette inscription; il le fallait pour que la loi fût conséquente et complète. » Ainsi, d'une part, transmission de la propriété et des autres droits réels entre les parties par le seul effet du consentement; d'autre part, nécessité d'une formalité pour leur consolidation à l'égard des tiers; telles étaient les règles de la loi de brumaire (art. 26).

A lui seul, le document qu'on vient de lire renferme la réfutation des observations présentées par M. Duverdy dans l'article précité de la *Revue historique :* « Nous avons recherché, dit M. Duverdy, l'origine de la distinction qui était faite par la loi de brumaire entre les parties et les tiers, distinction qui était maintenue en 1804 par le projet de la section de législation du Conseil d'Etat, et qui est reproduite dans l'art. 3 du projet de cette année. Nous avons trouvé que l'origine de cette distinction est dans une erreur de droit commise en l'an VI par un des promoteurs de la loi de brumaire. Le Représentant Crassous (de l'Hérault) se trompa, dans un rapport présenté au Conseil des Cinq-Cents, sur le droit des pays de nantissement auxquels on empruntait la transcription, et l'erreur qu'il commit passa dans la loi. On lit, dans son rapport, le passage suivant : « Dans les pays de nantissement, un con-
« trat de vente donne à l'acquéreur le droit de se mettre
« en possession; il peut toujours déposséder le vendeur, et
« en cela le consentement réciproque des parties forme le
« contrat; mais les tiers qui n'ont point stipulé, à qui cette
« convention est étrangère, qui ne peuvent la connaître,
« ne sont nullement engagés; et, s'ils contractent avec le
« vendeur comme propriétaire, le consentement de celui-
« ci a son entier effet, nonobstant son expropriation res-
« tée ignorée. »

« Ainsi, poursuit M. Duverdy, Crassous croyait que, dans les pays de nantissement, la vente et la translation de propriété étaient parfaites entre les parties par l'accord des volontés, tandis qu'à l'égard des tiers il fallait la publicité, avant 1790, du procès-verbal de l'accomplissement des devoirs de loi, depuis 1790, de l'acte de vente. Cette opinion de Crassous était erronée. Avant 1790, lorsque les parties étaient d'accord, l'une pour vendre, l'autre pour acheter un immeuble, il n'y avait dans les pays de nantissement, comme dans les autres pays coutumiers et les pays de droit écrit, qu'une obligation de faire... Crassous s'est donc trompé dans son rapport sur le droit des pays de nantissement. Il est assez remarquable que depuis ce rapport, qui est basé sur une erreur, il n'est personne qui, en parlant de la transcription, n'ait fait une distinction, au regard de ses effets, entre les parties contractantes et les tiers » (*Revue historique*, loc. cit., p. 112 et suiv.).

En admettant que le Représentant Crassous se soit trompé sur le droit des pays de nantissement, comment peut-on supposer qu'une semblable erreur se soit perpétuée dans l'esprit des divers législateurs qui ont existé depuis ce Rapport? Est-ce que, notamment, les rédacteurs du Code Napoléon, qui, certes, étaient imbus des principes de notre ancien droit et qui dans le projet du Code avaient inséré un article relatif à la transcription; qui laissèrent subsister les principes de cette formalité en matière de donations, auraient subi l'influence d'une erreur commise par un Représentant dans un rapport au Conseil des Cinq-Cents? Est-ce possible? Lors de la rédaction de la loi du 11 brumaire, les législateurs, tout en admettant le principe de la transmission de la propriété par le seul effet du consentement entre les parties, avaient déjà parfaitement apprécié les inconvénients qui résultaient de la clandestinité des mutations et l'utilité de les assujettir à la publicité. D'un autre côté, ces législateurs crurent nécessaire de reconnaître la règle de la transmission entre les parties par l'effet de la convention, parce que le principe contraire avait été discuté, combattu avec force, et était, en fait, presque généralement abandonné. Voilà, ce nous semble, la vérité telle qu'elle résulte du passage du rapport que nous avons cité et des autres monuments de notre droit.

Nous nous arrêterons ici. On sait comment la transcription a été conservée dans le Code, en ce qui concerne les donations seulement, à l'exclusion de l'ancienne formalité de l'insinuation.

Nous n'avons pas eu la prétention de faire un historique complet de l'importante formalité rétablie par la loi du 23 mars. Nous avons seulement voulu rectifier quelques idées qui nous avaient semblé peu exactes. Sans doute, cette institution peut, comme bien d'autres, se rattacher par plusieurs liens au passé; mais il ne faut pas oublier les profondes modifications qu'elle a subies. Les devoirs de loi passés devant les francs-alloëtiers avaient déjà un autre but que ceux qui étaient passés devant les justices seigneuriales. Il ne s'agissait plus d'assurer certains droits, de perpétuer le souvenir d'aucune suzeraineté. Les solennités du nantissement ne pouvaient guère tendre qu'à prévenir les tiers de la transmission de la propriété. C'était, évidemment, ce principe seul de la publicité qui préoccupait les législateurs de 1790, et qui a été, probablement, l'objet principal de la sollicitude des rédacteurs de la loi sur la transcription en matière hypothécaire.

3. — Tout en respectant le principe de la transmission

des droits par l'effet de la convention entre les parties contractantes, ils ont pensé qu'il était utile de rendre publiques les mutations de la propriété, et de soumettre à la même publicité les démembrements ou les charges qui peuvent en altérer la valeur, afin de donner ainsi au crédit immobilier une meilleure base que celle qu'il avait auparavant et d'imprimer une nouvelle impulsion à la société du Crédit foncier. Ils ont donc, dans l'intérêt des acquéreurs ou créanciers hypothécaires, assujetti les transmissions de la propriété, des charges ou des modifications qui peuvent exister, à l'accomplissement de la formalité de la transcription. Tous les actes translatifs de la propriété, des droits susceptibles d'hypothèque, tels que l'usufruit; les actes constitutifs des autres démembrements, comme les servitudes réelles, l'usage et l'habitation; de certaines charges qui ne sont pas considérées comme des démembrements, mais comme des droits réels opposables aux tiers, telles que l'antichrèse, et même certains droits, tels que les baux et les cessions ou quittances de loyers ou fermages non échus, ont été soumis à la formalité (art. 1 et 2 L. 23 mars 1855).

Quand les mutations de propriété ou les constitutions d'autres droits assujettis à la formalité n'ont pas été transcrites, elles ne peuvent être opposées aux tiers qui ont des droits sur l'immeuble aliéné, démembré ou grevé, et qui les ont conservés en se conformant aux lois. Un tempérament a cependant été introduit en faveur des baux, qui sont opposables pour une durée de dix-huit ans, et des cessions ou quittances de loyers, qui sont valables pour moins de trois années, malgré le défaut de transcription. Le législateur a estimé que les baux, lorsqu'ils sont d'une longue durée, peuvent diminuer la valeur vénale de l'immeuble; mais qu'il n'en était pas de même lorsqu'ils étaient consentis dans la limite de dix-huit ans qu'il a déterminée (art. 3). — Quant aux cessions ou quittances de loyers, elles ont été validées lorsqu'elles sont de moins de trois années non échues, afin de laisser au propriétaire dans son administration une latitude qui était nécessaire (art. 2, 5°).

Ainsi, aujourd'hui, en règle générale, quand un différend s'élève entre deux successeurs particuliers qui prétendent avoir acquis de la même personne sur le même immeuble des droits dont l'un est exclusif ou restrictif de l'autre, celui-là l'emporte qui, le premier, a rempli les formalités prescrites par la loi.

Il résulte de ces principes que celui qui a aliéné son immeuble peut encore consentir valablement des hypothèques sur cet immeuble tant que l'acquéreur n'a pas fait transcrire son titre. Mais, d'une autre part, aussitôt que celui-ci a soumis son acte à la formalité, l'aliénateur est dépouillé de la propriété à l'égard de tous, et les hypothèques soumises à la nécessité de l'inscription qu'il aurait consenties soit avant la transcription, soit avant l'aliénation, et qui ne seraient pas inscrites, ne peuvent plus l'être utilement une fois la transcription opérée (1).

Si le législateur avait poursuivi rigoureusement les conséquences du système nouveau qu'il consacrait, il aurait appliqué ces règles même aux priviléges du vendeur et du copartageant; mais, par une espèce de transaction qui,

(1) L'abrogation des art. 834 et 835 du Code de procédure était la conséquence de ces nouvelles dispositions (art. 6 *in fine* L. 23 mars).

d'ailleurs, aura pour effet de remédier aux graves inconvénients qui seraient résultés de l'application inflexible du principe, un délai de quarante-cinq jours, à dater de la vente ou du partage, a été accordé au vendeur et au copartageant pour faire inscrire leurs priviléges, nonobstant toute transcription d'actes faits dans ce délai (art. 6 L. 23 mars).

Les rédacteurs de la loi du 23 mars, afin d'informer les tiers des changements qui pourraient s'opérer dans les droits des parties par suite des jugements qui prononceraient la résolution, la nullité ou la rescision des actes transcrits, ont ordonné de faire la mention de ces jugements en marge de la transcription dans un certain délai, sous peine d'une amende contre l'officier ministériel qui négligerait de donner cette publicité dans le délai qui lui est imparti (art. 4 L. 23 mars). Mais la pénalité édictée contre l'avoué est la seule sanction du défaut d'accomplissement de cette formalité.

Enfin, toujours dans le même but, et afin d'affranchir la propriété foncière des charges occultes qui auparavant pesaient sur elle, la loi du 23 mars a *solidarisé*, selon l'expression de M. Rouher, l'action résolutoire et le privilége du vendeur. En d'autres termes, l'action résolutoire, qui reste assujettie aux principes du Code Napoléon quand il s'agit des rapports entre le vendeur et l'acheteur, ne peut plus être exercée, après l'extinction du privilége du vendeur, au préjudice des tiers qui, ayant des droits sur l'immeuble, les ont conservés en se conformant aux lois (art. 7 L. 23 mars).

C'est la même pensée qui a dicté la disposition de

l'art. 8, qui oblige la veuve, le mineur devenu majeur, l'interdit relevé de l'interdiction, leurs héritiers ou ayants cause, à faire inscrire leur hypothèque légale dans l'année qui suit la dissolution du mariage ou la cessation de la tutelle, sous peine de voir cette hypothèque ne dater à l'égard des tiers que du jour de l'inscription, faute de s'être conformés aux prescriptions de la loi. Le besoin de la publicité doit reprendre tout son empire, puisque l'incapacité, en raison de laquelle la clandestinité des hypothèques légales avait lieu, a cessé.

C'est par un motif à peu près analogue que l'art. 9 a ordonné la publicité des subrogations et renonciations à l'hypothèque légale de la femme mariée (article 9 L. 23 mars). Le subrogé ne peut, en effet, invoquer les considérations par suite desquelles la femme est dispensée de prendre inscription sur les biens de son mari pendant l'existence du mariage.

4. — Encore quelques mots pour terminer ces observations préliminaires. Ceux qui n'étaient pas partisans du rétablissement du principe de la transcription ont attaqué cette institution à d'autres points de vue que ceux que nous avons déjà indiqués. Il en est qui ont prétendu qu'en admettant ce principe, on donnait pour base à la loi un cas de fraude, et ont signalé divers inconvénients qu'ils trouvaient plus graves que ceux qui existaient sous l'empire des dispositions du Code Napoléon. « Un homme, disait M. Lequien (séance du 13 janvier 1855, *Moniteur* du 15), qui se propose d'acheter un immeuble, va s'informer auprès du conservateur des hypothèques si tel individu, qui se dit propriétaire, n'a pas déjà vendu. Le

conservateur délivre un certificat négatif, et l'acquisition a lieu. Mais, aussitôt après la délivrance du certificat négatif, un tiers, qui a acheté le même immeuble il y a quelques jours, peut présenter son contrat à la transcription ; il a le temps de se mettre en règle avant que le second acquéreur s'en doute, rassuré qu'il est par le certificat négatif. Le second acquéreur est donc dépossédé par ce seul fait, qu'un autre acte aura été transcrit dans le court espace de temps qui sépare la signature et la transcription de son contrat. C'est celui qui aura fait transcrire le premier qui sera légalement acquéreur ; pour lui, qu'il soit ou non de bonne foi, le droit sera le prix de la course. »

D'abord, de ce que la loi reposerait sur la supposition d'un cas de fraude, d'un stellionat, ce ne serait pas un motif pour en repousser le principe. Il appartient à la loi de prévoir les fraudes et de les prévenir par de sages dispositions. D'ailleurs, ce n'est pas seulement en cas de fraude et de stellionat, c'est-à-dire de mauvaise foi de la part d'un vendeur, qu'un acheteur peut être évincé par suite d'une première vente consentie à une autre personne. Il peut arriver qu'un immeuble soit vendu deux fois sans que l'ancien propriétaire soit stellionataire et exposé aux peines du stellionat. Il peut vendre, en effet, dans l'ignorance d'une première aliénation consentie par son mandataire.

D'autres circonstances semblables peuvent encore se présenter dans lesquelles un immeuble peut être vendu deux fois sans qu'il y ait fraude de la part du vendeur.

Maintenant, le danger qui peut exister dans l'hypothèse

faite par M. Lequien est-il bien à craindre? Non. Le second acquéreur, s'il est prudent, quoiqu'on lui ait délivré un certificat négatif, ne paiera que lorsque la transcription de son acte aura eu lieu et qu'il sera certain que la propriété lui a été définitivement transmise.

Si on veut supposer, dans l'hypothèse de deux ventes consenties par le même vendeur, que ce soit le premier acquéreur qui n'ait pas fait transcrire, et le second qui ait soumis son acte à la formalité, n'est-il pas raisonnable et juste de préférer ce dernier? M. de Belleyme disait avec beaucoup de sens : « Il fallait choisir entre l'acquéreur et le tiers celui des deux qui serait victime de la non exécution de la loi. L'acquéreur a été rendu responsable ; car c'est lui qui aurait dû remplir les formalités de la loi, les tiers ne pouvant être chargés de le faire, puisqu'ils ne connaissent pas la vente. La faute étant à la partie contractante, le préjudice doit être supporté par elle. Le deuxième acquéreur.... a fait transcrire avant tout autre; il doit être investi de la propriété, car il est naturel que la loi préfère celui qui la fait exécuter. »

Ces observations répondent suffisamment, selon nous, à une autre objection qui a été faite, et qui consiste à dire que, dans la seconde hypothèse ci-dessus, la loi nouvelle ferait porter le préjudice sur l'acquéreur avec lequel a été passé l'acte légitime.

Enfin, d'autres ont placé leur polémique sur le terrain de la logique du droit. D'après les principes nouveaux, ont-ils dit, la propriété est transmise entre les parties par le seul effet de la convention, tandis qu'elle ne l'est, à l'égard des tiers, que par suite de l'accomplissement de la formalité de la transcription. Mais comment un individu peut-il être propriétaire à l'égard d'une personne et ne l'être pas à l'égard d'une autre? Ainsi, l'acquéreur est réputé propriétaire vis-à-vis du vendeur, et ne sera pas considéré comme tel à l'égard de celui qui a acheté de ce même vendeur et qui a fait transcrire; bien plus, le vendeur, qui, dans ses rapports avec l'acheteur, est dépouillé de la propriété, peut encore transmettre cette propriété à un second acheteur qui, ainsi que nous venons de le dire, l'emportera sur le premier en accomplissant la formalité. Dans le système du droit romain, poursuit-on, et dans celui du droit coutumier, ces incohérences n'existaient pas. Si la propriété n'était pas transmise à l'égard des tiers avant l'accomplissement de la tradition ou des formalités dont nous avons parlé plus haut, elle ne l'était pas non plus entre les parties contractantes.

Ces objections, il faut en convenir, viennent un peu tard, car, ainsi que le font remarquer les auteurs de l'*Explication* (page 4), il existe déjà dans nos Codes plusieurs dispositions d'après lesquelles on est réputé propriétaire à l'égard de telle personne, et on ne peut se prévaloir de cette qualité à l'égard de telle autre (art. 1321, 1690 C. N.). Le principe lui-même de la transcription existe dans le Code depuis bien des années à l'égard des donations entre-vifs d'immeubles et des substitutions permises, et a en sa faveur la consécration du temps.

Sans doute, et en logique rigoureuse, la propriété est un droit absolu; sans doute encore, il n'est pas facile à ceux qui se renferment exclusivement dans les déductions mathématiques du droit, de comprendre comment on peut tout à la fois être et n'être pas propriétaire. Pour ceux-là, la *propriété relative* sera, nous le craignons bien, une énigme impénétrable ; mais, à côté des déductions abstraites du droit, il existe souvent des principes d'utilité auxquels le législateur donne la préférence, et les dispositions de la loi, dans ce cas, ont souvent aussi des fictions pour base : *jus gaudet fictionibus*. Or, c'est sur un principe de cette nature que repose, à notre sens, la théorie de la transcription. Le législateur de 1855 a pensé qu'il était utile que la transmission de la propriété n'eût lieu à l'égard des tiers que par l'accomplissement d'une formalité; il a regardé la publicité des aliénations immobilières comme une nécessité sociale et une institution destinée à favoriser les transactions. D'un autre côté, il n'a pas voulu abandonner le principe de la transmission entre les parties par l'effet de la convention, qu'il a considéré, avec juste raison, comme une conquête précieuse de notre droit moderne.

5. — Du reste, et malgré le désir du législateur de donner plus de publicité à l'existence de la propriété immobilière, de procurer aux tiers intéressés un signalement exact des démembrements et des charges qui en amoindrissent la valeur, le principe qu'il a décrété et toutes les conséquences en résultant n'ont pas été appliqués avec toute l'étendue qu'une réforme plus radicale aurait sans doute comportée.

Les rédacteurs de la loi du 23 mars ont bien voulu innover; mais ils ne l'ont fait qu'avec une extrême modération. Ainsi, par exemple, les testaments, les successions, sont restés en dehors de la règle nouvelle. Nous en dirons autant de la prescription. L'action résolutoire du vendeur a été, comme nous l'avons vu, restreinte dans certaines limites; mais les autres actions en résolution ont été laissées sous l'empire des principes du Code.

Il est des actes, des événements que la loi ne comprend pas dans ses dispositions, et que les auteurs ou la jurisprudence essaieront peut-être un jour d'y faire rentrer, dans le but de combler des lacunes et de protéger des intérêts qui leur paraîtront aussi respectables que ceux que le législateur a pris sous sa protection.

D'un autre côté, plusieurs dispositions de la loi du 23 mars ont un caractère général qui conduira peut-être aussi plusieurs interprètes à faire une application purement littérale des textes.

Quoi qu'il en puisse être, dans l'examen des questions qui vont suivre, nous ferons en sorte de ne pas perdre de vue l'idée générale qui a guidé le législateur et les limites dans lesquelles il a voulu rester.

Nous nous rappellerons aussi la pensée exprimée par le passage suivant de l'Exposé des motifs : « Il ne s'agit pas de porter sur le Code une main sacrilége; ses dispositions resteront intactes, son économie entière ; » nous nous efforcerons, en conséquence, de combiner les principes du Code avec les dispositions de la loi nouvelle, convaincus que tout autre système d'interprétation serait peu conforme à la volonté clairement manifestée par le législateur lui-même, et conduirait à des solutions qui feraient regretter de rencontrer souvent un défaut d'harmonie dans les dispositions mêmes de la loi.

I.

Art. 1 et 2. *Toutes les résolutions volontaires de contrats translatifs de propriété immobilière ou d'autres droits réels sont-elles assujetties à la formalité de la transcription?*

SOMMAIRE.

6. Les résolutions volontaires sont soumises à la formalité.
7. *Quid* de la résolution consentie de gré à gré lorsque l'acquéreur n'a pas payé le prix ou n'en a payé qu'une partie? — Distinction.
8. Suite.
9. Suite.
10. Opinions de Toullier et de M. Duranton sur le caractère de la résolution dans l'hypothèse précédente.
11. Réfutation des opinions des deux auteurs précités.
12. Suite.
13. Suite.
14. Suite. — Arrêt de la Cour de cassation du 10 mars 1836.
15. Suite. — Présomption qui semble devoir dominer en fait.
16. Solution de la question.
17. La convention de résolution, dispensée de la transcription, n'est pas, non plus, soumise à la formalité de la mention.
18. Lorsque la résolution s'opère de gré à gré et que la cause en est nécessaire, elle ne peut être considérée comme une renonciation soumise à la formalité.

6. — La convention produit, dans notre droit moderne, un effet qu'elle ne produisait pas en droit romain ni dans notre ancienne jurisprudence. Ainsi, par exemple, la vente autrefois n'engendrant que des obligations, il en résultait que si les parties étaient convenues de la résoudre avant toute exécution, l'engagement mutuel se trouvant dissous, le contrat était considéré comme n'ayant jamais existé. Aujourd'hui, au contraire, dès qu'il y a consente-

ment réciproque sur la chose et sur le prix, la propriété est transmise entre les contractants (art. 711, 1138, 1583 C. N.) ; il s'opère entre eux une mutation de propriété qu'une convention nouvelle ne peut pas révoquer, anéantir pour le passé. D'où il suit que, si le vendeur et l'acheteur conviennent de résoudre leur contrat, il y aura une nouvelle translation de propriété soumise à la formalité de la transcription (art. 1er, 1er alin., L. 23 mars 1855.— *Explication de loi du 23 mars 1855 sur la Transcription*, par H.-F. Rivière et A. François, n° 9).

7. — Mais il peut se faire que l'acheteur n'ait pas encore payé tout son prix ou n'en ait payé qu'une partie, et il est permis alors de demander si la résolution consentie de gré à gré devra être transcrite? Nous ne pensons pas qu'il faille embrasser d'une manière absolue soit l'affirmative, soit la négative. Tout dépendra de l'intention qui aura présidé à la nouvelle convention, ou plutôt du motif de la résolution.

8. — Lorsque la résolution aura une cause nécessaire, lorsque le non paiement sera la cause par suite de laquelle l'acheteur conviendra avec le vendeur de résoudre le contrat, peu importera que ce soit par une convention, afin d'éviter un jugement de résolution, ou par suite d'un tel jugement que le vendeur rentre dans sa propriété : il n'y aura pas de mutation nouvelle (Req., 10 mars 1836; Dev., 1836, 1, 167).

9. — Si, au contraire, les parties dissolvent le contrat *ex causa voluntaria*, s'il est constant en fait que le défaut de paiement du prix n'a pas été la cause déterminante de la résolution, qu'elle n'est due qu'au pur repentir des

parties, ce sera une vraie rétrocession soumise à la formalité.

10. — Cette distinction, qui nous semble exacte, a échappé à plusieurs auteurs; ainsi, Toullier décide d'une manière générale que le désistement pur et simple consenti par l'acquéreur qui n'aurait pas encore payé tout ou partie du prix de son acquisition, n'est qu'une résolution de la vente, qui doit être assimilée à la résolution prononcée en justice : « Ce désistement, dit-il, n'est donc point un titre nouveau » (XII, n° 195). De son côté, M. Duranton décide d'une manière non moins générale que le mutuel dissentiment, intervenu même avant tout paiement du prix, opère une revente, une rétrocession au profit du vendeur (XVI, n° 386).

11. — La décision de Toullier n'est que la reproduction de l'opinion de Pothier (*Communauté*, n° 189). Mais cette solution était donnée par Pothier sous l'influence des principes du droit féodal. L'art. 112 de la Coutume d'Orléans, notamment, portait : « Si l'acheteur d'un héritage censuel, qui n'a payé le prix de la vente, se déporte de son achat, et le vendeur reprend ledit héritage par lui vendu en acquit dudit prix, au seigneur censier en sont deues les ventes de la première vendition seulement. » — Voici comment Pothier expliquait ces principes dans son introduction au titre *Des Fiefs*, n°s 131 et suivants : « Après la tradition, tant que le contrat n'est pas exécuté de la part de l'acheteur par le paiement entier du prix, les parties peuvent bien encore se désister du contrat de vente, mais seulement pour l'avenir. C'est pourquoi le profit auquel il avait donné lieu continue d'être dû ; mais

il n'en est pas dû un nouveau pour le désistement (Mol., § 33, gl. I, n° 20).

« La raison de la première partie est que le contrat de vente, tant qu'il ne consiste que dans le droit qui naît du consentement des parties, peut bien être anéanti par un consentement contraire.... Mais il n'en peut être de même lorsque la vente a été effectuée par la tradition réelle, qui est un fait extérieur, *quia facta pro infectis haberi non possunt*.

« La raison de la seconde partie est que l'acte par lequel les parties se désistent d'un contrat de vente avant qu'il ait reçu son entière exécution est plutôt un *distract* qu'un nouveau contrat de vente : *partes discedunt a contractu magis quam novam venditionem contrahunt*. »

Ainsi, dans l'ancien droit, on distinguait entre le contrat et son exécution : si les choses étaient encore entières, si l'exécution de l'engagement n'avait pas encore eu lieu, le concours des deux volontés pouvait l'effacer ; si les choses n'étaient plus entières par suite de l'exécution de l'une des parties, la vente ne pouvait plus être anéantie par la volonté des deux contractants ; mais elle pouvait être résolue par voie de *distract*, et, dans ce dernier cas, il n'était dû de droits au seigneur que pour *la première vendition seulement*.

Ce n'était que lorsque le contrat avait été exécuté de part et d'autre par la tradition de la chose et le paiement entier du prix, que la nouvelle convention était considérée comme une rétrocession donnant lieu à nouveau profit (Pothier, *ibid.*, n° 134).

12. — Aujourd'hui on ne distingue plus entre le con-

trat et son exécution ; dès que les parties sont d'accord sur la chose et sur le prix, la propriété, si cette chose est un corps certain, passe de l'acheteur au vendeur par le seul effet de la convention, quoiqu'elle n'ait pas encore été livrée ni le prix payé. On ne peut donc résoudre volontairement le contrat par le mutuel consentement que pour l'avenir. Les parties ne peuvent effacer l'effet produit dans le passé par la convention. L'abrogation de l'ancien principe féodal, d'après lequel il n'y avait pas une rétrocession quand l'acheteur n'avait pas encore payé son prix, est une conséquence directe des dispositions de notre droit moderne.

13. — Dès lors, quand Toullier dit que, dans ce cas, le désistement de l'acheteur n'est point un titre nouveau, le principe absolu qu'il professe n'est plus en harmonie avec les règles de la législation actuelle.

14. — Mais il n'est pas plus exact de décider d'une manière générale, comme M. Duranton, que le mutuel dissentiment opère, dans l'espèce, une revente au profit du vendeur. Cette solution, bonne quand les parties conviennent de résoudre la vente parce que tel est leur bon plaisir, cesse de l'être lorsque le non paiement du prix est la cause de la résolution. Aussi l'arrêt de la Cour de cassation du 10 mars 1836 dit-il fort bien « que la résolution amiable et non frauduleuse de la vente, à raison du non paiement du prix et de l'impossibilité d'effectuer ce paiement, procède d'une cause nécessaire et forcée, et fait rentrer le vendeur dans sa propriété, non à titre volontaire et de revente, mais au même titre et avec les mêmes effets que la résolution qui serait prononcée en justice, à raison du même fait. »

15. — Il est utile de faire observer que, lorsque la résolution intervient dans le cas où l'acheteur doit tout ou partie de son prix, la présomption qui, en fait, semble devoir dominer est celle d'après laquelle l'acheteur est censé avoir restitué l'immeuble parce qu'il ne pouvait pas payer; mais cette présomption n'est pas exclusive de toute preuve contraire.

16. — Si les développements ci-dessus sont exacts, il en résultera, comme nous l'avons dit, que toutes les fois que la résolution sera considérée comme purement volontaire, la transcription sera exigée, et que la convention de résolution en sera dispensée lorsqu'elle devra être envisagée comme une transaction faite dans le but d'éviter les frais d'un jugement de résolution.

17. — On ne devra même pas, dans ce dernier cas, la soumettre à la formalité de la mention prescrite par l'art. 4 de la loi du 23 mars pour les jugements prononçant la résolution. L'art. 4 ne parle que du jugement et n'a aucun trait à la convention. D'ailleurs, quelle serait la sanction? Même dans le cas d'un jugement, les tiers, comme nous le verrons sous la question XLV, ne peuvent pas se prévaloir du défaut de mention. La seule peine édictée par l'art. 4 concerne l'officier ministériel, et ne saurait atteindre le bénéficiaire du jugement lui-même.

Telles sont les règles qui nous semblent résulter des principes généraux du droit combinés avec les dispositions de la loi nouvelle.

18. — La question peut cependant être présentée sous un autre aspect : lorsque la résolution s'opère de gré à gré et que la cause en est nécessaire, l'acheteur, pourrait-on

dire, fait une *renonciation* à son droit; or, aux termes des art. 1 et 2 de la loi du 23 mars, tout acte portant renonciation doit être transcrit. Mais nous ne pensons pas qu'une telle solution puisse être admise sans méconnaître la valeur des expressions de la loi : on ne peut pas évidemment dire que l'acheteur qui rend l'immeuble parce qu'il est dans l'impossibilité de payer, *renonce* à son droit. Il ne fait pas plus, dans l'espèce, une renonciation que lorsqu'il est contraint par un jugement qui prononce la résolution. Il est permis de dire qu'une personne renonce à son droit quand elle en fait une abdication libre, volontaire, spontanée; mais ici l'acheteur ne convient de résoudre la vente que pour éviter les frais d'un jugement qui le contraindra à déguerpir. Si on décidait que l'acte de résolution doit être transcrit, il en résulterait que, tandis que le bénéficiaire d'un jugement n'aurait aucun risque à courir, le vendeur qui ferait une convention de résolution de gré à gré serait au contraire exposé, faute de transcription, à se voir évincer par les tiers; or, où serait la raison de différence? La position du vendeur n'est-elle pas la même dans les deux hypothèses? Nous ne voyons aucun motif pour donner une solution qui conduirait à de tels résultats.

Nous aimons mieux adopter une interprétation qui met en harmonie les dispositions de la loi, plutôt que de lui donner un sens par suite duquel il y aurait dans ses textes des contradictions de vues et de principes qui seraient vraiment inexcusables.

II.

Les transactions, et notamment celles en vertu desquelles un droit réel immobilier a été résolu, annulé ou rescindé, doivent-elles être soumises à la formalité?

SOMMAIRE.

19. Opinion de la doctrine ancienne et moderne sur les effets de la transaction.
20. La transaction n'est pas soumise à la formalité en ce qui concerne les droits qui étaient l'objet de la contestation.
21. *Secus* à l'égard des droits qui ne faisaient pas l'objet du différend.
22. Opinion des auteurs de l'*Explication*.
23. La transaction en vertu de laquelle un droit réel est résolu, annulé ou rescindé, n'est pas assujettie à la formalité.
24. Considérations en faveur d'une disposition contraire à la solution donnée dans le numéro précédent.
25. Opinion de M. Mourlon.
26. Réfutation de l'opinion de M. Mourlon.

19. — La première partie de cette question doit, ce nous semble, se résoudre par l'application du principe qui régit l'effet des transactions. C'était autrefois un point assez controversé que celui de savoir si la transaction était translative ou déclarative de droits. Mais les anciens auteurs, dans le dernier état de la science, reconnaissaient qu'elle avait un effet purement déclaratif. C'est ce que Dumoulin exprimait en ces termes : *Clarum est quod nullum dominium transfertur, nec novum jus, nec novus titulus in re acquiritur, sed sola liberatio controversiæ* (§ 33, gl. 1, n° 67).

La doctrine de Dumoulin, admise par d'Argentré lui-même, a été accueillie par les jurisconsultes postérieurs et est généralement adoptée par la doctrine moderne. Il est aujourd'hui reconnu que la transaction n'est translative que quand elle renferme l'abandon d'un droit certain, et que, dans les autres cas, elle est simplement déclarative. C'est qu'en effet, selon la remarque de Merlin, la loi ne voit dans la transaction sur des droits immobiliers que la fin d'un procès douteux; elle ne se permet pas de peser les prétentions dont les parties ont fait respectivement le sacrifice; elle ne se permet pas de dire : Telle prétention était fondée, et, en y renonçant, celui qui la formait en a aliéné l'objet. La transaction, enfin, jette sur les droits antérieurs des parties un voile qu'il n'est pas permis de soulever.

20. — Si la transaction n'est que récognitive des droits qui étaient l'objet du différend sur lequel on a transigé, si elle ne transfère aucun droit nouveau, il doit en résulter la conséquence qu'elle n'est pas soumise à la formalité de la transcription en ce qui concerne les droits qui faisaient l'objet de la contestation, puisque la loi n'assujettit à cette formalité que les actes qui sont translatifs ou constitutifs de certains droits (art. 1 et 2 L. 23 mars).

21. — Mais ce principe ne s'appliquerait pas aux droits qui, ne formant pas l'objet de la contestation sur laquelle on a transigé, seraient cédés par l'un des contractants à l'autre comme prix ou comme condition des concessions faites par ce dernier. La transaction serait, relativement à ces droits ainsi cédés, un titre translatif soumis à la formalité.

22. — Cette opinion est aussi celle des auteurs de l'*Explication de la loi du 23 mars sur la Transcription en*

matière hypothécaire : « La transaction, disent-ils, est en général considérée comme purement déclarative quant aux droits qui faisaient l'objet du différend sur lequel les parties ont transigé. Mais elle est translative de propriété quant aux choses qui n'étaient pas la matière de la contestation, et qui ont été données comme l'équivalent des concessions obtenues. Ainsi, Pierre réclame un fonds comme lui ayant été légué par le père de Jean. Ce dernier conteste, et les parties transigent. Jean reconnaît la validité du legs, et Pierre cède à Jean une maison en échange de cette concession. Ce n'est pas de la transaction, mais du testament, que Pierre tient son droit de propriété sur ce fonds ; mais c'est au contraire la transaction qui a rendu Jean propriétaire de la maison que Pierre lui a cédée ; par conséquent, si la transaction est dispensée de la transcription au regard de Pierre, elle ne l'est pas en ce qui concerne Jean » (n° 8). Cette décision nous paraît devoir être à l'abri d'une controverse sérieuse. Elle est en parfaite harmonie avec les règles de nos Codes combinées avec les dispositions de la loi du 23 mars.

23. — C'est par des principes analogues que nous serons conduits à la solution de la seconde partie de notre question.

Quand un droit réel immobilier est résolu, annulé ou rescindé par une transaction, il n'y a pas de mutation. La transaction n'a d'autre effet que le jugement qui prononcerait la résolution, la nullité ou la rescision de l'acte transcrit. L'assimilation de la transaction au jugement est traditionnelle en droit, et cette assimilation est parfaitement exacte pour le cas qui nous occupe. Or, aux termes de l'art. 4 de la loi du 23 mars, les jugements prononçant la résolution, nullité ou rescision d'un acte transcrit ne sont pas soumis à la transcription, « parce que, disait M. le rapporteur de Belleyme, ils ne sont pas translatifs de propriété. » La seule formalité qui soit imposée est celle de la mention du jugement en marge de la transcription de l'acte. Le défaut de cette formalité ne peut pas même être invoqué par les tiers au préjudice du bénéficiaire du jugement (voy. QUEST. XLV).

De ce qui précède, il résulterait qu'on devrait exiger seulement la formalité de la mention pour les transactions en vertu desquelles un acte relatif à des droits réels immobiliers est résolu, annulé ou rescindé. Mais quelle serait la personne chargée de faire opérer cette formalité? Quand il s'agit d'un jugement, c'est à l'avoué que la loi confie cette mission. Or, dans l'espèce, il n'y a pas d'avoué. La partie elle-même ne peut en être tenue, car nulle part la loi ne lui impose cette obligation.

Nous devons en conclure que non-seulement il ne sera pas nécessaire de faire transcrire la transaction, mais qu'on ne devra pas même remplir la formalité de la mention.

24. — Cependant, on pourra s'étonner de voir la loi soumettre à la publicité les jugements de résolution, nullité ou rescision, et ne pas y assujettir les transactions qui interviennent dans les mêmes circonstances, et qui doivent produire les mêmes résultats. N'est-il pas aussi important, lorsqu'une transaction résout ou annule des droits immobiliers, d'en avertir les tiers, que lorsque ces droits sont résolus ou annulés par un jugement? Ne cou-

rent-ils pas, dans les deux hypothèses, le risque d'être trompés par l'existence apparente de l'acte qui a été transcrit? Ces reproches peuvent être adressés à la loi. Peut-être cherchera-t-on à prévenir les inconvénients qui peuvent en résulter, en plaçant l'intérêt des tiers sous la sauvegarde d'autres dispositions.

25. — C'est déjà ce que fait un savant docteur qui a commenté la loi du 23 mars. Voici ce que dit M. Mourlon : « La transaction en vertu de laquelle le droit a été résolu, annulé ou rescindé pouvant être considérée comme une *renonciation*, peut-être devra-t-on la soumettre, à ce titre, au principe de la publicité, conformément aux art. 1 et 2. Ces textes ne distinguent point, en effet, comment et à quel titre la renonciation a eu lieu : qu'elle soit à titre gratuit ou à titre onéreux, que le droit qu'elle a pour objet soit non contesté ou qu'il soit litigieux, il n'importe; la loi veut, dans tous les cas, qu'elle soit portée à la connaissance des tiers.

« Mais, tandis que les jugements portant résolution, nullité ou rescision d'un droit dont il existe un titre transcrit peuvent et doivent être rendus publics par une simple mention faite en marge de la transcription de l'acte où se trouve relaté le droit résolu, annulé ou rescindé, les transactions seront, au contraire, soumises à la formalité de la transcription ordinaire. Ce n'est pas tout. La formalité prescrite par notre article 4 n'a pour toute sanction qu'une simple amende de 100 fr. prononcée contre l'avoué qui a négligé de la remplir. Il n'en est point de même, ainsi que nous l'avons vu, de la transcription exigée par les articles 1 et 2. La sanction est ici bien plus grave; elle consiste dans la privation, pour le bénéficiaire de l'acte, du droit de l'opposer aux tiers. » (*Examen critique du Commentaire de M. Troplong sur les Priviléges; — Appendice sur la Transcription*, n° 362.)

26. — Une telle interprétation conduit, en effet, à un singulier résultat : dans le cas d'une transaction, la loi exigerait que la transcription eût lieu, sous peine de voir celui dont les droits ont été reconnus par la transaction exposé à être évincé par les tiers, tandis que le bénéficiaire d'un jugement n'aurait aucun risque à courir. Mais cette interprétation doit-elle être admise? Nous ne le pensons pas. Pourquoi la transaction serait-elle transcrite quand le jugement en serait dispensé? Est-ce que les effets de la transaction ne sont pas ici les mêmes que ceux du jugement, et n'est-ce pas le cas de dire, avec la loi romaine, *non minorem auctoritatem transactionum quam rerum judicatarum esse?* Pourquoi n'a-t-on pas soumis les jugements de résolution, nullité ou rescision à la formalité de la transcription? C'est parce qu'ils n'ont rien de translatif. Or, n'en est-il pas de même de la transaction ?

Mais, dit M Mourlon, il y a renonciation dans l'espèce; or, la renonciation doit être transcrite. — Nous observerons que toute renonciation ne doit pas être soumise à la formalité. Nous croyons pouvoir démontrer plus tard que les renonciations qui ne sont pas considérées comme translatives n'y sont pas assujetties (voy. QUEST. X).

Maintenant, est-il permis de dire qu'une transaction peut être regardée comme une renonciation? Autre chose est évidemment la transaction, autre chose est la renonciation.

La transaction a toujours eu l'incertitude du droit pour l'un de ses caractères distinctifs. Dans la renonciation, le droit qu'on abandonne est certain, n'a rien de litigieux; il n'est donc pas possible de croire que la transaction se trouve comprise sous le terme de *renonciation*. S'il en était ainsi, les rédacteurs de la loi du 23 mars auraient fait un usage assez insolite de cette expression. Que l'on reproche, si l'on veut, à la loi son imprévoyance pour n'avoir pas imposé à la partie qui rentre dans la possession de ses droits l'obligation de la mention, nous en sommes d'accord; mais ce n'est pas une raison pour méconnaître des principes certains et la valeur juridique des termes, surtout quand l'interprétation qui violente ainsi les textes conduit à trouver dans la loi une inconséquence plus grave encore que celle qui existerait dans une autre opinion.

Il faut dire cependant que M. Mourlon n'émet cet avis qu'avec une certaine hésitation; et nous sommes persuadés que s'il n'avait pas perdu un instant de vue le principe de l'assimilation des transactions aux jugements et leur effet déclaratif, il aurait embrassé notre système.

III.

Les dations en paiement d'immeubles entre époux et les prélèvements de la femme sont-ils soumis à la formalité de la transcription?

SOMMAIRE.

27. Dans les cas où un mari peut céder des immeubles à sa femme, l'acte qui constate cette dation en paiement est assujetti à la formalité.

28. Quand la femme prélève ses reprises sur les immeubles propres au mari, l'acte doit être transcrit.
29. *Quid* lorsque les prélèvements de la femme s'exercent sur les immeubles de la communauté?
30. Distinction.
31. Solution dans le cas d'acceptation de la communauté.
32. Solution dans le cas de renonciation.
33. Conséquences des solutions données. — Hypothèse.
34. Autre hypothèse.
35. Observation générale.

27. — Quand, pendant le mariage, le mari a un motif légitime de céder des immeubles à sa femme; par exemple, s'il est dû à celle-ci remploi d'immeubles ou de deniers à elle propres, aliénés ou touchés par le mari, ou bien encore, lorsque la femme mariée sous le régime dotal ou sous un régime exclusif de communauté cède des immeubles à son mari en paiement de la dot qu'elle lui avait promise (art. 1595 C. N.), il y a une véritable vente ou dation en paiement assujettie à la formalité de la transcription.

28. — La femme peut aussi, après la dissolution, et en cas d'insuffisance des biens de la communauté, exercer ses reprises sur les immeubles personnels du mari (art. 1472 2° C. N.); il n'y a pas encore de doute que, dans ce cas, la transcription ne soit nécessaire, puisqu'il y a une véritable transmission de propriété au profit de la femme.

29. — Mais, lorsque la femme prélève ses reprises sur les biens de la communauté, la question est beaucoup plus délicate. Si on suivait la jurisprudence consacrée par la Cour de cassation, on devrait décider que, soit dans le cas d'acceptation, soit dans celui de renonciation à la com-

munauté, l'acte n'est pas assujetti à la formalité, puisque, dans les deux cas, la femme exercerait ses prélèvements à titre de propriétaire.

30. — Nous n'avons pas l'intention d'entrer ici dans la discussion de cette jurisprudence en tant qu'elle règle les intérêts de la femme mis en opposition avec ceux des créanciers venant faire valoir les droits qu'ils peuvent avoir contre la communauté. La doctrine consacrée par l'arrêt de la Cour régulatrice du 15 février 1853, et par plusieurs autres qui l'ont suivi, a été combattue avec beaucoup de force et de talent par plusieurs auteurs (voy. notamment les dissertations de M. Pont, *Revue critique de Législation*, etc., t. III, 1853, p. 436 et suiv. — *Ibid.*, t. IV, 1854, p. 522 et suiv. — Dissertation de M. Mimerel, *ibid.*, t. IV, p. 408 et suiv. — Article de M. Valette, dans *le Droit*, n° 25 avril 1855. — Dissertation de M. Serrigny, *Rev. crit.*, t. V, 1854, p. 162).

Quoi qu'il puisse en être, et en ce qui concerne la question de transcription, nous n'hésitons pas à distinguer entre le cas d'acceptation et celui de renonciation à la communauté de la part de la femme.

31. — Quand il y a acceptation, l'acte doit être dispensé de la formalité; car il n'y a aucune translation de propriété : la femme reçoit les biens comme propriétaire. Les auteurs eux-mêmes qui critiquent la jurisprudence de la Cour de cassation quand il s'agit de régler les rapports de la femme vis-à-vis des créanciers de la communauté, admettent ce principe : « Lorsque la femme, dit M. Pont, accepte la communauté, il est difficile de ne pas reconnaître en elle la qualité de propriétaire; il y a alors

un fonds commun à partager entre la femme acceptante et le mari ou ses ayants droit; et comment la femme serait-elle appelée à ce partage si elle n'était pas propriétaire? » (*Revue critique de Législation et de Jurisprud.*, année 1853, t. III, p. 448.)

32. — Mais il en doit être autrement lorsque la femme renonce. Par suite de sa renonciation, elle ne conserve plus aucun droit sur les biens de la communauté. L'art. 1492 dit très-énergiquement : « La femme qui renonce *perd toute espèce de droit* sur les biens de la communauté, et même sur le mobilier qui y est entré de son chef. » Cette disposition n'est que la reproduction de la doctrine de l'ancienne jurisprudence du centième denier, qui décidait que, dans le cas de renonciation, les biens prélevés par la femme sur la communauté ne pouvaient lui appartenir que par suite d'une mutation effective de propriété (*Dict. des Dom.*, v° REMPLOI).

Par suite de la renonciation, les immeubles de la communauté sont devenus, en effet, les immeubles propres du mari ou de ses héritiers, et l'acte qui en transmet la propriété à la femme pour la remplir de ses reprises ne peut pas avoir le caractère de partage, mais doit être considéré comme une véritable dation en paiement. — Voilà la solution que le bon sens, armé du texte de la loi, doit dicter.

33. — Ainsi, supposons que des créanciers des héritiers du mari prennent inscription sur les biens communs dans le cas d'acceptation de la communauté, ils ne pourront pas se prévaloir vis-à-vis de la femme du défaut de transcription; ils ne pourront pas plus demander la nul-

lité pour défaut d'accomplissement de la formalité que ne le pourraient les créanciers inscrits d'un héritier au regard du cohéritier dans le lot duquel l'immeuble grevé de l'inscription serait tombé.

34. — D'un autre côté, en cas de renonciation, si le mari ou ses héritiers avaient consenti une hypothèque sur l'immeuble prélevé par la femme, tant que la transcription ne serait pas opérée, le créancier pourrait faire inscrire son hypothèque, tandis qu'il faudrait, si on suivait la jurisprudence de la Cour de cassation, donner, dans cette hypothèse, la même solution qu'en cas d'acceptation. Il est évident, en effet, que toute hypothèque consentie après la dissolution de la communauté par le mari ou ses héritiers tomberait dès que l'immeuble de la communauté serait prélevé par la femme.

35. — Nous craignons bien, du reste, que la Cour de cassation, en cette matière comme dans plusieurs autres, dominée par des considérations d'utilité, ne persiste dans sa jurisprudence, et, sans tenir aucun compte des protestations de la doctrine, ne continue de décider que la femme, même en cas de renonciation, prélèvera les immeubles à titre de propriétaire.

IV.

L'ameublissement déterminé est-il soumis à la formalité?

SOMMAIRE.

36. Exposé de la question.
37. L'ameublissement de la part du mari n'est pas soumis à la transcription.
38. L'ameublissement qui émane de la femme doit être transcrit.

36. — Le véritable ameublissement déterminé fait passer à la communauté la propriété des immeubles qui en font l'objet, et qui sont ainsi assimilés aux conquêts immeubles. Or, on peut se demander si la clause du contrat de mariage qui renferme cet ameublissement devra être soumise à la formalité. — Il faut distinguer entre l'ameublissement consenti par le mari et celui qui est consenti par la femme.

37. — En ce qui concerne l'ameublissement émanant du mari, l'acte n'est aucunement translatif. Il n'y a pas une transmission de propriété au profit d'un être moral. La communauté ne constitue pas, selon nous, une personne juridique distincte de chacun des époux.

Il est vrai que la femme a sur les biens qui composent la communaté un droit qui va frapper l'immeuble ameubli ; mais ce n'est ni un droit de propriété, ni un démembrement de ce droit. Disons donc que la transcription de l'ameublissement émanant du mari ne sera pas nécessaire.

38. Mais la même décision doit-elle s'appliquer à l'ameublissement consenti par la femme? Ainsi, supposons que la femme, avant son mariage, ait déjà aliéné l'immeuble qu'elle ameublit et que l'acquéreur n'ait pas encore transcrit; supposons encore qu'elle ait consenti sur cet immeuble, à la même époque, des hypothèques non inscrites avant l'ameublissement. L'acquéreur qui n'aura fait transcrire et les créanciers qui n'auront pris inscription que depuis le mariage pourront-ils invoquer le défaut de transcription de la clause d'ameublissement, afin d'être maintenus dans leurs droits? Pothier ne pensait pas qu'il

y eût dans ce cas une mutation de propriété ; selon lui, la femme ayant un droit informe aux biens de la communauté et conservant l'espérance d'obtenir l'immeuble ameubli, soit par le partage de la communauté, soit même en renonçant, dans le cas de clause de reprises d'apports, il devait en résulter que, tant que cette espérance subsistait, la femme ne pouvait être censée expropriée de son immeuble. Ce n'était qu'autant que cet immeuble tombait après la dissolution du mariage dans le lot du mari ou de ses héritiers, que l'ameublissement était censé avoir opéré une mutation ; mais le partage seul la consommait (Cout. d'Orl., *Introd. aux Fiefs*, n° 214). Ces principes, qui étaient enseignés par Pothier au sujet des fiefs et des droits dus aux seigneurs à raison des mutations, ne nous paraissent pas devoir être suivis.

Lorsqu'un immeuble est ameubli par la femme, la propriété en passe à la communauté d'une manière aussi complète que celle des meubles (art. 1507 C. N.). Par suite de cette clause, la femme perd le droit de disposer de l'immeuble, et le mari acquiert un droit pareil à celui qu'il possède à l'égard des conquêts immeubles, ainsi que nous l'avons dit ci-dessus. La clause de reprise d'apports ne donne pas même à la femme qui renonce à la communauté le droit de revendiquer contre les tiers détenteurs l'immeuble ameubli que le mari a aliéné ; elle est obligée de respecter les hypothèques ou les servitudes qu'il peut avoir consenties sur cet immeuble. Pothier lui-même le dit (*Communauté*, n° 409. — Cout. d'Orl., *Introd. au titre X de la Communauté*, n° 75). — L'acte est donc véritablement translatif de propriété ; aussi Pothier convient-il ailleurs que l'ameublissement est *une espèce d'aliénation* (Cout. d'Orl., *Introd. au titre X de la Communauté,* n° 51). Nous pensons donc que cette transmission de propriété devra être transcrite, et que, si elle ne l'est pas, les tiers qui auraient, avant le mariage, acquis, du chef de la femme, des droits sur l'immeuble ameubli, et qui auraient transcrit, pourront les faire maintenir, quand même ils n'auraient soumis leur contrat à la formalité qu'après le mariage.

V.

La cession de biens est-elle soumise à la formalité?

SOMMAIRE.

39. En principe, la cession de biens judiciaire ou conventionnelle n'est pas sujette à la transcription.
40. *Secus* si la cession conventionnelle était conçue de manière à faire passer la propriété des immeubles du débiteur sur la tête des créanciers à l'effet d'éteindre sa dette.

39. — La cession de biens, qu'elle soit conventionnelle ou judiciaire, ne dépouille point le débiteur de la propriété de ses biens. Elle donne seulement le droit aux créanciers de les faire vendre à leur profit et d'en percevoir les revenus jusqu'à la vente. Il est vrai que les art. 1269 C. N. et 904 C. Pr., qui leur accordent ce pouvoir, ne parlent que de la cession de biens judiciaire. Mais les mêmes principes sont applicables à la cession volontaire. Cette doctrine était déjà admise dans notre ancienne jurisprudence : « Observez, dit Pothier, que la

cession qu'un débiteur fait de ses héritages à tous ses créanciers en grand nombre, en paiement de ce qu'il leur doit, ne doit pas passer pour un contrat de vente, mais pour un simple abandon et un pouvoir qu'il leur donne de les vendre en direction; car ces créanciers n'acceptent pas cet abandon dans la vue d'acquérir pour chacun d'eux, et ils ne forment pas ensemble un corps politique capable d'acquérir. C'est pourquoi le débiteur demeure propriétaire jusqu'à ce que les héritages aient été vendus par les créanciers. » (Cout. d'Orl., *Introd. aux Fiefs*, n° 148.) — La transcription ne sera donc pas nécessaire; mais cela n'est vrai qu'autant que les parties ne se sont point expliquées sur la nature et les effets du contrat d'abandonnement, que leur intention est douteuse.

40. — Ce contrat peut, au contraire, être conçu de manière à faire passer la propriété des biens abandonnés sur la tête des créanciers; car la cession volontaire ou conventionnelle n'a d'effet que celui résultant des stipulations mêmes du contrat passé entre eux et le débiteur (art. 1267 C. N.). Si la propriété des biens se trouvait ainsi irrévocablement transférée par le débiteur aux créanciers à l'effet d'éteindre immédiatement sa dette, l'acte aurait le caractère d'une dation en paiement et devrait être soumis à la formalité.

La solution de cette question n'est peut-être pas sans intérêt, si on se rappelle qu'à la différence de la faillite, la déconfiture n'emporte pas dessaisissement pour le débiteur qui, malgré son insolvabilité, peut toujours consentir soit des aliénations, soit des hypothèques, au détriment de ses créanciers.

VI.

L'acte ou le jugement par lesquels s'opère le retrait de réméré sont-ils dispensés de la formalité de la transcription ou de la mention?

SOMMAIRE.

41. Observations de la Cour de Montpellier.
42. Le retrait de réméré n'est pas soumis à la formalité.
43. Hypothèse prévue par Pothier et qui renferme une clause ayant quelque analogie avec celle de réméré.
44. *Quid* si le retrait n'est exercé qu'après le délai fixé par la convention?
45. Quand le retrait s'opère par voie d'action, le jugement qui intervient doit-il être mentionné?

41. — Dans les observations qu'elle présentait lors de l'enquête de 1841, la Cour de Montpellier était d'avis que le retrait, en cas de réméré, devait être soumis à la formalité : « Le rachat, disait-elle, opérant mutation de la tête de l'acheteur sur celle du vendeur et dépouillant l'acheteur du droit d'aliéner et d'hypothéquer, son exercice doit être rendu public par la transcription de l'acte ou du jugement qui l'opère; à défaut, il doit être considéré comme non avenu à l'égard des tiers qui pourraient avoir acquis des droits sur l'immeuble, du chef de l'acheteur dépossédé.»

42. — Les rédacteurs de la loi du 23 mars n'ont pas adopté cette opinion. Il n'y a dans le retrait, lorsqu'il a été stipulé dans le contrat (1), qu'une simple résolution de

(1) Si la faculté de réméré avait été stipulée postérieurement au contrat, elle ne vaudrait plus que comme promesse de vente, qui, lorsqu'il y aurait engagement de la part du vendeur primitif, lui transférerait la propriété de l'immeuble. Cette seconde convention devrait elle-même être soumise à la formalité.

la vente, comme Pothier le faisait déjà observer. Quand le retrait a lieu, la vente est censée n'avoir jamais existé. L'acheteur est considéré comme n'ayant jamais été investi de la propriété. Le vendeur est réputé avoir toujours été propriétaire.

43. — Mais, si j'échangeais mon immeuble contre le vôtre, en stipulant que si, dans un certain délai, cela me convient, vous me vendrez l'immeuble que je vous ai donné en échange, la vente que vous m'en consentiriez dans le délai devrait être transcrite. « Cette clause, dit Pothier, est bien différente de celle de réméré apposée dans un contrat de vente; celle-ci, remettant les parties au même état qu'elles étaient avant le contrat de vente, est une résolution de ce contrat faite en vertu d'une clause qui en fait partie, plutôt qu'une nouvelle vente.....; on ne peut pas dire la même chose de la clause apposée à ce contrat d'échange » (Cout. d'Orl., *Introd. aux Fiefs*, n° 146).

44. — Quand même la faculté de réméré serait stipulée dans l'acte de vente, le retrait devrait être transcrit, s'il n'était exercé qu'après le délai fixé par la convention. Par suite de l'expiration du délai primitivement déterminé, l'acheteur est resté propriétaire : « Faute par le vendeur d'avoir exercé son action de réméré dans le terme prescrit, l'acquéreur demeure propriétaire irrévocable » (art. 1662 C. N.). La propriété ne peut, par conséquent, retourner sur la tête du vendeur sans qu'il y ait une nouvelle translation de propriété, et si la transcription n'en a pas été opérée, ceux qui auront acquis des droits sur l'immeuble du chef de l'acheteur pourront se prévaloir de l'inobservation de la formalité.

45. — Mais que doit-on décider dans le cas où le retrait s'opère dans le délai par voie d'action? Le jugement qui interviendra devra-t-il être soumis à la formalité de la mention prescrite par l'art. 4 de la loi du 23 mars? — Au premier aspect, il semblerait que cette formalité est nécessaire, puisque cette disposition en exige l'accomplissement pour tout jugement prononçant la résolution d'un acte transcrit. Cependant nous ne pensons pas que la loi doive être ainsi interprétée. Le législateur qui n'a pas prescrit la formalité de la transcription quand le retrait s'exerce par un acte, n'a pas eu l'intention d'exiger que les tiers fussent avertis lorsqu'il s'opère par voie d'action. D'ailleurs, le jugement, dans notre espèce, ne *prononce* pas, à vrai dire, la résolution; il ne fait que la reconnaître. La condition résolutoire se trouve réalisée avec ses effets avant le jugement qui adjuge les conclusions du vendeur.

VII.

Le retrait successoral et le retrait litigieux doivent-ils être transcrits?

SOMMAIRE.

46. Principes sur le retrait successoral.
47. *Quid* si le retrait est consenti volontairement par un acte?
48. Suite.
49. Solution de la question en cas de retrait successoral.
50. Solution en cas de retrait litigieux.
51. Dans les deux cas, l'acte ne peut être considéré comme une renonciation soumise à la formalité.

46. — Du résumé sommaire des principes qui gouvernent les retraits découlera la solution de cette question.

Le retrait successoral établi par quelques parlements à l'instar du retrait litigieux, qui a son origine dans les lois *per diversas et ab anastasio* (L. 21 et 22 Cod., lib. 4, tit. 35), n'est pas un contrat. Le retrayant ne reçoit rien par le consentement de l'acheteur; il puise son droit dans la loi (art. 841 C. N.). La vente consentie par le cohéritier à l'étranger n'est point anéantie, elle subsiste. Il y a subrogation de la personne du retrayant à celle de l'acquéreur *de persona in personam.* C'est ce que disait Pothier, au sujet du retrait lignager, et il n'était en cela que l'écho des feudistes : « Le retrait n'est pas une nouvelle vente; il ne fait autre chose que subroger le retrayant à l'acheteur, aux droits du contrat de vente faite à cet acheteur » (Cout. d'Orl., *Introd. aux Fiefs*, n° 144). Le principe du retrait successoral est le même. C'est pour ce motif que quelques auteurs l'appellent *retrait de subrogation* (Merlin, *Rép.*, v[is] DROITS SUCCESSIFS).

47. — Le retrait pourrait même être consenti volontairement par un acte, sans qu'il dût être considéré comme une vente. L'acheteur, en effet, n'abandonne ses droits que parce qu'il y est contraint.

48. — Mais le retrait n'a les caractères que nous venons de constater qu'autant que le retrayant exerce la faculté accordée par l'art. 841 C. N. et qu'il prend les immeubles vendus à titre de retrait.

49. — S'il n'y a dans le retrait successoral qu'une subrogation de personnes, il en résulte évidemment que la transcription ne sera pas nécessaire.

50. — Des règles analogues sont applicables au retrait

litigieux autorisé par l'art. 1699 C. N. (1). Le retrayant tient son droit de la loi. La vente subsiste et il n'y a également qu'une subrogation de personnes.

51. — Soit dans le retrait successoral, soit dans le retrait litigieux, on ne peut pas dire qu'il y a une renonciation de la part de l'acheteur, pour en induire la nécessité de la transcription. La renonciation, nous l'avons déjà dit ailleurs, suppose une abdication spontanée. Ici, elle est forcée; et, quand même le retrait s'exercerait par un acte volontaire entre les parties, il ne pourrait avoir un autre caractère.

VIII.

Quels sont les actes qui doivent être transcrits en cas soit de promesse unilatérale ou d'offre de vente, soit de vente ou d'acquisition par un porte-fort ou un mandataire, soit de remploi dans l'intérêt de la femme?

SOMMAIRE.

52. Exposé de la question.
53. *Quid* en cas de promesse unilatérale de vente?
54. Suite. — *Quid* si la promesse de vente est suivie d'un acte contenant engagement d'acheter?
55. *Quid* en cas d'offre de vendre?
56. *Quid* si un tiers vend l'immeuble d'autrui avec promesse de ratification? — Distinction.
57. Si l'acte de ratification peut être le titre de la convention, la transcription de l'acte de ratification suffit.
58. *Secus* dans le cas contraire.
59. Dans le cas d'acquisition au nom d'un tiers par un porte-fort, les deux actes doivent être transcrits.

(1) Nous pensons que la faculté de retraire peut s'exercer lorsqu'il s'agit d'un immeuble litigieux (Troplong, *Vente*, n° 1000; — Duvergier, n° 379. — *Contra* : Cass., 24 novembre 1818; voir cet arrêt à sa date, Sir. Dev., *Collect. nouv.*).

60. Quand une vente ou une acquisition ont lieu par mandataire, la transcription de la procuration n'est pas nécessaire.

61. *Quid* si une déclaration de remploi est faite au profit de la femme dans l'acte d'acquisition et si l'acceptation de celle-ci a lieu par un acte postérieur?

52. — La transmission de la propriété ou des autres droits réels soumis à la transcription ne résulte pas toujours d'un seul et même acte. Elle se consomme quelquefois au moyen de plusieurs actes, et on peut se demander alors quels sont ceux qui doivent être soumis à la formalité pour que le droit soit consolidé à l'égard des tiers qui acquerraient des droits sur l'immeuble après le dernier acte consenti. C'est ce que nous nous proposons d'expliquer sous la présente question.

53. — Ainsi, la promesse de vente unilatérale, malgré la doctrine contraire de certains auteurs et de quelques arrêts, est valable. — Mais cette promesse n'a rien de translatif; si celui qui l'a faite refuse de tenir son engagement, le stipulant pourra l'y contraindre par un jugement *qui tiendra lieu de contrat à l'acheteur*. Telle était, du moins, la doctrine la plus généralement admise dans notre ancienne jurisprudence, et qui paraît devoir encore être adoptée sous l'empire du Code Napoléon. C'est par conséquent le jugement qui devra être transcrit. Il est vrai, qu'en général, les jugements ne sont pas sujets à transcription d'après la loi du 23 mars; mais il faut remarquer que, dans l'espèce, le jugement n'a pas les mêmes effets que dans les cas ordinaires, qu'il tient lieu de contrat à l'acquéreur.

54. — Si la promesse de vente est suivie d'un acte contenant non-seulement acceptation, mais engagement

d'acheter de la part de celui à qui la promesse a été faite, la translation de la propriété aurait lieu dans ce cas, et l'on devrait transcrire l'acte renfermant la promesse de vendre et celui qui renferme l'engagement d'acheter.

55. — Lorsqu'il y a offre ou proposition de vendre, cette offre n'a évidemment rien de translatif. Mais, dès qu'il y aura acceptation de celui à qui l'offre est faite, le contrat sera parfait et la propriété transmise. On soumettra donc à la transcription et l'acte qui constate l'offre et celui qui contient l'acceptation.

56. — Un tiers peut vendre l'immeuble d'une autre personne en se portant fort pour elle et en promettant sa ratification. Jusqu'à ce que le propriétaire ait ratifié, il n'y a pas translation de propriété. S'il ne ratifie pas, celui qui a acheté a seulement une action en dommages-intérêts contre celui qui s'est porté fort. Mais, si celui pour lequel le tiers a promis ratifie, la transmission est effectuée.

La transcription de l'acte consenti par le porte-fort ne suffirait pas. Mais suffira-t-il de faire transcrire l'acte de ratification? Une distinction nous paraît nécessaire.

57. — Si l'acte de ratification peut être le titre de la convention, il ne sera pas indispensable de faire transcrire le premier acte. C'est, en effet, la ratification qui est le titre de celui qui a stipulé, et, si elle contient tous les éléments pour prouver la vente, on ne peut rien exiger de plus.

58. — Mais si la ratification était conçue dans des termes généraux, si, par exemple, le ratifiant déclarait ratifier tout ce qui a été fait par le porte-fort, une telle ratifica-

tion ne pouvant servir de titre à elle seule, il faudrait faire transcrire avec elle l'acte par lequel le porte-fort a promis pour le ratifiant.

59. — On peut aussi acquérir au nom d'un tiers, en se portant fort qu'il ratifiera le contrat. Suffirait-il, lorsque le tiers ratifie, de faire transcrire l'acte de ratification, quand même il renfermerait toutes les énonciations nécessaires pour établir la vente? Nous ne le pensons pas. L'acte de ratification ne forme pas à lui seul le titre du tiers qui ratifie, il faut y joindre l'acte d'acquisition. Ce titre doit également être transcrit.

60. — Si une vente ou une acquisition ont lieu par mandataire, il n'y a qu'un seul titre pour l'acheteur, c'est l'acte de vente. La transcription de la procuration, dans l'un et l'autre cas, n'est pas nécessaire pour valider la transcription de la vente. Il suffira que l'existence de la procuration soit certaine (*Explic.*, n° 32).

61. — Si nous supposons une déclaration de remploi faite au profit de la femme dans l'acte d'acquisition, et que la femme n'accepte que par un acte postérieur, la déclaration de remploi faite par le mari étant une offre qu'il peut révoquer tant qu'elle n'a pas été acceptée (du moins s'il n'existe aucune stipulation dans le contrat de mariage qui conduise à décider le contraire), et le mari pouvant, jusqu'à l'acceptation, conférer sur l'immeuble acquis des droits à des tiers vis-à-vis desquels l'acceptation n'aurait aucun effet rétroactif, il en résulte que la transcription de l'acte d'acceptation sera nécessaire pour que la femme soit saisie vis-à-vis d'eux.

IX.

La confirmation de la vente d'un immeuble est-elle soumise à la formalité de la transcription?

SOMMAIRE.

62. Exposé de la question.
63. La transcription de l'acte confirmatif n'est pas exigée quand l'acte confirmé a été transcrit.
64. *Quid* si l'acte était nul par défaut de convention?

62. — La confirmation dont nous allons nous occuper est la ratification d'un acte nul fait par celui qui ratifie. Elle se distingue de celle par laquelle on approuve ce qui a été fait en notre nom sans notre ordre ou notre pouvoir, et qui est la ratification proprement dite; nous en avons parlé dans la question précédente. Quant à la confirmation, il s'agit de savoir si, lorsqu'elle aura trait à la vente d'un immeuble, il sera nécessaire qu'elle soit transcrite pour que la vente ratifiée ou confirmée puisse être opposée aux tiers qui auraient acquis des droits sur l'immeuble postérieurement à la confirmation. Une distinction nous paraît nécessaire.

63. — S'il s'agit d'un acte infecté d'une nullité, véritablement susceptible de ratification, la transcription de l'acte de confirmation ne sera pas nécessaire lorsque l'acte confirmé aura été transcrit. Ainsi, Pierre vend à Paul un immeuble en minorité, la vente est soumise à la formalité. Devenu majeur, Pierre ratifie la vente, l'acte de ratification n'est pas transcrit; puis il vend le même immeuble à Jacques, qui soumet son titre d'acquisition à la

formalité. Ce dernier ne pourra pas se prévaloir du défaut de transcription de la ratification. La confirmation n'est pas un nouveau contrat. C'est le premier qui subsiste avec la force nouvelle qu'il puise dans la ratification ; et, dès qu'il a été transcrit, cela doit suffire.

Vainement dirait-on, pour soutenir l'opinion contraire, que la confirmation renferme virtuellement de la part du vendeur une renonciation, et que les renonciations doivent être transcrites aux termes des art. 1 et 2 de la loi du 23 mars. Il n'y a que les renonciations aux droits susceptibles de transcription qui soient assujetties à la formalité. Le droit auquel le ratifiant renonce n'y est pas soumis, car ce n'est ni un droit de propriété immobilière, ni un droit susceptible d'hypothèque ; il renonce seulement à l'action en nullité ou en rescision au moyen de laquelle il pouvait faire annuler la vente.

64. — Mais si, au contraire, nous supposons un de ces actes nuls, comme dit la Cour de cassation (Arr. 27 mars 1812), par défaut de convention et faussement qualifiés contrats, la solution sera différente. L'acte ne serait confirmatif que de nom et devrait être considéré comme un nouveau titre qui pourrait bien transmettre la propriété pour l'avenir ; mais cette propriété ne serait consolidée que par la transcription, à l'égard des tiers qui acquerraient postérieurement des droits sur l'immeuble.

Peu importe que le premier acte, que les parties ont déclaré confirmer, ait été transcrit, puisque ce n'est pas ce premier titre, mais le second, qui est véritablement translatif.

X.

Quels actes de renonciation sont soumis à la formalité?

SOMMAIRE.

65. — Suivant les art. 1 et 2, 2es alinéas, de la loi du 23 mars 1855, on doit faire transcrire tout acte portant renonciation soit à des droits de propriété immobilière ou susceptibles d'hypothèque, soit à des droits d'antichrèse, de servitude réelle, d'usage et d'habitation. A ne consulter que ces dispositions, il semblerait que toute renonciation doit être transcrite dès qu'elle a pour objet un des droits qu'elle mentionne. C'est ce que décide M. Lemarcis dans la brochure qu'il a publiée sur la loi du 23 mars. Après avoir cité le texte qui soumet à la transcription *tout acte portant renonciation*, voici comment il l'explique : « La renonciation d'un droit en faveur d'un tiers a, en effet, pour résultat de dessaisir le renonçant au profit de ce tiers ; il y a donc une mutation de propriété ; le droit passe de la tête de l'un sur la tête de l'autre. De là la nécessité de soumettre un pareil acte à la formalité de la transcription » (p. 16). Cependant, il y a des distinctions à faire. Ces distinctions résultent des principes généraux avec lesquels la loi du 23 mars doit être mise en harmonie. C'est ce que nous allons tâcher d'établir.

66. — Il est nécessaire de consigner ici une observation

générale : d'après le projet primitif de la loi du 23 mars élaboré par le Conseil d'Etat, on devait soumettre à la formalité de la transcription tout acte entre-vifs translatif ou *déclaratif* de propriété immobilière, ou de droits susceptibles d'hypothèque ; tout acte constitutif d'antichrèse, de servitude, d'usage et d'habitation, ou portant renonciation à ces mêmes droits, etc.

Dans ce système, et en assujettissant à la formalité même les actes déclaratifs, on obtenait une publicité évidemment plus grande; mais le mot *déclaratif* a disparu, et on n'a plus soumis à la transcription que les actes *translatifs* ou *constitutifs*.

Ce changement apporté dans la disposition principale et pour ainsi dire fondamentale de la loi aurait peut-être nécessité un remaniement dans quelques autres dispositions, et notamment dans celle qui a trait aux renonciations. En effet, peu importait, dans la pensée des auteurs du projet primitif, que la renonciation fût ou non translative, dès que les actes déclaratifs eux-mêmes devaient être transcrits. Mais, lorsqu'on eut retranché les actes déclaratifs de l'énumération de ceux qui étaient soumis à la formalité, la disposition du 2e alinéa de l'art. 1er devenait beaucoup trop générale.

Dira-t-on que le mot *déclaratif* n'a été retranché que pour dispenser de la formalité les partages seulement; que c'est de cet acte seul que M. de Belleyme s'est occupé dans son rapport lorsqu'il parlait de l'amendement proposé par la commission et adopté par le Conseil d'Etat? Nous croyons que la suppression du mot *déclaratif* doit avoir une signification beaucoup plus large. Ce n'est pas seulement, selon nous, pour ne pas porter atteinte au principe de l'effet rétroactif des partages que cette suppression a eu lieu, mais pour mettre la loi en harmonie avec d'autres dispositions du Code Napoléon. Nous ne comprendrions pas comment le Conseil d'Etat aurait voté la suppression du principe général qui était exprimé par le seul mot *déclaratif*, pour n'en faire l'application qu'aux partages. D'ailleurs, si cette interprétation devait prévaloir, il y aurait, à notre sens, une contradiction de principes dans la loi nouvelle. On verrait des actes assujettis à la formalité dans des circonstances parfaitement semblables à celles dans lesquelles d'autres actes en seraient dispensés, et même dans des cas où, par suite des principes généraux du Code Napoléon, l'exemption de la formalité serait plus rationelle et plus nécessaire, ainsi qu'on le dira plus tard. Nous ne pouvons nous décider à penser qu'on doive attribuer au changement de rédaction apporté par le Conseil d'Etat le sens restreint dont nous parlions plus haut. Nous aimons mieux croire à un oubli des rédacteurs de la loi que de leur supposer une contradiction de vues que rien à nos yeux ne pourrait justifier.

67. — Cela posé, on peut dire d'une manière générale que la renonciation est l'acte par lequel une personne abandonne volontairement un droit qui lui appartient.

68. — Mais il ne faut pas confondre la renonciation ou répudiation avec la *convention* qui a pour objet une renonciation. Cette remarque était faite par Cujas : *Aliud est repudiare, aliud pacisci* (sur la loi 45, § 1, Dig. *De Leg.*, 2°). La répudiation est l'acte d'une seule volonté. Ce n'est, comme le dit Toullier, que la simple manifestation de ne

vouloir pas qu'une chose nous appartienne : *Repudiare est nolle ad se pertinere* (XIII, n° 122).

69. — Dès lors, il ne peut y avoir dans la répudiation une transmission de droits ; car, pour opérer cette transmission, le concours de deux consentements est nécessaire. Ce n'est donc que la convention de renonciation qui peut, en général, effectuer cette transmission. Par conséquent, lorsque la loi soumet à la transcription tout acte portant renonciation aux droits ci-dessus rappelés, elle a en vue l'acte qui renferme le double consentement par suite duquel s'opère la transmission de ces droits.

70. — Il y a, cependant, certains cas dans lesquels la transmission est une conséquence de l'abandon, sans qu'il soit nécessaire que le consentement du nouveau propriétaire intervienne. Tel est l'acte par lequel un propriétaire fait abandon d'un terrain pour s'affranchir de la servitude à laquelle il était soumis (art. 699 C. N.); tel est encore celui où le propriétaire d'un mur mitoyen abandonne le droit de mitoyenneté pour se dispenser de contribuer aux réparations (art. 656 C. N.) Le propriétaire au profit duquel l'abandon a lieu ne pourrait pas refuser ; la transmission ne dépend pas de lui ; elle est l'œuvre de la loi.

71. — Parmi les renonciations, il en est qui sont faites à des droits acquis et résidant sur la tête de celui qui renonce. De sorte qu'il y a réellement une transmission de droits du renonçant à celui au profit duquel la renonciation a lieu.

72. — Si un usufruitier, par exemple, renonce à son usufruit au profit du nu-propriétaire ; ou si le propriétaire

du fonds dominant renonce à la servitude en faveur du propriétaire du fonds servant, bien qu'il n'y ait pas, à proprement parler, une rétrocession, il y a cependant un droit qui cesse de résider sur la tête du renonçant. Par conséquent, il y aura nécessité de faire transcrire l'acte de renonciation.

73. — Mais il est des renonciations qui font, par suite des principes qui les régissent, considérer les renonçants comme n'ayant jamais eu les droits abandonnés.

74. — Tel est le cas de renonciation à une succession. Quand même il y aurait dans la succession des droits soumis à la transcription, cette renonciation n'y serait pas assujettie. L'héritier qui renonce est censé n'avoir jamais été héritier (art. 785 C. N.). Sa renonciation profite à ceux auxquels sa présence faisait obstacle (art. 786 C. N.). Ceux-ci ne tiennent rien du renonçant, qui n'a jamais été propriétaire d'aucune partie de la succession (Pothier, *Cout. d'Orl.*, art. 38, n° 1).

75. — Nous avons raisonné dans l'hypothèse, bien entendu, où la renonciation n'était pas postérieure à l'acceptation ; car, autrement, ce serait une véritable abdication de propriété, qui devrait être transcrite.

76. — Nous n'avons aussi voulu parler que de la renonciation pure et simple. Si la renonciation avait lieu gratuitement au profit d'un ou de plusieurs héritiers, ou même moyennant un prix, au profit de tous les cohéritiers, d'autres principes seraient applicables.

77. — En effet, quand la renonciation gratuite est faite en faveur d'un ou de plusieurs cohéritiers, on ne peut plus dire que le renonçant n'a jamais été héritier. Ce n'est plus

de la loi que ceux au profit desquels il a renoncé tiennent leurs droits. La renonciation, dans ce cas, emporte acceptation (art. 780 C. N.). Le renonçant a été un instant saisi de son droit ; il en a disposé. L'acte est assimilé à une donation ; il doit être transcrit.

78. — Si l'héritier qui renonce au profit de tous ses cohéritiers indistinctement reçoit le prix de sa renonciation, il est encore considéré comme acceptant (art. 780 C. N.). Selon la remarque de Domat, en recevant un prix de sa part, il en fait une vente (*Loix civiles,* liv. 1er, tit. III, sect. 1, § IX). En conséquence, sa renonciation doit être soumise à la formalité.

Ces principes, qui ont déjà été enseignés dans l'*Explication de la loi du 23 mars* (n° 13 et note), ont été adoptés par M. Duvergier, dans ses annotations sur cette loi (année 1855, 2e cah., p. 62 et suiv.).

79. — Des règles semblables doivent être appliquées au cas de renonciation à la communauté de la part de la emme ou de ses héritiers. Cette renonciation n'est pas assujettie à la transcription. Il n'y a pas plus ici transmission de droits que dans le cas de renonciation à une succession (voy. Pothier, tit. *Des Fiefs,* n° 212). Cela nous paraît constant, soit que l'on dise, avec les anciens auteurs, que le mari ou ses héritiers demeurent, par suite de la renonciation, propriétaires des immeubles de la communauté *jure non decrescendi* (Pocquet de Livonière, liv. 4, ch. 3, sect. 5 ; — Poth., *Communauté*, n° 568); soit que l'on emploie la formule de la doctrine moderne, qui, considérant la femme comme copropriétaire avec son mari sous la condition résolutoire de sa renonciation, décide

que, dans le cas de renonciation, le droit de la femme est résolu rétroactivement.

« Quand la femme, dit M. Troplong, après avoir examiné l'état des forces de la communauté, juge qu'il lui est préjudiciable de l'accepter; quand, exempte de toute immixtion, elle a fait la renonciation, alors la communauté disparaît comme si elle n'avait jamais existé. Le mari, qui n'en avait été que le chef, est censé avoir été toujours propriétaire, même *ab initio,* des effets qui la composent. Ce n'est pas un droit nouveau qu'il acquiert; c'est son droit originaire qui se dégage, qui se purifie et qui devient individuel et propre *jure non decrescendi*...... Quant à la femme, quoique, jusqu'à la dissolution de la communauté, elle ait vécu comme commune, sinon *actu*, au moins *habitu*, sa renonciation l'assimile à l'héritier qui, dès l'instant qu'il renonce, est censé n'avoir jamais été héritier..... La renonciation rend donc la femme entièrement étrangère à la communauté. Toute cette communauté appartient au mari ou à ses héritiers, comme si la femme n'y avait jamais eu aucun droit. Un effet rétroactif s'attache nécessairement à cette résolution » (*Contrat de mariage*, n°s 1811 et 1812). Telle est, en effet, la situation légale que l'art. 1492 C. N. établit par suite de la renonciation de la femme.

80. — Que doit-on décider à l'égard de la renonciation à un legs de la part du légataire?

Si un immeuble a été légué et que le légataire renonce au legs, il semblerait tout d'abord qu'il y a une transmission de droits, et, par suite, obligation de faire transcrire cette renonciation; quand il s'agit d'un corps certain, la propriété de la chose léguée passe, en effet, du testateur au légataire à compter du jour même de l'ouverture de la succession (art. 711 C. N.), bien qu'il n'ait l'exercice de l'action en revendication qu'après avoir obtenu la délivrance de son legs (1). Par conséquent, pourrait-on dire, par suite de la renonciation du légataire, la propriété le quitte pour passer sur la tête des héritiers. Il n'y a pas ici de fiction semblable à celle qui est écrite dans l'art. 785 C. N., et qui fasse considérer le légataire comme n'ayant jamais été saisi de son droit.

Cependant il est reconnu depuis longtemps que, lorsque le légataire renonce, le legs est censé n'avoir jamais existé. L'héritier, dans ce cas, possède l'objet du legs en vertu de son droit héréditaire, et non en vertu de la renonciation. C'est ce que disait Dumoulin : « *Si legatarius repudiaverit, fingitur nunquam fuisse legatum, et consequenter remanet legatum heredi, non ex repudiatione, sed hereditario jure* » (§ 43, gl. I, n° 174).

Aux termes de l'art. 1043 C. N., la disposition est *caduque* quand le légataire la répudie. Les héritiers ne reçoivent rien de lui ; ils conservent leurs droits héréditaires intacts et sans qu'il en ait jamais été rien retranché. « Le légataire, dit très-bien la Cour de cassation, n'a rien recueilli, il ne cède rien » (Arr. 9 juin 1806 ; — Sir. Dev., 1re série. 2e vol., 1re part., p. 253). Ainsi, de même que les droits des légataires ne doivent pas, d'après la loi du 23 mars, être révélés au public, de même la renonciation à ces droits n'est soumise à aucune publicité.

81. — Toutefois, si le légataire renonçait en faveur de

(1) Nous ne parlons que du légataire à titre particulier.

l'un des héritiers et dans le but de lui attribuer les avantages du legs, de lui faire une libéralité, ce serait un acte de disposition; il y aurait alors une transmission soumise à la transcription.

82. — Cette formalité serait aussi nécessaire si le légataire renonçait à son legs au profit des héritiers du testateur, moyennant une somme convenue, qui pourrait être considérée comme l'équivalent des biens abandonnés. Une telle renonciation serait regardée comme une transmission, comme une véritable cession des droits du légataire (voy. Cass., 2 décembre 1839; — Sir. Dev., 1840. 1. 41).

83. — Que déciderons-nous dans le cas d'une renonciation à la prescription?

Lorsque le possesseur renonce au bénéfice de la prescription, nous pensons qu'il n'y a pas non plus nécessité de soumettre sa renonciation à la formalité de la transcription. Quand même il a en sa faveur toutes les conditions requises pour la prescription, la propriété de l'immeuble ne lui est pas encore acquise. Sans doute, il a pour lui une présomption de propriété; mais les effets de cette présomption restent en suspens jusqu'à ce qu'elle soit invoquée par le possesseur. Si celui-ci y renonce, la condition sous laquelle la présomption devait produire ses effets est défaillie, et la prescription considérée comme non avenue. « Elle n'a point d'effet, disait M. Bigot, en parlant de la prescription, si celui..... contre lequel on revendique un fonds n'oppose pas cette exception » (Fenet, t. 15, p. 577). Le renonçant ne cesse point d'être propriétaire, puisqu'il ne l'a jamais été. Il ne transmet rien. L'ancien propriétaire reprend l'immeuble en vertu de son droit préexistant.

84. — Mais si le possesseur avait opposé en justice le moyen résultant de la prescription, et qu'un jugement eût été rendu conformément à ses conclusions, la renonciation qu'il ferait ensuite devrait être transcrite, car alors il serait vrai de dire qu'il y a eu transmission du droit à celui en faveur duquel la renonciation aurait été consentie.

85. — Demandons-nous, enfin, si l'acte par lequel une partie renonce au bénéfice d'un jugement qui a rescindé ou résolu une aliénation immobilière est assujetti à la formalité de la transcription.

Deux hypothèses principales doivent être distinguées : la renonciation du bénéficiaire du jugement peut avoir lieu lorsque le jugement qui a prononcé la nullité ou la résolution de l'aliénation est susceptible d'être attaqué par l'une des voies ordinaires; ou bien, au contraire, la renonciation a été consentie dans le cas où le jugement avait l'autorité de la chose jugée.

86. — Dans la première hypothèse, la transcription n'est pas nécessaire. Il n'y a aucune transmission. Le renonçant, en effet, n'était pas encore propriétaire; il n'avait pas un droit stable, perpétuel, en un mot, irrévocablement acquis. Il suffisait que la partie condamnée formât une opposition ou un appel pour que le jugement fût réputé non avenu. La renonciation qui intervient produit absolument le même effet que le jugement contradictoire ou l'arrêt de la Cour d'appel qui réformeraient soit le jugement par défaut, soit le jugement contradictoire en premier ressort. Cette renonciation remet

les parties dans l'état où elles se trouvaient auparavant. La partie contre laquelle l'action en nullité ou en résolution a été intentée reste propriétaire; elle ne le devient pas.

87. — Mais si, au contraire, le jugement a l'autorité de la chose jugée; en d'autres termes, s'il n'est pas susceptible d'être attaqué par l'une des voies ordinaires, les droits du bénéficiaire sont devenus irrévocables, et il ne peut y renoncer sans se dépouiller du droit de propriété qui lui est reconnu par ce jugement, sans qu'il y ait une véritable transmission soumise à la formalité.

88. — Mais quelle sera la solution si la renonciation a lieu dans le cas où la décision peut être attaquée par la voie de cassation ou de la requête civile? Il est certain, d'après ce que nous venons de dire, que cette renonciation, lorsqu'elle est pure et simple, est translative, et, à ce titre, elle doit être transcrite. Mais il est permis de transiger en ce qui concerne l'admissibilité et les suites d'une voie extraordinaire; or, si l'acte par lequel le bénéficiaire du jugement renonce aux droits qu'il lui confère a tous les caractères d'une transaction, nous pensons que dans ce cas encore la transcription ne sera pas exigée. La transaction, nous le savons, n'est pas translative, elle n'est que déclarative.

89. — Quand le jugement qui prononce la nullité ou la résolution a acquis l'autorité de la chose jugée, il sera inutile d'en faire opérer la mention prescrite par l'art. 4 de la loi du 23 mars, si la renonciation a lieu avant l'expiration du mois à dater du jour où il a acquis cette autorité. Ce mois tout entier est, en effet, accordé pour

remplir la formalité, et, lorsqu'il sera expiré, il n'y a plus aucun intérêt pour les tiers à le connaître, puisque la partie condamnée reste propriétaire.

Mais sera-t-il nécessaire que le jugement soit mentionné, si la renonciation a lieu après le mois? Nous pensons que, dès que l'avoué a négligé de faire opérer la mention dans le délai qui lui est prescrit, il est passible de la peine édictée par l'art. 4, sans qu'il y ait à prendre en considération les événements ultérieurs, sans qu'on ait à examiner si les tiers ont ou non souffert de l'inobservation de la formalité.

90. — Nous terminerons par une observation générale. La matière de la transcription des renonciations est destinée à faire naître plus d'une controverse. On verra peut-être des auteurs assujettir à la formalité toutes les renonciations sans aucune distinction, non pas parce qu'il y a dans toute renonciation transmission, mutation de droits, comme le dit M. Lemarcis (*vid. sup.*, n° 65), mais par la seule et unique raison que le texte paraît général. D'autres repousseront cette interprétation rigoureuse qui ne tiendrait compte que de la lettre, et n'oseront peut-être pas poursuivre toutes les conséquences de leur système. C'est ce que nous croyons avoir déjà remarqué dans les annotations de M. Duvergier. L'honorable auteur admet bien, comme nous, que les renonciations à succession ne sont pas assujetties à la formalité, parce qu'elles ne sont pas translatives, et qu'il faut respecter la disposition de l'art. 785 du Code Napoléon. Mais M. Duvergier semble vouloir borner là la dispense qu'il accorde aux renonciations : « Les autres renonciations, dit-il, fort différentes,

n'effacent pas l'existence des droits dans les mains des renonçants ; elles les transmettent de ceux-ci à d'autres. Ces dernières doivent donc, en vertu du principe posé dans la loi, être soumises à la transcription, tandis qu'il n'y a pas de motif pour y assujettir les renonciations à succession. » Mais comment M. Duvergier peut-il dire que les renonciations autres que les renonciations à succession n'effacent pas l'existence des droits dans les mains des renonçants, et renferment une transmission? Est-ce que, lorsque la femme renonce à la communauté, sa renonciation n'efface pas ses droits aussi bien que la renonciation de l'héritier efface les siens? Est-ce qu'il y a plus de translation de droits dans un cas que dans l'autre? La renonciation du légataire est-elle donc plus translative que celle de la femme commune? Non, disons-le, il n'y a pas de moyen terme à prendre : il faut ou adopter franchement le système d'interprétation littérale, ou bien entrer dans la voie que nous avons suivie, et rester fidèle au principe qui nous a guidés dans nos solutions.

XI.

Quels sont les actes qui doivent être assimilés aux partages, et, comme tels, dispensés de la formalité de la transcription?

SOMMAIRE.

91. Les actes de partage ne sont pas assujettis à la formalité.

92. On doit considérer comme partage tout acte à titre onéreux dont l'effet est de faire cesser l'indivision relativement à tous les héritiers. — Citation d'un passage de l'ouvrage de MM. Aubry et Rau.

93. *Quid* de l'acte qui ne s'applique qu'à l'un ou à l'autre des objets héréditaires?

94. *Quid* de la licitation par suite de laquelle un tiers se rend adjudicataire? — *Quid* si deux ou plusieurs cohéritiers se rendaient adjudicataires?
95. La vente d'un immeuble héréditaire consentie à l'amiable au profit de l'un des cohéritiers par l'un de ses cohéritiers est-elle assujettie à la transcription?
96. La convention par laquelle les parties échangent avant le partage les immeubles qui peuvent leur échoir n'est pas soumise à la formalité.
97. *Secus* si le partage, dans l'hypothèse précédente, était consommé.
98. *Quid* si l'indivision cesse au moyen d'un échange par lequel un cohéritier reçoit la totalité des biens héréditaires pour l'abandon d'un immeuble qui lui est propre?
99. *Quid* si, dans l'hypothèse précédente, l'héritier donnait une somme outre son immeuble?
100. La cession de l'usufruit au nu-propriétaire, et *vice versa*, doit être transcrite.
101. Lorsque l'usufruit n'embrasse pas la totalité de l'objet, l'acte par lequel on déterminerait les biens sur lesquels reposerait l'usufruit ne serait pas sujet à la formalité.
102. *Quid* si, dans l'hypothèse qui précède, l'usufruitier cède à l'héritier son usufruit?
103. L'acte par lequel deux co-usufruitiers d'un même immeuble déterminent leurs droits n'est pas soumis à la formalité.
104. Espèce sur laquelle a statué l'arrêt de la Cour de cassation du 6 novembre 1827.
105. *Quid* si le vendeur cède la moitié d'un immeuble à un tiers par un premier acte et abandonne à ce tiers l'autre moitié par un second acte? — Distinction.

91. — La loi du 23 mars n'a pas soumis les actes de partage à la formalité de la transcription. On aurait pu penser qu'il était intéressant pour les créanciers de l'un des cohéritiers qui auraient pris inscription de pouvoir demander la nullité du partage, lorsque cette inscription aurait précédé la transcription de l'acte de partage. — Mais on a dispensé cet acte de la formalité parce qu'on a considéré que, dans notre droit, le partage était déclaratif, et non attributif (art. 883). On n'a pas voulu porter atteinte

à ces dispositions du Code Napoléon. Les rédacteurs de la loi du 23 mars ont d'ailleurs estimé que les créanciers des héritiers avaient, dans le droit d'opposition que leur accorde l'art. 882 C. N., une faculté équivalente à celle qu'ils puiseraient dans la nécessité de la transcription (Rapport de M. de Belleyme).

Il est nécessaire d'examiner quels sont les actes qui doivent ou non être assimilés aux partages, et qui, en conséquence, doivent ou non être exemptés de la formalité.

92. On doit regarder comme équipollent à partage tout acte à titre onéreux (1) dont l'effet est de faire cesser l'indivision de l'hérédité d'une manière absolue, c'est-à-dire relativement à tous les cohéritiers. Il y a cependant des auteurs et des monuments de jurisprudence qui décident qu'il n'est pas nécessaire que l'acte soit passé entre *tous* les cohéritiers, et que celui par lequel l'indivision ne cesserait qu'entre quelques-uns n'en aurait pas moins le caractère et les effets d'un partage. Mais la Cour de cassation a repoussé cette doctrine par une jurisprudence constante. « Il existe effectivement, sous ce rapport, disent très-bien MM. Aubry et Rau, une immense différence entre un acte qui fait cesser l'indivision à l'égard de tous les cohéritiers et un acte qui ne la fait cesser qu'à l'égard de l'un des cohéritiers, en la laissant subsister à l'égard des autres. Cette différence... se trouve légalement consacrée par le texte même de l'art. 883. Il résulte, en effet, de l'intime connexité qui existe entre les deux dispositions de cet article,

(1) On ne devrait pas considérer comme partage l'acte par lequel un des héritiers donnerait sa portion héréditaire à l'autre.

que si chaque cohéritier est censé n'avoir jamais été propriétaire des objets héréditaires dont il a perdu la copropriété par suite de l'acte qui l'a fait sortir de l'indivision, ce n'est là qu'une conséquence de cette autre fiction légale qui considère l'héritier dans le lot duquel ces objets sont tombés comme ayant été, dès l'origine, propriétaire exclusif. Or, si l'acte qui a fait cesser l'indivision quant à l'un des cohéritiers l'a laissé subsister à l'égard des autres, il devient impossible d'appliquer à ces derniers la disposition suivant laquelle chaque cohéritier est censé avoir succédé seul aux objets héréditaires qui se trouvent compris dans son lot, et, par suite, il devient aussi impossible d'appliquer au premier la disposition suivant laquelle chaque cohéritier est censé n'avoir jamais été propriétaire des objets dont il a perdu la copropriété » (t. IV, p. 399, note 8. — Voyez aussi en ce sens, notamment : Cass., 30 janvier 1832; Sir. 32. 1. 159; — Cass., 16 mai 1832; Sir. 32. 1. 602; — Cass., 6 nov. 1832; Sir. 33. 1. 66; — Req., 3 déc., 1839; Sir. 39. 1. 903; Req., 28 déc. 1840; Sir., 41. 1. 204; — Cass., 19 janv. 1841; Sir., 41. 1. 375).

93. — On doit aussi exempter de la transcription, comme étant équipollent à partage, l'acte qui ne s'applique qu'à l'un ou à l'autre des objets héréditaires, si l'effet de cet acte est de faire cesser l'indivision de cet objet à l'égard de tous les cohéritiers (Aubry et Rau, t. IV, p. 399, note 6; — l. 44, D. *Fam. Ercisc.*, arg. 883, et art. 1er 4° L. 23 mars).

94. — Il en serait autrement de la licitation par suite de laquelle un tiers se serait rendu adjudicataire de l'immeuble licité. Il faudrait aussi faire transcrire l'acte si

deux ou plusieurs cohéritiers s'étaient rendus adjudicataires de l'immeuble (Req., 27 mai 1835; Sir., 35.1.341, — Cass., 13 août 1838; Sir., 38. 1. 701). Le quatrième alinéa de l'art. 1er de la loi du 23 mars vient à l'appui de cette solution, en ne dispensant de la transcription que le jugement sur licitation rendu au profit d'*un* cohéritier ou d'*un* copartageant.

95. — Que doit-on décider relativement à la vente d'un immeuble héréditaire qui serait consentie à l'amiable au profit de l'un des cohéritiers par tous ses autres cohéritiers? Nous pensons que l'acte n'a, dans ce cas, que les effets du partage et ne doit pas être transcrit. Quelques auteurs sont cependant d'un avis contraire (voy. Vazeille, sur l'art. 883; Belost-Jolimont sur Chabot, Obs. 3 sur l'art. 883). L'art. 883, il est vrai, ne parle que de la licitation; mais on peut tirer en faveur de notre opinion un puissant argument de l'art. 1408 C. N., qui répute propre l'acquisition faite pendant le mariage de portion d'un immeuble dont l'un des époux était propriétaire, que cette acquisition soit faite à titre de licitation ou *autrement,* c'est-à-dire à tout autre titre onéreux.

96. — On ne doit point non plus considérer comme une disposition translative sujette à transcription, la convention par laquelle les parties échangent, avant le partage consommé, les immeubles qui peuvent leur échoir.

97. — Il en serait autrement si, le partage étant consommé, les parties échangeaient leurs lots. Ce serait une véritable aliénation, puisque les copartageants ont cessé d'être copropriétaires et n'ont fait qu'un échange de ce qui leur appartenait désormais exclusivement.

98. — Quelle serait la solution si l'indivision cessait au moyen d'un échange par lequel un cohéritier recevrait la totalité des biens de l'hérédité pour l'abandon d'un immeuble qui lui serait propre? Cet acte a les caractères du partage, puisqu'il fait cesser l'indivision. L'intention des parties n'est pas d'échanger, mais de partager. Telle était l'opinion de d'Argentré : *Nec si res immobilis pro immobili, permutatio putanda, etiamsi de proprio compensantis fiat, non de corporibus hereditariis; quia id non agitur ut permutetur, sed potius ut divisio fiat* (*Droits du Prince*, art. 73, note 4, n° 3). L'art. 888 C. N. met, en effet, l'échange sur la même ligne que la vente quand cet acte a pour but de faire cesser l'indivision. Il s'ensuit que la transcription ne sera pas nécessaire à l'égard des immeubles héréditaires, et que le créancier auquel celui qui reçoit l'immeuble étranger à la succession aurait consenti une hypothèque inscrite, ne pourrait pas se prévaloir du défaut de transcription de l'acte; mais l'immeuble propre restera grevé des hypothèques du chef de l'héritier qui l'a abandonné.

99. — Les mêmes principes seraient applicables si l'héritier qui reçoit les immeubles héréditaires donnait, outre son immeuble, une somme d'argent.

100. — Quand un usufruit et une nue propriété coexistent séparément sur une hérédité ou sur un autre objet, cette coexistence ne constitue pas entre l'usufruitier et le nu propriétaire un état d'indivision proprement dit, à la cessation duquel on doive appliquer le principe de l'effet rétroactif (voy. Req., 3 août 1829; Sir., 29. 1. 300). Par conséquent, la cession de l'usufruit au nu proprié-

taire, ou celle de la nue propriété à l'usufruitier, seraient soumises à la formalité.

101. — Mais si l'usufruit n'embrassait pas la totalité de l'objet; si, par exemple, on avait donné ou légué l'usufruit de la quotité disponible, ou la moitié des biens en usufruit, il y aurait indivision véritable entre les héritiers et le donataire ou légataire. L'acte par lequel on déterminerait les biens sur lesquels l'usufruit légué ou donné reposerait ne serait pas soumis à la formalité. Il aurait tous les caractères du partage.

102. — Si, dans cette même hypothèse, l'usufruitier cédait à l'héritier son usufruit, l'acte n'aurait pas le caractère de vente, mais de licitation, et, à ce titre, il ne serait pas soumis à la transcription (Cass., 8 août 1836; — Sir., 36. 1. 798).

103. — L'indivision existe entre deux co-usufruitiers d'un même immeuble, et l'acte par lequel ils détermineraient leurs droits aurait aussi le caractère de partage et serait exempt de la formalité.

104. — Supposons qu'un immeuble soit vendu indivisément à Pierre et à Paul; que Paul cède à Jacques sa part dans l'immeuble, et que celui-ci se rende ensuite adjudicataire de l'immeuble entier par suite de licitation, ce dernier acte sera-t-il soumis à la formalité de la transcription? Voici les considérants d'un arrêt rendu dans l'espèce par la Cour régulatrice : « Attendu que l'acquisition d'un immeuble faite en commun par plusieurs acquéreurs forme entre eux une société particulière à laquelle est applicable la disposition de l'art. 883 C. N.; — attendu que, d'après le rapprochement de cet article avec les

art. 1841 et 1872 du même Code, l'effet de la licitation entre copropriétaires est que chaque colicitant est censé avoir toujours possédé la part de l'immeuble qui lui échoit par cette voie, et qu'ainsi l'acte qui la lui transfère n'est pas nécessairement sujet à transcription ; — attendu, d'autre part, que, lorsque l'un des co-acquéreurs d'un immeuble acquis en commun vend à un tiers sa part indivise dans cet immeuble, l'effet de cette vente est de subroger entièrement l'acquéreur de cette part aux droits de son vendeur et de le rendre copropriétaire, comme l'était ce dernier, de l'immeuble indivis; d'où il suit que la licitation qui s'opère ensuite entre ce nouvel acquéreur et les autres copropriétaires doit être entièrement assimilée à celle qui aurait eu lieu entre ceux-ci et le vendeur de ladite part » (Rej. 6 novembre 1827). Cet arrêt, si bien motivé, conclut avec juste raison, des considérants que l'on vient de lire, que, lors même que les parties n'ont pas un titre commun de propriété, la licitation intervenue entre le nouvel acquéreur et les autres copropriétaires n'est pas un acte nécessairement sujet à la transcription.

105. — Si Pierre vend à Paul la moitié d'un immeuble, et que Pierre cède par un second acte l'autre moitié à Paul, qui est ainsi propriétaire de la totalité de l'immeuble, ce second acte sera-t-il soumis à la formalité? Une distinction est nécessaire. S'il est constant en fait que les parties n'ont consenti qu'une vente du tout en deux actes séparés, le second sera, comme le premier, assujetti à la transcription; il en serait autrement, et il ne serait pas nécessaire de faire transcrire le second acte si le premier n'avait eu pour but que de constituer une association

entre les contractants. Le second acte n'aurait que le caractère, et ne devrait produire que les effets du partage. Tout dépendra donc de l'intention qui aura présidé au premier contrat.

XII.

La revente faite par celui qui a acheté un immeuble sous condition suspensive est-elle soumise à la transcription?

SOMMAIRE.

106. L'aliénation sous condition suspensive doit être transcrite.
107. La revente de l'immeuble acquis sous condition suspensive n'est pas soumise à la formalité.
108. L'acte, dans l'hypothèse précédente, n'est pas même assujetti à la transcription après la réalisation de la condition.

106. — Il n'est pas douteux que l'aliénation faite sous condition suspensive ne soit soumise à la transcription, et que l'acquéreur ne doive remplir la formalité avant l'événement de la condition.

107. — Mais supposons que Pierre vende à Paul son immeuble sous condition et que Paul vende son droit à Jacques. Ce dernier sera-t-il obligé de faire transcrire, de telle sorte que si, après la vente, Paul vendait son droit à Jean, et que ce dernier transcrive, il pourrait, en cas de réalisation de la condition, évincer Jacques? Lorsque la condition se sera réalisée, Paul, par suite de cet événement, sera devenu propriétaire dès le jour du premier contrat; il l'était par conséquent, pourrait-on dire, le jour qu'il a contracté avec Jacques, et ce qu'il a transmis à celui-ci, c'est l'immeuble lui-même. En un mot, une fois

la condition arrivée, par suite de son effet rétroactif, la première transmission est censée réalisée à l'instant du premier contrat, et la translation postérieure est réputée avoir eu lieu au jour de la passation du second. Malgré ces principes, nous ne pensons pas que le contrat intervenu entre Paul et Jacques soit assujetti à la formalité. Ce que Paul cède à Jacques, ce n'est pas le droit de propriété immobilière, c'est un simple droit qui, par suite de la réalisation de la condition, pourra bien se convertir en un droit de propriété immobilière, mais enfin qui n'a pas cette nature au moment du contrat, au moment de sa transmission. D'un autre côté, ce droit, quoiqu'il soit immobilier, n'est pas susceptible d'hypothèque. Sans doute, Jacques, après avoir acquis, pourrait bien consentir une hypothèque sur l'immeuble, laquelle serait irrévocablement assise si la condition arrivait; mais il ne pourrait pas hypothéquer le droit conditionnel qui lui est cédé. Cette doctrine est assez généralement admise. Or, si ce qui est transmis par Paul à Jacques n'est ni le droit de propriété immobilière, ni un droit qui puisse être grevé d'hypothèque, la transcription n'est pas exigée, car ce sont seulement les *actes translatifs de propriété immobilière ou de droits susceptibles d'hypothèque* que l'art. 1er de la loi du 23 mars soumet à la transcription. Il est vrai que, par suite de l'événement de la condition, Jacques sera censé avoir été saisi *ab initio* de la propriété de l'immeuble; mais il suffit qu'au moment de la passation de l'acte le droit transmis n'ait pas eu le caractère d'un droit de propriété, ni celui d'aucun autre droit assujetti à la formalité, pour que l'acte en soit dispensé.

Nous avons dit plus haut que le premier acquéreur était obligé de faire transcrire son acte. Cette proposition n'est pas en contradiction avec la solution que nous venons de donner. On pourrait le croire cependant au premier abord, puisque les deux contrats ne font naître au profit des deux acquéreurs qu'une espérance, qui n'est pas le droit de propriété immobilière. Mais la raison de décider est qu'il faut envisager le droit qui est cédé lors du premier contrat, dans ses rapports avec celui qui le transmet. Or, ce que Pierre transfère à Paul, c'est vraiment son droit de propriété.

108. — Nous ne pensons même pas que, dans la seconde hypothèse, l'acte doive être soumis à la publicité après l'événement de la condition; c'est au moment où l'acte a lieu qu'il faut considérer la nature du droit pour décider s'il doit ou non être transcrit. Par conséquent, lors même que Paul, dans l'espèce, après la condition accomplie revendrait l'immeuble à un tiers qui ferait transcrire, celui-ci ne pourrait évincer Jacques, dont le titre n'aurait pas été transcrit.

XIII.

Quand un jugement prononce sur le retrait de réméré ou sur la résolution d'une vente en faveur du cessionnaire des droits du vendeur, la transcription est-elle nécessaire pour saisir le cessionnaire à l'égard des tiers?

SOMMAIRE.

109. Ancienne jurisprudence sur la cession de la faculté de retraire et l'exercice du retrait. — Arrêt de la Cour de cassation de 21 germinal an XII.

110. Jurisprudence de la Cour de cassation sur la résolution de la vente au profit du cessionnaire des droits du vendeur.

109. — Dans notre ancienne jurisprudence, on considérait assez généralement la cession de la faculté de retraire et l'exercice du retrait comme une seule opération dans laquelle le vendeur était réputé exercer lui-même le retrait et vendre l'immeuble au cessionnaire : *quemadmodum si venditor iste prius pro se redemerit, mox Titio vendiderit* (Dumoulin, § 78, gl. 1, n° 59). Cette doctrine a été adoptée par la Cour de cassation : « Attendu, 1°, que, dans les vrais principes, la vente à faculté de réméré est translative de propriété et parfaite, quoique résoluble sous condition, lorsqu'en vertu de cette clause le vendeur exerce lui-même le retrait dans le délai fixé par la vente ; que l'acte par lequel s'opère ce retour de l'immeuble aliéné dans les mains de l'ancien propriétaire n'est qu'une simple résolution de la vente, et qu'il n'opère aucune mutation.... Attendu, 2°, qu'il n'en est pas de même lorsque le rachat est exercé par un tiers, en vertu de la cession que le vendeur lui a faite de la faculté de réméré qu'il s'était réservée ; que, dans ce cas, la remise de l'immeuble consentie en faveur de ce cessionnaire doit opérer incontestablement le même effet que si le vendeur eût exercé lui-même le retrait conventionnel, et qu'il eût ensuite vendu les biens au tiers qui en est mis en possession ; qu'ainsi la transmission de propriété n'est point faite par l'acquéreur que le retrait exproprie, mais bien par le vendeur originaire au nom duquel le retrait est exercé.... » (21 germinal an XII).

110. — Les mêmes principes sont consacrés par la Cour régulatrice en ce qui concerne la résolution de la vente au profit du cessionnaire des droits du vendeur : « L'effet de la résolution est de faire passer l'immeuble des mains du vendeur dans celles des tiers qui sont subrogés à ses droits, ce qui opère une véritable mutation de propriété, qui rend le jugement de résolution sujet à la transcription » (26 août 1839 ; — Sir. Dev., 1839. 1. 770).

111. — De ces principes, admis par une jurisprudence constante, devons-nous conclure que, lorsqu'un jugement prononce sur le retrait de réméré ou statue sur la résolution de la vente au profit du cessionnaire, la transcription sera nécessaire pour que le cessionnaire soit saisi à l'égard des tiers? Pour l'affirmative on pourrait peut-être dire : Puisqu'il y a une transmission de propriété du vendeur à l'acheteur, puisque le vendeur originaire est censé vendre au cessionnaire, ce dernier ne doit être saisi à l'égard des tiers que par la transcription qui sera faite de cette mutation de propriété.

Cependant, nous ne pensons pas que la formalité soit nécessaire. On ne peut d'abord exiger l'accomplissement de la transcription à l'égard de l'acte de cession, car cet acte n'est pas lui-même translatif de propriété : à l'époque où il est consenti, l'acheteur à réméré, ou celui contre lequel la résolution sera plus tard prononcée, est encore propriétaire ; ce n'est donc pas le droit de propriété qui est cédé par le vendeur. Ce droit qu'il cède n'est pas non plus susceptible d'hypothèque, car il pourrait bien hypothéquer l'immeuble, mais non l'action en vertu de laquelle il pourra plus tard recouvrer la propriété, ainsi que nous l'avons déjà dit dans la question précédente.

Maintenant, le jugement qui statuera sur l'action de réméré ou en résolution ne doit pas non plus être soumis à la formalité. La loi du 23 mars, qui dispense, en thèse générale, les jugements de la transcription, n'y soumet d'une manière limitative que certains jugements (art. 1 et 2). D'un autre côté, l'art. 4 de cette loi assujettit seulement à la formalité de la mention les jugements qui prononcent une résolution, sans distinguer si c'est le vendeur ou un tiers cessionnaire qui reprend la propriété par suite du jugement. Nous avons même dit (QUEST. VI) que le jugement qui prononce sur le retrait de réméré par voie d'action était dispensé de cette formalité.

Quels sont les tiers que l'on voudrait admettre à se prévaloir du défaut de transcription? Est-ce que ce sont ceux à qui le vendeur originaire aurait cédé de nouveau ses droits ou consenti des hypothèques sur l'immeuble depuis l'acte de cession et avant le jugement? Mais l'acte de cession lui-même n'est pas assujetti à la formalité, pour être opposable aux tiers. Il en doit être de même des créanciers à qui le cédant aurait consenti des hypothèques sur l'immeuble avant la cession, et qui ne seraient pas encore inscrites lors de cette cession.

Il est vrai que quelques auteurs pensent que les donations d'actions immobilières, par exemple d'une action en réméré ou en rescision, sont soumises à la formalité de la transcription, par la raison que ces actions donnent le droit d'hypothéquer éventuellement l'immeuble qui en est l'objet (Troplong, *Donat.*, n° 1165). Mais de ce que le cédant peut hypothéquer éventuellement l'immeuble, il ne s'ensuit pas que l'action cédée soit elle-même susceptible d'hypothèque; or, ce qui est cédé, ce n'est pas l'immeuble, c'est l'action. M. Duranton (n° 504) décide aussi que les cessions à titre gratuit d'actions immobilières sont soumises à la formalité. Il se fonde, pour donner cette solution, sur la maxime : *Qui actionem habet ad rem recuperandam, ipsam rem habere videtur;* d'où il conclut que le donateur d'une action immobilière, étant réputé propriétaire des immeubles auxquels cette action a trait, et pouvant en disposer ou les grever d'hypothèques, la donation de l'action doit, dans l'intérêt des tiers, être soumise à la transcription, comme elle devrait l'être si elle portait sur les immeubles eux-mêmes. Mais cette doctrine est critiquée avec raison par MM. Aubry et Rau. « La maxime dont il s'agit, disent ces auteurs, signifie bien que celui qui, se trouvant investi d'une action immobilière, l'exerce avec succès, doit être considéré rétroactivement comme ayant été, dès le moment où elle a pris naissance, propriétaire de l'immeuble qui en faisait l'objet; mais il n'en résulte pas que celui qui a cédé une action de cette nature puisse et doive, même après la cession et au préjudice du cessionnaire, être encore réputé propriétaire de l'immeuble auquel elle se rapporte. La fiction qui le faisait considérer comme propriétaire a disparu, quant à lui, par l'effet de la cession, pour suivre l'action entre les mains du cessionnaire » (Zach., t. V, § 704, note 9).

Le plus sûr est donc de s'en tenir au texte de la loi, qui soumet à la transcription soit les droits de propriété immobilière, soit les droits susceptibles d'hypothèques; or, l'action immobilière, en dépit de la maxime précitée, n'est pas le droit de propriété et ne peut être grevée d'hypothèque.

Maintenant, s'agirait-il des tiers auxquels le cédant aurait consenti la cession de ses droits ou des hypothèques depuis le jugement? Mais le jugement n'est pas non plus soumis à la formalité. Dès qu'il est rendu, le cessionnaire est investi à l'égard de tous de la propriété de l'immeuble, et le cédant ne peut le dépouiller de ses droits ni les grever d'aucune charge.

Sans doute, si le cédant avait consenti sur l'immeuble des hypothèques et que ces hypothèques fussent inscrites avant la date de la cession, elles seraient maintenues au préjudice du cessionnaire. C'est pour ce motif que l'on décide que le droit de transcription sera dû par le cessionnaire.

Quant aux tiers qui ont traité avec le propriétaire dépossédé, ils ne peuvent pas même opposer le défaut de mention du jugement qui prononce la résolution. Nous verrons qu'ils n'ont pas ce droit quand c'est le vendeur qui fait résoudre la vente à son profit, et la généralité des termes de l'art. 4 conduit à donner la même solution quand la résolution a lieu en faveur du cessionnaire. Peu leur importe, d'ailleurs, que ce soit le cédant ou le cessionnaire qui ait désormais la propriété de l'immeuble. L'erreur dans laquelle ils se trouveront par suite du défaut de mention ne sera pour eux ni plus ni moins préjudiciable, et si, comme nous le démontrerons, le législateur leur a refusé le droit d'opposer au bénéficiaire du jugement le défaut d'accomplissement de la formalité, dans le cas où c'est le vendeur qui fait résoudre la vente, il en doit être de même quand c'est en faveur du cessionnaire que la résolution est prononcée.

XIV.

Un acte contenant échange d'immeubles doit-il être transcrit sur la tête des deux copermutants?

SOMMAIRE.

112. Opinion de M. Lemarcis.
113. Réfutation de cette opinion.
114. Dans le cas où les immeubles échangés sont situés dans deux arrondissements différents, on doit faire transcrire dans le bureau de chaque arrondissement.

112. — M. Lemarcis s'exprime ainsi sur cette question : « Une seule chose est utile à prescrire quant à ce genre particulier de contrat; c'est que, pour produire son effet à l'égard des tiers, il devra être transcrit sur la tête des deux copermutants et dans les bureaux de la situation de tous les biens réciproquement acquis par voie d'échange » (page 13).

Du reste, lors de l'enquête qui eut lieu en 1841, une Cour d'appel avait déjà émis le vœu que la transcription fût opérée sur la tête des deux copermutants; mais cette proposition ne fut pas renouvelée dans la discussion de la loi du 23 mars, et rien n'indique que le législateur ait consacré cette idée.

113. Dans quel but la loi du 23 mars a-t-elle exigé la transcription? Dans le but de mettre chaque intéressé à même de vérifier si tel immeuble appartient à celui qui déclare en être le propriétaire. La vérification se fera facilement en consultant le registre des transcriptions. Mais

quelle serait l'utilité d'une double transcription lorsqu'il s'agit d'un échange? Est-ce que la transcription une seule fois opérée ne met pas les tiers à même de vérifier quelle est, par rapport à l'un et à l'autre des immeubles échangés, la position respective des deux copermutants au point de vue de la propriété de ces immeubles? Ne pourront-ils pas, à l'aide de cette unique transcription, s'éclairer complétement? La réponse à ces questions ne nous semble pas douteuse, et nous ne voyons pas quelles sont les raisons qui ont entraîné la solution donnée par M. Lemarcis.

114. Toutefois, il est bien certain que la transcription devra être opérée dans les bureaux de la situation de tous les biens réciproquement acquis par voie d'échange. Il est clair, en effet, que si les immeubles échangés sont situés dans deux arrondissements différents, la transcription devra être effectuée dans le bureau de chaque arrondissement; mais cette formalité ne sera exigée, dans ce cas, qu'à raison de la situation des immeubles; et cela n'influe en rien sur ce que nous avons dit dans l'hypothèse où les immeubles sont situés dans la circonscription du même bureau.

XV.

Les jugements d'adjudication sont-ils tous et indistinctement soumis à la formalité de la transcription? — Quelle peut-être l'utilité de la transcription des jugements d'adjudication sur saisie immobilière?

SOMMAIRE.

115. Disposition du 4e alinéa de l'art. 1er de la loi du 23 mars. — Motifs de cette disposition. — Distinction à faire.

116. Adjudication tranchée en cas de revente par suite de surenchère, soit au profit d'un tiers, soit au profit du détenteur lui-même.

115. — L'art. 1er, 4e alinéa, de la loi du 23 mars assujettit à la transcription « tout jugement d'adjudication autre que celui rendu sur licitation au profit d'un cohéritier ou d'un copartageant. » Cette disposition, par sa généralité, conduira peut-être à décider que tous jugements d'adjudication doivent être transcrits. La loi, en effet, ne distingue pas. Elle n'excepte de la formalité que les jugements rendus sur licitation au profit de cohéritiers ou copartageants. Mais elle doit être combinée avec les règles du Code Napoléon; telle est, du moins, notre opinion. Si les jugements d'adjudication sont soumis à la transcription, c'est parce qu'en général ils sont translatifs de propriété au profit de l'adjudicataire; mais, lorsqu'ils n'ont pas cet effet, ce serait aller contre l'esprit de la loi que de les assujettir à la formalité.

116. — Ainsi, par exemple, quand la revente par suite de surenchère est poursuivie, l'adjudication peut être tranchée soit au profit d'un tiers, soit en faveur du détenteur lui-même.

Lorsque c'est un tiers qui se rend adjudicataire, l'acquisition du détenteur est résolue rétroactivement, et la mutation s'opère de l'aliénateur à l'adjudicataire (Cass., 12 novembre 1834; Sir., 1835.1.811; — Troplong, *Priv. et Hyp.*, n° 962).

Si l'adjudication, au contraire, a lieu au profit du tiers détenteur, ce n'est pas l'adjudication qui lui transfère la propriété; elle confirme et consolide seulement le droit de propriété qui émane de son titre d'acquisition (Grenier, t. 2, n° 467. — Troplong, *ibid.*, n° 963).

117. — Dans ce dernier cas, l'art. 2189 C. N. dispose que l'acquéreur ou le donataire qui conserve l'immeuble mis aux enchères, en se rendant dernier enchérisseur, n'est pas tenu de faire transcrire le jugement d'adjudication.

Avant la loi du 23 mars, on semblait pouvoir conclure *a contrario* de cette disposition que la transcription était nécessaire quand c'était toute autre personne que le détenteur qui se portait adjudicataire. Cependant les auteurs reconnaissaient que la transcription ne pouvait avoir dans ce cas aucun but, aucune utilité (Tarrible, *Rép.*, v° TRANSCRIPTION, § VI, n° III. — Troplong, *loc. cit.*, n° 965). Elle ne pouvait pas avoir pour effet de rendre l'adjudicataire propriétaire à l'égard des tiers, puisque le principe de la transcription n'était pas maintenu en matière d'aliénation à titre onéreux. Elle n'était pas nécessaire pour purger, puisque la purge est opérée. On ne pouvait expliquer la disposition de l'art. 2189 que d'une manière historique. Voici comment Tarrible s'exprimait sur ce point : « A l'époque de l'émission du Code Napoléon, la loi du

11 brumaire an VII sur les expropriations forcées était encore en vigueur. L'art. 22 de cette loi portait que l'adjudication devait être transcrite à la diligence de l'adjudicataire, dans le mois de sa prononciation, et qu'il ne pouvait, avant l'accomplissement de cette formalité, se mettre en possession des biens adjugés. Le même article, après l'expiration d'un mois, accordait aux créanciers non remboursés la faculté de faire procéder contre l'adjudicataire, et à sa folle enchère, à la revente et adjudication des biens dans les mêmes formes et délais qu'à l'égard du saisi, sauf que le commandement serait remplacé par une dénonciation du certificat, délivré par le conservateur des hypothèques, que la transcription n'avait point été faite.

« Peut-être entrait-il alors dans le dessein des auteurs du Code de maintenir cette disposition et de l'insérer dans le Code de procédure civile, qui n'a été décrété qu'une année après; si cette disposition eût été maintenue, elle aurait été dans une parfaite harmonie avec la contexture de notre article. Mais, ne l'ayant pas été, on ne peut douter que la formalité n'ait été supprimée » (Tarrible, *Rép.*, loc. cit.) (1).

Quoi qu'il en puisse être, la disposition de l'art. 2189, qui sous l'empire des principes du Code Napoléon et du Code de procédure était inutile et même disparate, se trouve aujourd'hui en parfaite harmonie avec le principe fondamental de la loi du 23 mars 1855. En effet, d'après cette loi, l'acquéreur même à titre onéreux a besoin, pour devenir propriétaire à l'égard des tiers, de remplir la for-

(1) La même explication est donnée par M. Troplong (*Priv. et Hyp.*, n° 965), qui, du reste, ne fait que reproduire ce passage de Tarrible.

malité de la transcription, de faire transcrire son acte de vente ou d'adjudication, suivant qu'il est acheteur ou adjudicataire. Par conséquent, lorsque c'est au profit d'un tiers que l'adjudication est prononcée, aux termes de l'art. 1er, 4e alinéa, de la loi du 23 mars, la transcription du jugement d'adjudication doit être opérée. Si, au contraire, c'est en faveur du détenteur lui-même, la transcription n'est pas exigée, selon l'art. 2189 C. N., puisque, ainsi que nous l'avons dit plus haut, l'adjudication ne fait que confirmer et consolider son droit. C'est un des cas dans lesquels les dispositions de la loi nouvelle améliorent les textes du Code Napoléon.

M. Mourlon adopte cependant une autre opinion; il reconnaît bien, comme nous, que dans le cas où c'est le détenteur lui-même qui reste adjudicataire, l'adjudication n'a rien de translatif et est purement confirmative. « Dès lors, dit-il, où est la nécessité de la faire transcrire? Puis il ajoute : « Mais comme la loi ne distingue pas, il sera bon, je pense, de lui laisser toute son étendue » (n° 335). Sans doute, si le texte de la loi du 23 mars était seul, il y aurait plus de difficultés et la généralité de sa disposition conduirait peut-être à donner une solution conforme à celle de M. Mourlon. Mais, quand on se rappelle le respect que les rédacteurs de la loi actuelle ont professé pour les textes du Code Napoléon, on ne peut penser qu'ils aient eu l'intention d'abroger une disposition de ce Code, alors qu'elle avait une raison d'existence qu'on ne pouvait pas lui reconnaître auparavant. La loi du 23 mars ne distingue pas, nous en convenons; mais l'art. 2189 du Code distingue.

118. — Examinons une autre hypothèse :

Un héritier bénéficiaire peut se rendre adjudicataire des immeubles de la succession, soit par suite de la vente qu'il en fait faire lui-même selon les formes prescrites par le Code de procédure, soit par suite de l'expropriation forcée poursuivie à la requête des créanciers de la succession, auxquels la loi n'enlève pas cette faculté du droit commun, malgré le droit qu'elle accorde à l'héritier bénéficiaire de faire vendre les biens avec les formalités judiciaires. Or, on peut demander s'il sera nécessaire que l'héritier bénéficiaire qui se rend adjudicataire fasse transcrire le jugement d'adjudication. Pour résoudre cette question, il importe de rappeler en quelques mots la position de l'héritier qui accepte sous bénéfice d'inventaire.

119. — Dans ses rapports avec les créanciers et les légataires, l'héritier bénéficiaire n'est pas le représentant du défunt. C'est la succession qui est censée propriétaire et débitrice; et, en ce sens, il est vrai de dire que le patrimoine actif et passif du défunt ne se confond pas avec le patrimoine actif et passif de l'héritier. Mais, dans ses rapports avec tous autres que les créanciers et les légataires, la condition de l'héritier bénéficiaire n'est plus la même. S'il est seul héritier, lorsque les dettes sont payées et les legs acquittés, il a seul droit aux biens qui restent dans la succession. En effet, quand même l'héritier a accepté sous bénéfice d'inventaire, il n'en a pas moins accepté. Sans doute, si les dettes égalent ou surpassent l'actif, il pourra n'être pas tenu sur ses biens personnels; mais, s'il y a un excédant, il le prendra à titre de propriétaire. C'est ce que Dumoulin exprimait très-énergiquement : « *Heres sub beneficio inventarii est verus heres,*

quamvis sub certis modificationibus, et verus dominus rerum hereditariarum » (§ 43, gl. I, n° 143). Cette doctrine a été aussi consacrée par la Cour de cassation : « Attendu que la faculté, accordée par l'art. 802 C. N. à l'héritier sous bénéfice d'inventaire, de n'être pas tenu personnellement des dettes de la succession, et même de pouvoir faire aux créanciers l'abandon de tous les biens qui en font partie, est un avantage qui dans l'esprit de la loi ne peut pas nuire aux droits que lui donne la qualité d'héritier; attendu qu'il ne fait cet abandon que *comme propriétaire des biens abandonnés....* » (1er février 1830; — Sir. Dev., 1re série, 9e vol., I, 444).

120. — Ces principes, qui nous paraissent exacts, conduisent à la solution de notre question. Si, en effet, l'héritier reste propriétaire malgré l'acceptation sous bénéfice d'inventaire, il en résulte que l'adjudication qui est tranchée à son profit des immeubles de la succession n'est pas pour lui translative de propriété. Il est vrai que l'art. 1er, 4e alinéa, de la loi du 23 mars porte que l'on doit faire transcrire tout jugement d'adjudication. Le texte de cette disposition, nous en convenons, est général et ne fait aucune distinction. Mais, dans l'interprétation d'une loi, ne vaut-il pas mieux tenir compte de l'esprit qui l'a dictée que de s'asservir au sens littéral des termes? La loi, nous le répétons, n'a soumis en principe les jugements d'adjudication à la transcription que parce qu'ils sont en général translatifs de propriété. Lorsqu'ils n'ont pas cet effet, ils ne doivent pas y être assujettis. Cela est si vrai, que les jugements, ceux, par exemple, qui statuent sur des demandes en revendication, ne sont pas

soumis à la formalité, parce qu'ils ne sont pas translatifs. La loi elle-même dispose que les jugements sur licitation au profit d'un héritier ou d'un copartageant ne seront pas rendus publics, par le motif que ces jugements ne sont que déclaratifs, et non attributifs de propriété. Or, il en doit être de même des autres jugements qui ne sont pas translatifs. Nous avons déjà vu que, lorsque l'acquéreur ou le donataire conserve l'immeuble mis aux enchères en se rendant dernier enchérisseur, il n'était pas tenu de faire transcrire le jugement d'adjudication, par la raison que ce jugement ne fait que confirmer son droit de propriété. Cette solution repose sur un texte formel (1), que les rédacteurs de la loi du 23 mars, selon nous, n'ont pas eu l'intention d'abroger. Eh bien, la raison de décider est la même dans notre espèce : le jugement d'adjudication au profit de l'héritier bénéficiaire ne fait que confirmer son droit de propriété. C'est aussi ce que disait Pothier : « L'adjudication faite à un héritier benéficiaire d'un héritage de la succession sur la saisie réelle des créanciers ne donne pas lieu au profit de vente (Arrêt du 22 août 1685, au *Journal du Palais;* — autre de 1645). La raison est *que cette adjudication ne lui transfère pas la propriété de cet héritage, qu'il avait déjà en sa qualité d'héritier; elle ne fait qu'assurer et confirmer son droit* » (Cout. d'Orléans, *Introd. aux Fiefs*, n° 126).

121. — Le jugement d'adjudication en faveur de l'héritier bénéficiaire ne serait pas, à notre avis, assujetti à la formalité, même dans le cas où cet héritier userait de la

(1) L'art. 2189 C. N.

faculté que l'art. 802 1° C. N. lui accorde de se décharger du paiement des dettes en abandonnant tous les biens de la succession aux créanciers et aux légataires. Malgré cet abandon, l'héritier bénéficiaire ne cesse pas d'être le véritable propriétaire des biens abandonnés, *verus dominus rerum hereditariarum*. Ce délaissement ne constitue pas une renonciation à la succession. Merlin, *Rép.*, v[is] BÉNÉFICE D'INVENTAIRE, n° 15, et Toullier, t. 4, n° 358, enseignent que cet abandon équivaut à une renonciation. Mais c'est là une erreur et une contradiction manifestes, puisque ces deux auteurs reconnaissent eux-mêmes que l'héritier sous bénéfice d'inventaire ne peut pas renoncer.

122. — La renonciation même expresse que ferait l'héritier bénéficiaire ne lui enlèverait pas sa qualité de propriétaire. C'était autrefois une question controversée et jugée d'une manière diverse par les parlements, que celle de savoir si l'héritier bénéficiaire pouvait renoncer; Pothier, néanmoins, décidait déjà que, malgré sa renonciation, il n'en conservait pas moins la qualité d'héritier et de successeur en tous les droits actifs et passifs du défunt, selon la maxime : *Semel heres, semper heres.* Cette renonciation, disait-il, n'a d'effet que de le décharger de l'administration des biens de la succession, dont il continue d'être propriétaire (Cout. d'Orléans, *Introd. aux Fiefs*, n° 201).

Ces principes sont ceux du Code Napoléon, et ils sont admis par Merlin et Toullier eux-mêmes (*loc. cit.*).

Si, dans le cas de renonciation expresse, l'héritier bénéficiaire conserve la qualité d'héritier et de propriétaire, il faut le reconnaître, le jugement d'adjudication ne lui transférant aucune propriété nouvelle, doit être dispensé de la transcription.

123. — En somme, le principe fondamental est posé dans le premier alinéa de l'art. 1er de la loi du 23 mars. Peut-être nous trompons-nous, mais nous croyons fermement que ce principe doit dominer les autres dispositions.

124. — On pourrait penser qu'il est inutile de faire transcrire les jugements d'adjudication sur saisie immobilière, bien qu'ils soient translatifs de propriété. Cependant il peut se présenter certaines hypothèses dans lesquelles le défaut d'accomplissement de la formalité devrait exposer l'adjudicataire à une éviction. C'est donc à tort que M. Lemarcis a écrit ce qui suit : « Nous avons vu, sous l'art. 1er, que les jugements d'adjudication étaient également assujettis à la nécessité de la transcription. Est-ce à dire que, jusqu'à l'accomplissement de cette formalité, le droit de l'adjudicataire soit incertain? Il faut distinguer. — Quant aux adjudications sur saisie immobilière, il nous semble que le droit de l'adjudicataire ne saurait avoir rien à craindre; car le saisi, qui, dès la transcription de la saisie, a perdu le droit d'aliéner au détriment des créanciers inscrits et du saisissant, ne recouvrera pas ce droit sans doute après l'adjudication; le résultat contraire serait par trop bizarre, et certes l'intention de la loi n'a pas été de le consacrer. Dans ce cas donc, la loi manquera de sanction » (page 24).

Mais, si l'on veut supposer, par exemple, que le débiteur saisi avait, avant la transcription de la saisie, vendu l'immeuble exproprié, dans ce cas, il est incontestable que l'adjudicataire sur saisie devra faire transcrire le jugement d'adjudication s'il veut être préféré à l'acquéreur, en supposant toutefois que celui-ci n'ait pas fait transcrire son contrat avant le jugement.

D'un autre côté, on peut encore supposer que le débiteur saisi n'a pas fait transcrire le contrat d'acquisition de l'immeuble exproprié, et que le vendeur de ce débiteur a vendu une seconde fois le même immeuble. Dans cette hypothèse, il est encore certain, selon nous, que l'adjudicataire sur saisie aura le plus grand intérêt à faire transcrire le jugement d'adjudication; car la transcription du second contrat de vente opérée par le tiers acquéreur de l'immeuble exproprié, postérieurement au jugement d'adjudication, le rendrait irrévocablement propriétaire de cet immble. En effet, le jugement d'adjudication ne peut par lui-même, et en dehors de la transcription, conférer à l'adjudicataire que les droits appartenant au débiteur saisi (voy. *Explic.*, n° 16).

XVI.

Dans quels cas un acte a-t-il pour objet des droits de propriété immobilière soumis à la formalité de la transcription?

SOMMAIRE.

125. Exemples de droits de propriété immobilière.

126. *Quid* de la vente d'une maison pour être démolie, ou de la cession du droit d'exploiter une carrière ou une tourbière?

127. *Quid* de la vente de bâtiments destinés à être démolis, ayant lieu au profit du propriétaire du fonds?

128. *Quid* de l'acte qui transmet la faculté d'extraire de la tourbe ou d'exploiter une carrière, moyennant une redevance annuelle, sans limitation de la durée de la jouissance?

129. *Quid* si dans l'hypothèse précédente l'acte contenait l'aliénation du fonds?

130. *Quid* lorsque la concession de la faculté d'exploiter est suivie de la vente du fonds?
131. *Quid* de l'acquisition faite par un tiers d'une ou de plusieurs actions dans les compagnies de finance, de commerce ou d'industrie, lorsqu'il existe des immeubles dans l'actif social?
132. *Quid* si le tiers achetait toutes les actions successivement?
133. *Quid* quant à l'acquisition de la dernière action dans l'hypothèse précédente?
134. Si le tiers achetait toutes les actions simultanément par un seul et même contrat, la transcription serait-elle nécessaire? — Solution affirmative.
135. La transmission des actions immobilisées de la Banque de France et de la Compagnie des canaux d'Orléans et de Loing est soumise à la formalité de la transcription.

125. — Outre les droits de pleine propriété ou de nue propriété, il faut encore comprendre, sous la dénomination de *propriété immobilière* dans le sens de l'art. 1er de la loi du 23 mars 1855, les mines exploitées en vertu d'un acte de concession du Gouvernement, en conformité de la loi du 21 avril 1810; les autres propriétés superficiaires, telles que celles des constructions élevées sur un terrain ou un cours d'eau du domaine public; la propriété des divers étages d'une maison.

126. — Il est admis que la vente d'une maison pour être démolie n'est qu'une vente mobilière (Cass., 9 août 1825; — 25 février 1812; — 24 mai 1815; — à leur date dans Sir.-Dev., *Collect. nouv.*), et, par conséquent, elle ne serait pas soumise à la formalité. — Il en serait de même de la cession du droit d'exploiter une carrière ou une tourbière (Cass., 19 mars 1816; voy. cet arrêt à sa date dans Sir.-Dev., *Collect. nouv.*; — Cass., 13 août 1833; Sir., 33. 1. 784).

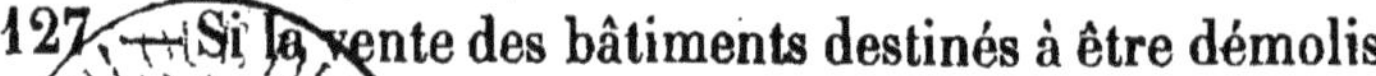

127. — Si la vente des bâtiments destinés à être démolis

avait lieu au profit du propriétaire du fonds, elle ne perdrait pas pour autant son caractère mobilier, et serait encore, dans ce cas, dispensée de la formalité de la transcription. Supposons, par exemple, que dans un partage on fasse entrer dans le lot de l'un des cohéritiers un immeuble sur lequel existe un bâtiment, et qu'il soit convenu que ce bâtiment sera vendu pour être séparé du sol. Si on procède à la vente avec cette clause, et que ce soit l'héritier propriétaire du fonds qui se rende adjudicataire, la vente sera mobilière : « bien que les matériaux aient pu, comme le dit la Cour de cassation, être immobilisés dans la main de cet acquéreur par leur réunion au fonds ; cette circonstance, dépendante de l'exécution de l'acte de vente, mais étrangère à sa substance, n'a pu changer le caractère de cette vente » (Cass., 23 avril 1822).

128. — L'acte qui transmet la faculté d'extraire de la tourbe ou d'exploiter une carrière moyennant un revenu payable annuellement, quand même la durée de la jouissance ne serait pas déterminée, n'emporte pas transmission de propriété immobilière. Ce n'est qu'un bail qui ne serait cependant opposable aux tiers que pour une durée de dix-huit ans, s'il n'était pas transcrit.

129. — Mais, si l'acte contenait en même temps aliénation du fonds où existe la tourbière ou la carrière, ce serait une mutation immobilière assujettie d'une manière absolue à la formalité.

130. — Si la concession de la faculté d'exploiter était suivie de la vente de la propriété du fonds au concessionnaire, les Tribunaux pourraient même reconnaître dans ce cas le caractère de vente immobilière.

131. — L'acquisition qui est faite par un tiers d'une action ou de plusieurs actions dans les Compagnies de finance, de commerce ou d'industrie, ne serait pas assujettie à la transcription, quand même il existerait des immeubles dans l'actif social ; car l'art. 529 C. N. déclare ces actions meubles par rapport aux actionnaires ou associés individuellement, tant que dure la société.

132. — Si le tiers achetait toutes les actions successivement, jusqu'à l'acquisition de la dernière il n'y a pas plus de difficulté, et la solution doit être la même ; car chaque action est toujours mobilière.

133. — Mais l'acquisition qu'il ferait de la dernière action, opérant la dissolution de la société, il semblerait que le droit a repris son caractère immobilier, et que, dès lors, l'acte devrait être transcrit. — Cependant, il est un principe dont nous avons déjà eu et dont nous aurons l'occasion de faire plus d'une fois l'application : c'est que, pour décider si un droit est soumis à la formalité, il faut le considérer par rapport à celui qui le transmet, et non par rapport à celui qui le reçoit. Or, à ce point de vue, l'action était encore mobilière au moment de sa transmission. L'immobilisation, dans l'espèce, n'est qu'un effet, une conséquence de la transmission, et ne peut, dès lors, servir à la caractériser.

134. — Si, au lieu d'acheter toutes les actions successivement, le tiers en faisait l'acquisition simultanément par un seul et même contrat, nous croyons que, dans ce cas, l'acte devrait être transcrit. On pourrait cependant dire encore que la vente n'est que mobilière, puisque l'immobilisation sera aussi la conséquence de la transmission

seulement; que jusque-là, et dans la main de ceux qui ont transmis le droit, il n'avait aucun caractère immobilier. Mais les Tribunaux n'admettront pas facilement cette doctrine; ils ne verront sans doute dans cette transmission autre chose que la vente du fonds social, et non une vente d'actions. Ils considéreront plutôt ce qui a été fait que ce qui a été littéralement exprimé par les parties.

135. —Les actions immobilisées de la Banque de France et de la Compagnie des canaux d'Orléans et de Loing sont immobilières (art. 7 décr. 16 janvier 1808; — art. 13 décr. 16 mars 1810) et susceptibles d'hypothèque; dès lors, leur transmission est assujettie à la formalité de la transcription. Cette formalité doit être remplie à Paris, où se trouvent le siége de la Banque de France et le siége de l'administration des canaux (1).

XVII.

La cession à un tiers de droits successifs et indivis est-elle assujettie à la formalité?

SOMMAIRE.

136. Objections contre une solution affirmative.
137. Raisons de décider et solution.

136. — Quand une personne cède purement et simplement à une autre personne étrangère à la succession,

(1) Ces actions ne sont pas seulement immobilières tant qu'elles sont la propriété de celui qui a fait la déclaration d'immobilisation, mais elles conservent la même nature entre les mains du nouveau possesseur, sans qu'il soit nécessaire qu'il déclare vouloir leur continuer ce caractère, ni qu'il remplisse les mêmes formalités que le précédent propriétaire (Req., 12 mai 1833; Sir., 33. 1. 517).

les droits indivis qu'elle a dans une hérédité à laquelle elle déclare être appelée, on ne sait pas, dira-t-on peut-être, quelle est la nature des biens qui composent les droits transmis, on ne sait pas s'ils sont mobiliers ou immobiliers; c'est ce que disait d'Argentré : « *Nam venditio juris per se nihil continet præter incorporale, nil fundale* » (*De Laudimiis*, § 22). Dès lors, ajoutera-t-on, ce n'est pas le cas de faire l'application de la loi qui soumet à la transcription les droits de propriété immobilière. S'il peut arriver que, par suite du partage, des immeubles tombent dans le lot du cessionnaire, néanmoins, à l'époque du contrat, il n'y a de transmis qu'un droit qui, comme le dit d'Argentré, n'a rien d'immobilier (1).

137. — Cependant, nous ne pensons pas qu'on doive adopter cette solution : La cession de droits successifs, quand des biens immeubles composent la succession, constitue une transmission réelle et immobilière. L'héritier cédant a été, en effet, saisi de plein droit, et ce qu'il cède, ce n'est pas seulement une simple action pour réclamer les biens héréditaires, mais de véritables droits de propriété, qui, étant immobiliers, doivent nécessairement être assujettis à la formalité. Cette décision ne nous paraît pas susceptible d'une controverse sérieuse; elle est en parfaite harmonie avec les principes de notre droit (voy. Cass., 21 janvier 1839; — Dall., P. 39. 1. 57; — Troplong, *Donations*, n° 1166).

(1) Le même raisonnement pourrait être fait dans le cas où les droits appartenant exclusivement au cédant, les éléments qui composent la succession sont inconnus des parties.

XVIII.

L'emphytéose non transcrite est-elle opposable aux tiers pour une partie de sa durée?

SOMMAIRE.

138. L'emphytéose doit être transcrite.
139. *Quid* de l'emphytéose non transcrite?
140. Opinion de quelques auteurs sur le caractère de l'emphytéose.
141. Opinion de la Cour de cassation.
142. Solution de la question.

138. — Que l'emphytéose doive être transcrite, c'est ce dont il n'est pas permis de douter quand on voit la loi assujettir à la formalité des droits qui grèvent la propriété d'une manière bien moins onéreuse.

139. — Mais on peut demander si une emphytéose non transcrite sera du moins opposable aux tiers pour une durée de dix-huit ans, ou bien, au contraire, si elle n'aura aucun effet vis-à-vis d'eux? La question, on le voit, n'est pas entièrement nouvelle, puisqu'elle consiste à savoir quel est le caractère de l'emphytéose et si ce droit est susceptible d'hypothèque. Le législateur de 1855 aurait sans doute bien fait, pour trancher toute difficulté, d'ajouter d'une manière expresse, à l'énumération des droits qui doivent être transcrits, la jouissance à titre d'emphytéose.

140. — Il y a de bons esprits qui soutiennent que l'emphytéose ne constitue aujourd'hui qu'un simple bail, d'une durée plus longue que les baux ordinaires, mais toujours soumis aux règles du louage, et que, par

suite, elle n'est pas susceptible d'hypothèque (voyez notamment Valette, *Priv. et Hyp.*, t. 1er, p. 191 et suiv.). Dans ses observations sur le régime hypothécaire, la Faculté de droit de Strasbourg disait : « La plupart des auteurs et la jurisprudence s'accordent à considérer le droit du preneur à emphytéose comme un droit réel susceptible d'affectation hypothécaire. Cette manière de voir nous paraît contraire au texte de l'art. 2118, dont la rédaction, évidemment limitative, est d'autant plus décisive sur ce point, que la loi de brumaire an VII avait expressément rangé les emphytéoses au nombre des biens susceptibles d'hypothèque, et que les rédacteurs n'eussent assurément pas manqué de reproduire cette disposition de la loi de brumaire s'il avait été dans leur pensée de la maintenir.

« La doctrine que nous combattons nous paraît, de plus, en opposition avec les art. 543 et 530 du Code civil, dont la lettre et l'esprit repoussent, à notre avis, toute décomposition même temporaire de la propriété et ne permettent plus d'attribuer le caractère de domaine utile au droit de jouissance résultant du bail emphytéotique » (*Doc. rel. au rég. hyp.*, t. 1er, p. 469 et suiv.).

141. — Nous n'examinerons pas ici d'une manière spéciale la nature de l'emphytéose. Nous nous bornerons à dire que le véritable caractère de ce droit a été de tout temps fort controversé. Mais la majorité des auteurs a toujours vu dans l'emphytéose autre chose qu'un bail. La Cour de cassation, qui par un de ses arrêts (1er avril 1840) est allée jusqu'à dire que l'emphytéose à temps (99 ans) constituait *sous le Code civil une aliénation tem-*

poraire de la propriété, a décidé que c'était un droit immobilier susceptible d'hypothèque (Req., 19 juillet 1832; — Sir., 32. 1. 531).

142. — Il y a, en effet, dans l'emphytéose quelque chose de plus que dans le bail. L'emphytéote est associé plus intimement que le preneur à la propriété. Son droit est un droit *sui generis,* qui diffère de celui du preneur. C'est sous l'influence de cette doctrine et des décisions de la jurisprudence que la loi du 23 mars a été rédigée. Le législateur a sans doute pensé que l'emphytéose était comprise sous les expressions *Droits susceptibles d'hypothèque*. Elle est donc soumise d'une manière absolue à la transcription, et, par conséquent, si elle n'était pas transcrite, elle ne serait pas même, comme les baux, opposable aux tiers pour une durée de dix-huit ans.

XIX.

Doit-on, lorsque la femme a des immeubles, faire transcrire les contrats de mariage, soit sous le régime de la communauté réduite aux acquêts, soit sous le régime exclusif de communauté, soit sous le régime dotal?

SOMMAIRE.

143. Sous les trois régimes énoncés dans la question, la transcription est nécessaire.
144. Conséquences de l'omission de la formalité.
145. Suite.
146. Objections possibles aux solutions données. — Réponse à ces objections.
147. Un extrait du contrat contenant la clause assujettie à la formalité doit seulement être transcrit.

143. — Quand les époux se marient, soit sous le régime de la communauté réduite aux acquêts, soit sous le régime exclusif de communauté, soit sous le régime dotal, la communauté, dans le premier régime, et le mari, dans les deux autres, acquièrent la jouissance des immeubles propres à la femme. Cette jouissance, sauf quelques règles particulières, est considérée en général, et avec juste raison, comme un véritable usufruit; d'où il nous semble résulter que le contrat de mariage, dans ces trois hypothèses, devra être soumis à la formalité, puisque, d'après les dispositions de la loi du 23 mars, tout acte entre-vifs portant transmission d'usufruit doit être transcrit.

144. — Supposons que la femme ait aliéné son immeuble avant le mariage, ou cédé l'usufruit de cet immeuble. Si le contrat de mariage n'était pas transcrit, l'acquéreur pourrait, en soumettant son acte d'acquisition à la formalité, revendiquer soit la pleine propriété, soit l'usufruit, à l'encontre des droits soit de la communauté, soit du mari. D'un autre côté, si le mari a transcrit le premier, il triomphera, en ce qui concerne la jouissance à laquelle il a droit, contre l'acquéreur qui n'a pas eu le soin de remplir la formalité.

145. — Supposons encore qu'un créancier de la femme ait pris un jugement avant le mariage, et qu'il fasse inscrire l'hypothèque qui en résulte, après le mariage et la transcription du contrat de mariage, il pourra bien poursuivre l'expropriation de la nue propriété de l'immeuble appartenant à la femme; mais il ne pourrait pas se venger sur l'usufruit qui, par la transcription du contrat de mariage, a été transmis à la communauté ou au

mari, purgé de l'hypothèque. Si, au contraire, la transcription du contrat de mariage n'a pas eu lieu, le créancier hypothécaire pourra s'inscrire et poursuivre l'expropriation de la pleine propriété.

146. — Pour soutenir que, dans les différents cas ci-dessus prévus, la transcription du contrat de mariage n'est pas nécessaire, on dira peut-être que ce qui est transmis soit à la communauté, soit au mari, n'est ni la pleine propriété, ni un bien susceptible d'hypothèque. Mais, s'il est vrai que l'usufruit, une fois transmis à la communauté ou au mari, n'est pas susceptible d'être hypothéqué par celui-ci, puisqu'il ne peut pas être exproprié, il en est autrement en le considérant dans les mains de la femme. Or, d'après un principe que nous avons déjà rappelé plusieurs fois, pour savoir si un droit est ou non soumis à la transcription, il faut le considérer relativement à celui qui le transmet, et non par rapport à la personne à laquelle il est transmis.

147. — Du reste, il nous paraît certain qu'il suffira de transcrire un extrait du contrat dressé par le notaire et contenant la clause qui est assujettie à la formalité. C'est en ce sens que l'art. 2181 C. N., qui parle de la transcription *en entier*, est généralement interprété aujourd'hui (voy. Troplong, *Priv. et Hyp.*, n° 911).

Une observation a été faite sur ce point par M. Duclos, dans la séance du 13 janvier 1855, lors de la discussion de la loi; c'est surtout au sujet des contrats de mariage qu'il est important d'exécuter ainsi la loi, car ces actes renferment souvent des conventions de famille qu'il ne convient pas toujours de livrer à la publicité.

XX.

Les baux à colonage partiaire d'une durée de plus de dix-huit ans sont-ils soumis à la formalité de la transcription?

SOMMAIRE.

148. Objections contre une solution affirmative.
149. Réponse à ces objections. — Solution.

148. — Pour résoudre cette question, il n'est peut-être pas inutile de déterminer la nature du bail à colonage partiaire et d'examiner si ce contrat doit participer des règles édictées pour les baux à ferme en général. Plusieurs auteurs, et notamment M. Troplong (*Contrat de louage*, n° 635), sont d'avis que le bail à colonage n'est pas un bail à ferme dans le sens propre du mot, et qu'il se rapproche beaucoup plus du contrat de société : « D'une part, dit M. Troplong, le propriétaire met en commun la jouissance de ses terres; de l'autre, le métayer apporte son travail, son industrie et ses soins; » puis, plus loin (n° 639) : « La véritable raison qui doit faire écarter la dénomination de bail à ferme, c'est qu'il n'y a ici aucun prix dans le sens exact du mot; car il faut que le prix soit dû par le fermier, et ici le colon ne le doit pas; c'est la terre qui le paie; c'est le propriétaire qui le prend sur sa propre chose, non à titre de loyer, mais à titre d'accessoire de la terre qui lui appartient, à titre de partie de la terre elle-même. »

149. — Quoi qu'il en puisse être, nous sommes d'avis que le bail à colonage est un véritable bail, devant dès lors

être transcrit comme les autres baux, lorsqu'il est contracté pour une durée de plus de dix-huit ans.

Nous observerons, à l'appui de cette opinion, que les art. 1763 et suiv. C. N., qui s'occupent du bail à colonage, sont placés non pas seulement au titre Du louage, mais plus spécialement sous la section intitulée : *Des règles particulières aux baux à ferme;* que dans ce bail (c'est ainsi qu'il est qualifié par l'art. 1763) il existe réellement un prix dans le sens de l'art 1709; que ce prix, variable, dépendant de la plus ou moins grande abondance de la récolte, peut consister tout aussi bien dans une quotité de fruits que dans une somme d'argent déterminée à l'avance. — Sans doute, ce bail est régi par quelques règles particulières et prend fin par la mort du preneur; c'est une conséquence de cette idée, que, dans le bail à partage de fruits, la personnalité du preneur a été l'une des raisons déterminantes de la formation du contrat. Mais, peu importe; il n'en est pas moins certain que, au point de vue de l'intérêt des tiers créanciers ou acquéreurs, la transcription d'un bail à colonage partiaire est aussi utile que celle de tout bail en général. Telle est aussi l'opinion des auteurs de l'*Explication :* « La loi, disent-ils, ne faisant aucune distinction, tous les baux d'immeubles sans exception, soit à prix d'argent, soit à colonage partiaire, seront transcrits dès qu'ils seront d'une durée de plus de dix-huit années » (n° 28). — Nous devons toutefois faire observer que les baux à colonage sont rarement, en France, d'une bien longue durée.

XXI.

Les cessions et subrogations de baux de plus de dix-huit ans et les sous-baux d'une même durée sont-ils assujettis à la transcription?

SOMMAIRE.

150. Lorsque le bail a été soumis à la formalité, il n'est pas nécessaire de faire transcrire l'acte de cession.
151. Quand l'acte de bail n'a pas été transcrit, la transcription de l'acte de cession suffirait-elle pour rendre le bail opposable pendant toute sa durée à l'acquéreur qui ne ferait transcrire son acte qu'après cette transcription?
152. *Quid* des subrogations de baux?
153. *Quid* lorsque le bailleur intervient dans l'acte de subrogation pour libérer le preneur primitif de ses obligations?
154. *Quid* relativement au sous-bail?
155. La cession des droits résultant du bail, faite par le bailleur, doit être transcrite dès qu'elle sera de trois années.

150. — Si le preneur consent la cession de son bail, lorsque cet acte a été soumis à la formalité de la transcription, avant que les tiers aient acquis des droits sur l'immeuble, il ne sera pas nécessaire de faire transcrire l'acte de cession; peu importe pour les tiers acquéreurs et les créanciers postérieurs que ce soit le cédant ou le cessionnaire qui ait le droit de jouir de l'immeuble : dès qu'ils ont été avertis par la transcription du bail que l'immeuble vendu ou donné en garantie est loué pour plus de dix-huit ans, cela doit suffire.

151. — Mais si le bail n'est pas transcrit, la transcription de l'acte de cession serait-elle suffisante vis-à-vis de celui qui acquerrait des droits sur l'immeuble et qui ne les ferait transcrire qu'après la transcription de l'acte de

cession? On pourrait dire que la transcription de cet acte est pour le tiers un avertissement suffisant, et que, puisqu'elle a eu lieu avant la transcription de la vente, elle peut être opposée à l'acquéreur. Cependant, celui-ci ne peut-il pas répondre : Le cédant, n'ayant pas fait transcrire son bail, ne pourrait pas s'en prévaloir pour une durée de plus de dix-huit ans ; je pourrais l'évincer pour le surplus ; or, le cessionnaire ne peut avoir plus de droits que son cédant?

152. — Les mêmes principes devraient être suivis pour les subrogations de baux. Ce qu'on appelle subrogation de bail n'est en effet qu'un acte par lequel le preneur met le subrogé dans son lieu et place.

153. — Mais, si le bailleur intervenait dans l'acte de subrogation pour libérer le preneur primitif de ses obligations; si, par suite, il se formait un nouveau bail entre le propriétaire et le subrogé, le second acte devrait être soumis à la formalité, afin d'être opposable aux tiers pour une durée de plus de dix-huit ans. C'est, en effet, un bail distinct du premier qui prend naissance et qui ne peut être dispensé de la formalité à laquelle les baux sont assujettis.

154. — Que déciderons-nous relativement au sous-bail? La cession de bail consiste dans la transmission des droits et obligations que le bail confère ou impose au preneur. La sous-location constitue une location nouvelle. Quoiqu'il existe des différences entre ces deux actes quand il s'agit des rapports soit entre les parties contractantes, soit à l'égard du bailleur, néanmoins, en ce qui concerne la nécessité de la transcription vis-à-vis des tiers acqué-

reurs ou créanciers hypothécaires, nous pensons qu'il faut appliquer les mêmes principes qu'en cas de cession de bail.

155. — Enfin, la cession des droits résultant du bail peut être faite par le bailleur lui-même. Le 5e alinéa, art. 2, de la loi du 23 mars assujettit à la transcription tout acte constatant cession d'une somme équivalente à trois années de loyers ou fermages non échus; la loi ne parle que de la cession *d'une somme.* La cession des droits résultant du bail devrait-elle être transcrite, dès qu'elle serait au moins de trois années, pour être opposable aux acquéreurs de la propriété ou aux créanciers hypothécaires? Nous n'en faisons aucun doute; il en doit être de la cession des droits résultant du bail par le bailleur comme de la cession d'une somme équivalente à plusieurs années de fermages à échoir. Le préjudice sera le même pour les tiers qui acquerront des droits sur l'immeuble.

XXII.

Par qui la transcription peut-elle être requise, et quelles sont les personnes chargées de la faire opérer?

SOMMAIRE.

156. Observation.
157. Personnes qui peuvent requérir la transcription.
158. Personnes chargées de faire opérer la formalité.
159. Le mandataire chargé d'acheter est-il tenu de faire transcrire l'acte d'acquisition? — Solution négative en thèse générale.
160. *Quid* si la procuration renferme le mandat d'acheter et de payer? — Solution affirmative dans ce cas.
161. Responsabilité du mandataire qui paie avant la transcription?

156. — La loi du 23 mars ne renferme aucune disposition sur le point de savoir quelles sont les personnes qui ont le droit de requérir la transcription, et quelles sont celles qui sont chargées, sous leur propre responsabilité, du soin de faire opérer cette formalité. Le législateur s'en est référé, à cet égard, aux principes qui régissent la transcription des donations, et que nous allons exposer rapidement, en indiquant toutefois les modifications qui nous semblent devoir y être faites en raison de la nature des actes qui sont soumis à la formalité par la loi du 23 mars.

157. — La transcription d'un acte d'aliénation peut être requise non-seulement par l'aliénateur et l'acquéreur ou ses successeurs universels, mais même par toute personne intéressée, par les successeurs à titre particulier et les créanciers de l'acquéreur.

Les maris et les tuteurs peuvent toujours faire remplir cette formalité. — La transcription est une mesure conservatoire, et, par conséquent, la femme mariée, le mineur non émancipé, l'interdit, peuvent la faire opérer sans aucune autorisation du mari ou du tuteur. — Les parents de la femme, les parents ou amis du mineur, de l'interdit, ont aussi toute qualité (arg. art. 940; — arg. art. 2139 et 2194 C. N.).

158. — Les actes d'aliénation au profit des femmes mariées, des mineurs, des interdits et des établissements publics doivent être transcrits à la diligence de ceux qui sont chargés de l'administration de la fortune de ces personnes, c'est-à-dire à la diligence des maris, des tuteurs ou des admistrateurs (arg. art. 940 C. N.).

Les curateurs des mineurs émancipés, n'étant pas chargés de l'administration, ne sont pas au nombre des personnes auxquelles la loi confie le soin de faire opérer la transcription. — Il en est de même du mari lorsque, par suite du régime sous lequel les époux sont mariés, il n'est point l'administrateur des biens de la femme.

159. — Le mandataire chargé d'acheter est-il tenu de faire transcrire l'acte d'acquisition? Si la procuration ne renferme que le pouvoir d'acheter et ne contient aucune clause relative à la formalité de la transcription, nous ne pensons pas que le mandataire soit tenu de faire opérer la formalité. En vain dirait-on que le mandataire, en acceptant le mandat, a pris l'engagement de faire tout ce qui serait nécessaire pour que la propriété fût acquise au mandant, et qu'elle n'est acquise qu'autant qu'elle est consolidée à l'égard de tous; qu'en ne faisant pas transcrire, il n'a pas rempli toutes les obligations qu'il s'était imposées par l'acceptation du mandat, puisqu'il n'a pas rendu propriétaire incommutable celui qui lui avait donné ses pouvoirs. — Nous répondons que la transcription est une formalité tout-à-fait distincte de l'acte de vente. Sans doute, l'acquéreur n'acquiert une propriété irrévocable à l'égard des tiers que par l'accomplissement de cette formalité ; mais on ne peut pas dire que le man-

8

dataire n'a rempli qu'une partie de son mandat en ne la faisant pas opérer : la propriété est en effet transmise au mandant par suite de l'acquisition qu'il a faite; la tâche du mandataire est remplie. Nous croyons donc qu'en l'absence de toute circonstance particulière de fait, le mandat pur et simple d'acheter n'impose pas au mandataire qui l'a accepté l'obligation de faire transcrire.

160. — Mais, si la procuration, outre le mandat d'acheter, renfermait d'une manière expresse le mandat de payer, il faudrait, à notre avis, donner une solution différente. Le mandat d'acheter et de payer renferme implicitement celui de faire opérer la transcription, et le mandataire qui l'accepte doit être tenu de la faire effectuer. L'acquéreur, en effet, a voulu que toutes les formalités nécessaires fussent remplies avant que le paiement eût lieu. Il est prudent, aujourd'hui que la transmission de la propriété n'est consolidée à l'égard des tiers que par l'accomplissement de la formalité de la transcription, de ne payer qu'après qu'elle a été opérée.

161. — Si le mandataire payait au vendeur le prix de l'acquisition avant que la transcription n'ait eu lieu, et si le mandant se trouvait évincé par suite d'une seconde aliénation qui serait transcrite la première, le mandataire serait responsable vis-à-vis de lui des suites de sa faute et de son imprudence. La nécessité de réparer le préjudice, quand même elle ne résulterait pas des obligations du mandat, serait une conséquence directe des principes ordinaires en matière de responsabilité.

162. — La jurisprudence, considérant la transcription comme une formalité extrinsèque à l'acte, décide que les

notaires ne sont pas, en cette qualité, tenus de la faire opérer. Ils ne seraient responsables des conséquences de l'omission, qu'autant qu'ils auraient pris ou qu'ils seraient réputés avoir pris, en qualité de mandataires, l'engagement de faire transcrire (Douai, 16 avril 1847. — Cass., 19 juillet 1847).

163. — Le mari et le tuteur sont passibles de dommages-intérêts envers le femme, le mineur ou l'interdit, quand le défaut de transcription occasionne à ceux-ci un préjudice, à moins qu'il n'existe en leur faveur quelque motif grave qui puisse les faire excuser.

164. — Le mari et le tuteur seraient responsables, quand même il s'agirait d'un acte d'aliénation qu'ils auraient eux-mêmes consenti au profit de la femme et du mineur. —Ils sont, au surplus, tenus vis-à-vis d'eux à la garantie. —Mais la responsabilité qui pèse sur le tuteur, en cette qualité, sera plus avantageuse pour le mineur, en raison de l'hypothèque légale qu'il a sur les biens du tuteur.

165. — Les auteurs s'accordent pour décider que les administrateurs des établissements publics qui ont omis de requérir la transcription, sont passibles de dommages-intérêts dans le cas où cette omission présente les caractères de dol, de fraude ou de faute grave.

166. — Enfin, les mineurs, les interdits, les femmes mariées ou les établissements publics ne peuvent pas être restitués contre le défaut de transcription, quand même les maris, tuteurs ou administrateurs seraient insolvables. Cette décision, qui est consacrée par des textes formels au sujet de la transcription des donations et des substitutions (art. 942 et 1070 C. N.), doit être étendue au défaut

de transcription de tout autre acte. « Le défaut de transcription, disent les auteurs de l'*Explication*, peut être opposé à toute personne, même aux mineurs et autres incapables. Ceux qui sont chargés de protéger leurs intérêts sont avertis qu'il ne suffit pas de la convention, qu'il faut y joindre les formalités prescrites par la loi. Le législateur ne pouvait admettre d'exception en faveur des incapables sans porter une grave atteinte à son système » (n° 58).

XXIII.

Dans quels cas les conservateurs peuvent-ils refuser d'opérer la transcription des actes?

SOMMAIRE.

167. En principe, les conservateurs ne peuvent refuser ou retarder la transcription des actes de mutation.
168. Toutefois, ils ne sauraient être tenus de transcrire un acte non enregistré. — *Quid* si le receveur avait omis de percevoir le droit de transcription?
169. *Quid* si un acte sous seing privé non enregistré était transcrit?
170. Les conservateurs ne peuvent être obligés de recevoir les actes à la transcription les dimanches et jours de fêtes reconnues.

167. — Aux termes de l'art. 2199 C. N., les conservateurs ne peuvent, dans aucun cas, refuser ni retarder la transcription des actes de mutation. On comprend facilement, surtout aujourd'hui, toute l'importance de cette disposition. Les conservateurs ne sont pas juges de la confection et de la rédaction des actes qu'on leur présente pour les soumettre à la formalité. Ils doivent les transcrire tels qu'ils leur sont présentés. Peu importe que l'acte

que l'on veut faire transcrire soit un extrait ou une expédition entière. Enfin, les conservateurs auxquels la transcription d'un acte est demandée ne peuvent, comme le dit la Cour de cassation, se permettre d'apprécier les motifs de cette demande et se rendre juges de l'utilité ou de l'inutilité de la transcription (11 mars 1829). Cela doit, toutefois, être entendu avec les tempéraments que la raison commande.

168. — Les conservateurs pourraient, selon nous, refuser de transcrire un acte sous seing privé qui n'aurait pas été soumis à la formalité de l'enregistrement, et cela, lors même qu'on serait encore dans les délais pour le faire enregistrer sans encourir le double droit. Telle est aussi l'opinion des auteurs de l'*Explication* : « On a, disent-ils, dans la discussion au Corps Législatif, parlé des actes sous seing privé, sans distinguer ceux qui seraient enregistrés de ceux qui n'auraient pas été soumis à la formalité de l'enregistrement. En fait, les droits de transcription devant être acquittés lors de l'enregistrement, les actes sous seing privé non enregistrés ne seront pas transcrits, car le conservateur refuserait d'opérer une transcription dont les droits ne seraient pas payés » (n° 31).

On peut, à l'appui de cette solution, invoquer la décision d'un avis du Conseil d'Etat du 12 floréal an XIII qui porte que « les actes de vente d'immeubles, sous signatures privées *et enregistrés*, peuvent être présentés à la transcription. »

Toutefois, si l'acte était enregistré et que le receveur eût omis de percevoir le droit additionnel de transcription, nous ne pensons pas que le conservateur pourrait refuser d'opérer la formalité. Le droit de transcription est aujourd'hui un droit d'enregistrement; c'est au receveur seul qu'il appartient de percevoir ce droit, et le conservateur ne peut s'immiscer dans la perception qui a eu lieu.

169. — Supposons cependant, bien que le cas ne soit pas de nature à se présenter souvent, qu'un acte sous seing privé non enregistré soit transcrit par le conservateur; cet acte sera-t-il opposable aux tiers? L'affirmative ne nous paraît pas douteuse. Dans la séance du 15 janvier 1855, M. Duclos, après avoir signalé les inconvénients qui pouvaient résulter de la transcription des actes sous seing privé et indiqué différents moyens d'y remédier, s'exprimait ainsi : « Ces précautions seraient d'autant plus nécessaires que les actes sous seing privé, dont le Code Napoléon restreignait l'effet aux parties seulement qui y avaient figuré, sembleraient aujourd'hui, par suite de la transcription, devoir nécessairement produire leur effet à l'égard des tiers. »

Quand un acte est transcrit, on n'a plus à prendre en considération la date certaine; peu importe que l'acte soumis à la formalité soit d'une date antérieure ou postérieure à celle de l'acte qui n'a pas été transcrit et que l'on voudrait opposer; c'est la transcription seule qui détermine la préférence; par conséquent, lors même que l'acte soumis à la formalité n'a pas été enregistré, il doit nécessairement l'emporter sur tout autre acte ayant même date certaine antérieure, mais qui n'aurait été transcrit que postérieurement.

170. — Enfin, les conservateurs ont le droit et sont même obligés de ne pas recevoir les actes à la transcription les dimanches et jours de fêtes reconnues. Une décision des ministres de la justice et des finances leur enjoint de tenir ces jours-là leurs bureaux fermés pour tout le monde (Sirey, IX. 2. 224) (1).

XXIV.

Quelles sont les personnes qui peuvent opposer le défaut de transcription? — Quelles sont celles qui ne le peuvent pas? **Art. 3.**

SOMMAIRE.

171. Observations générales sur l'art. 3 de la loi du 23 mars.
172. Il n'y a que les tiers ayant des droits sur l'immeuble qui peuvent opposer le défaut de transcription. — Exemples.
173. Les créanciers chirographaires ne peuvent se prévaloir du défaut de transcription.
174. Suite.
175. Suite.
176. Les tiers qui possèdent l'immeuble pour l'avoir acheté d'un autre que le propriétaire, ou qui s'en sont emparés, ne peuvent opposer le défaut de transcription.
177. *Quid* des donataires? — Opinion des auteurs de l'*Explication.*
178. Opinion contraire de M. Lemarcis.
179. Réfutation de l'opinion de M. Lemarcis.
180. Le défaut de transcription ne peut être opposé par l'aliénateur.
181. Ni par les héritiers ou successeurs universels de l'aliénateur.
182. Ni par les personnes chargées de requérir la formalité.
183. Ni par les héritiers ou successeurs universels des personnes chargées de requérir la transcription.
184. *Quid* des successeurs particuliers à titre gratuit ou onéreux et des créanciers hypothécaires d'une personne chargée de requérir la formalité? — Distinction.
185. Suite. — *Quid* s'il s'agit d'un acte d'aliénation consenti par le mari au profit de la femme?

(1) Cependant la transcription qui serait opérée un jour férié ne serait pas nulle (Rej. 18 février 1808. Sir., VIII. 1. 255. — Lettre du grand-juge, Sir., VIII. 2. 255).

171. — Entre les contractants, tout est consommé par le seul consentement des parties; mais les droits de propriété immobilière et autres droits immobiliers ne sont transmis à l'égard des tiers et ne sont consolidés vis-à-vis d'eux que par l'accomplissement de la formalité de la transcription. Ainsi, celui qui s'est dépouillé d'un droit de cette nature en faveur d'une personne peut encore en investir une autre tant que la première n'a pas fait transcrire son titre. Ce ne sont donc pas seulement les droits constitués avant l'aliénation qui subsistent, lorsqu'ils sont transcrits avant la transcription de cette aliénation, mais encore ceux qui ont été consentis dans l'intervalle qui sépare la première aliénation de la transcription. En un mot, entre deux personnes à qui le propriétaire a consenti des droits sur un immeuble, celle-là devra triompher qui la première aura fait transcrire son titre. De même, si nous supposons un créancier hypothécaire en lutte avec un acquéreur, le créancier qui aura fait inscrire son hypothèque avant la transcription de la vente l'emportera, quand même cette hypothèque aurait été consentie après la vente (art. 3 L. 23 mars). C'est, au contraire, l'acquéreur qui triomphera si la vente est transcrite avant l'inscription de l'hypothèque (art. 6 *ibid.*).

172. — Mais il n'y a que les tiers *qui ont des droits sur l'immeuble* qui peuvent opposer le défaut de transcription (art. 3). Tels sont les acquéreurs, soit de la pleine, soit de la nue propriété, soit de l'un des démembrements, comme l'usufruit, l'usage, l'habitation, les servitudes prédiales. Tels sont encore les créanciers hypothécaires et ceux auxquels il aurait été concédé une antichrèse. Le conflit peut exister entre deux personnes ayant des droits différents, par exemple, entre un acquéreur de la pleine propriété et un usufruitier ; ou bien, au contraire, entre deux individus ayant acquis les mêmes droits, entre deux acquéreurs de la pleine propriété, entre deux usufruitiers. Toutes ces personnes seront réciproquement admises à s'opposer le défaut de transcription.

173. — Les créanciers chirographaires ne peuvent s'en prévaloir (1). L'art. 4 du projet primitif (art. 3 de la loi) portait : « Jusqu'à la transcription, les droits résultant des actes et jugements énoncés aux articles précédents ne peuvent être opposés aux tiers qui ont des droits. » M. de Belleyme fit dans son rapport l'observation suivante : « L'art. 4 a été adopté dans son principe, sauf un changement de rédaction qui en précise le sens. Par ces mots : « AUX TIERS QUI ONT DES DROITS SUR L'IMMEUBLE, » on a voulu écarter la prétention des créanciers chirographaires qui auraient pu vouloir opposer le défaut de transcription. Ce droit leur est refusé par le projet de loi. »

174. — Ainsi, supposons que des créanciers chirographaires frappent de saisie l'immeuble aliéné et que l'alié-

(1) La question de savoir si les créanciers chirographaires du donateur peuvent opposer le défaut de transcription d'une donation divise la doctrine et la jurisprudence. M. Troplong, qui a écrit le dernier sur la matière, embrasse l'affirmative (*Donations*, nos 1183 et 1184).

nation ne soit transcrite qu'après la transcription de la saisie, l'acquéreur sera très-recevable à demander la distraction de l'immeuble qui lui a été vendu, aux termes des art. 725 et 726 C. pr.

175. — De même, si des créanciers chirographaires attaquent une aliénation comme étant faite par leur débiteur en fraude de leurs droits, ils ne seront pas recevables à soutenir que l'acte d'aliénation, n'ayant pas été transcrit, doit être regardé comme postérieur à leur titre, et qu'en conséquence, quand même l'acte d'aliénation serait d'une date antérieure, leur action révocatoire doit être admise.

176. — Il est certain que les tiers qui possèdent l'immeuble pour l'avoir acheté d'un autre que le propriétaire, ou qui s'en sont emparés, ne peuvent pas opposer à l'acheteur le défaut de transcription; par conséquent, ce dernier pourra très-bien intenter contre eux une action en revendication, quoique son titre ne soit pas transcrit.

177. — Les donataires qui ont reçu un immeuble déjà aliéné ou démembré par un acte à titre onéreux peuvent-ils se prévaloir du défaut de transcription (1)? Les auteurs de l'*Explication* n'en font aucun doute : « Les donataires sont, disent-ils, relativement à cet acte, des tiers ayant des droits sur l'immeuble, et, s'ils ont fait transcrire les premiers la donation qui leur a été faite, ils doivent être préférés. Leur position ne diffère pas de celle d'un second acheteur » (n° 45).

178. — M. Lemarcis adopte l'opinion contraire : « Que

(1) Les auteurs sont divisés sur le point de savoir si un second donataire peut opposer à un premier donataire le défaut de transcription. M. Troplong se prononce pour la négative (*Donations*, n° 1179).

décider, dit-il, à l'égard d'un donataire postérieur à la vente, mais qui aurait transcrit avant l'acquéreur? Devra-t-il être préféré à ce dernier? Nous ne le pensons pas; il ne saurait bénéficier de la loi actuelle. Cette loi, en effet, n'a été faite que pour favoriser le crédit foncier et protéger les droits des tiers qui traitent ou ont traité à titre onéreux. Le donataire n'a rien à perdre; la donation à lui faite n'a jamais eu d'existence; elle émanait d'une personne qui avait cessé d'être propriétaire » (p. 24).

179. — Mais la loi porte que l'acte non transcrit ne peut être opposé *aux tiers qui ont des droits sur l'immeuble*. Elle ne distingue pas, comme le fait M. Lemarcis, si les tiers ont traité à titre onéreux ou à titre gratuit. On peut bien discuter sur la question de savoir si un donataire postérieur peut opposer le défaut de transcription à un donataire antérieur, parce que les termes de l'art. 940 C. N. sont moins précis que ceux de l'art. 3 de la loi du 23 mars, — et, pour notre compte, nous admettons l'affirmative; — mais, dans l'espèce, il n'y a aucun doute possible, la loi est formelle. On a seulement voulu enlever le droit d'opposer le défaut de transcription aux créanciers chirographaires, à ceux qui n'ont aucun droit sur l'immeuble; mais les donataires, eux, ont évidemment des droits. « La donation n'a jamais eu d'existence, dit M. Lemarcis; elle émanait d'une personne qui avait cessé d'être propriétaire; » mais cet argument est la question même. Si la vente a besoin d'être transcrite vis-à-vis du donataire, comme nous le soutenons, non-seulement la donation a existé, mais le donataire a eu des droits : le donateur n'avait pas encore cessé d'être propriétaire vis-à-vis des

tiers, puisque ce n'est que la transcription qui lui enlevait la faculté de disposer.

Ne pouvant invoquer le texte de la loi, qui est certainement contraire à la solution qu'il donne, M. Lemarcis se prévaut d'une considération générale, de la faveur que l'on a voulu accorder au crédit foncier. Il faut ici s'entendre : lorsqu'il s'agit d'un prêt, la question de crédit foncier se trouve directement et immédiatement engagée dans celle de savoir si la formalité de la transcription sera ou ne sera pas exigée ; mais, quand une vente est consentie, la question de crédit n'existe que médiatement, c'est-à-dire qu'il est important d'exiger la transcription, d'abord dans l'intérêt de l'acquéreur, et ensuite dans celui des créanciers qui pourront prêter à l'acquéreur et qui courraient la chance d'être évincés si, la transcription n'étant pas nécessaire pour saisir un premier acquéreur, le second avait acheté l'immeuble sur lequel il a emprunté, alors que cet immeuble aurait déjà été l'objet d'une première vente. Or, le donataire ne peut-il pas, lui aussi, emprunter et consentir des hypothèques sur le bien qui lui a été donné, et ses créanciers hypothécaires ne seraient-ils pas exposés aux mêmes évictions ? La considération tirée du crédit foncier n'a donc elle-même aucune force. Elle ne pourrait, d'ailleurs, seule suffire pour lutter contre un texte qui, par sa formule expresse et énergique, résiste à toute considération.

180. — La transcription n'est pas une formalité prescrite pour la validité de l'acte ; mais elle est nécessaire seulement pour consolider la propriété à l'égard des tiers; il s'ensuit que le défaut de transcription ne peut être op-

posé par l'aliénateur lui-même, qui, d'ailleurs, est obligé à la garantie vis-à-vis de l'acquéreur, et qui, par conséquent, ne peut pas l'évincer.

181. — Les héritiers ou les successeurs universels de l'aliénateur, tels que les légataires ou donataires universels ou à titre universel, à qui les obligations de l'aliénateur sont transmises, ne peuvent pas non plus exciper du défaut de transcription.

182. — Il en est de même des personnes chargées de réquérir la formalité. Ainsi, le mari administrateur des biens de la femme et le tuteur du mineur ou de l'interdit, dans le cas d'une acquisition faite pour ces incapables, ne sont pas admis à se prévaloir de l'inobservation de la formalité. Le mari et le tuteur ne peuvent retirer un avantage de leur propre faute.

183. — Leurs héritiers ou successeurs universels ne seraient pas non plus admis à opposer le défaut de transcription.

184. — Mais les successeurs particuliers à titre gratuit ou onéreux et les créanciers hypothécaires d'une personne chargée de réquérir la transcription peuvent-ils se prévaloir de l'inobservation de la formalité ? L'affirmative semblerait devoir être décidée d'une manière générale et absolue en se tenant à la lettre de l'art. 941 C. N., et en appliquant par analogie les dispositions de cet article à la transcription des actes autres que les donations. L'art. 941 dispose, en effet, que les personnes chargées de faire faire la transcription ou *leurs ayants cause* ne peuvent opposer le défaut de transcription ; cependant, nous pensons qu'une distinction doit être admise.

185. — S'il s'agit d'un acte d'aliénation consenti par le mari au profit de la femme, par exemple, dans le cas de dation en paiement à titre de remploi, les successeurs particuliers et les créanciers hypothécaires du mari pourraient opposer le défaut de transcription. Ils sont, en effet, des *tiers* ayant des droits sur l'immeuble ; ils ne succèdent ni à l'obligation imposée au mari de faire opérer la transcription, ni à ses obligations en général.

186. — Si nous supposons, au contraire, une aliénation consentie par un tiers au profit de la femme, et que, depuis l'acte d'aliénation, le mari ait acquis du chef de l'aliénateur des droits de propriété ou autres sur l'immeuble aliéné, les successeurs particuliers du mari ne pourront pas opposer le défaut de transcription à la femme pour faire maintenir les droits que le mari a pu leur concéder, ou ceux qu'ils auraient acquis contre lui sur cet immeuble. — Ils ne peuvent réclamer ces droits qu'en se prévalant de ceux acquis par le mari, que comme représentant le mari lui-même, en d'autres termes, que comme ses ayants cause, et dès lors on devra appliquer par analogie la disposition de l'art. 941 C. N., qui prive les ayants cause d'une personne chargée de faire opérer la transcription du droit d'opposer le défaut d'accomplissement de la formalité (voy. en ce sens Zach., t. V, p. 334; — Aubry et Rau, *ibid.*, note 30).

187. — Enfin, les personnes qui sont recevables à opposer le défaut de transcription peuvent se prévaloir de l'omission, quand même on demanderait à établir qu'elles ont eu par d'autres voies connaissance du premier acte non transcrit (arg. art. 1352 C. N.; — arg. art. 1071 C. N.;

— Cass. rej. 3 thermidor an XIII, Sir.-Dev., *Coll. nouv.*, à sa date. — Junge : *Explication*, n° 48 ; — Ier Append., n° 25, et les arrêts cités. — Voy. aussi M. Troplong, *Donations*, n° 1181).

188. — Mais il en serait autrement, si celui qui le premier a rempli la formalité avait participé à la fraude de l'aliénateur, si l'acte transcrit était le résultat d'un concert frauduleux entre ce dernier et celui qui a fait opérer la transcription (*Exposé des motifs ; — Explication*, n° 49). Le dol et la fraude font exception à toutes les règles. Le tiers qui a participé à la fraude serait obligé de réparer le préjudice causé à celui qui n'a pas fait transcrire, et l'indemnité la plus naturelle consistera dans le maintien de l'acte qui n'a pas été soumis à la formalité.

XXV.

L'aliénation transcrite après le jugement déclaratif de la faillite peut-elle être opposée aux créanciers de la masse?

SOMMAIRE.

189. Exposé de la question.
190. Opinion de Zachariæ et de MM. Aubry et Rau.
191. Réfutation de l'opinion des auteurs précités.
192. Suite.
193. Suite.
194. Opinion de M. Troplong.
195. Réfutation de l'opinion de M. Troplong.
196. Objections. — Réponse.
197. Droit de l'acquéreur qui a payé son prix, de produire à la faillite.
198. La transcription effectuée après la prise de l'inscription au nom de la masse par les syndics est inefficace. — Opinion conforme des auteurs de l'*Explication*.
199. Opinion de M. Mourlon sur la question.
200. Réfutation de l'opinion de M. Mourlon.
201. Décision erronée de la Cour de Montpellier.

189. — Si un commerçant a vendu ou donné un immeuble à une époque où il pouvait valablement vendre ou donner, et qu'il soit ensuite déclaré en faillite avant la transcription de l'acte d'aliénation, il s'agit de savoir si cette aliénation transcrite après le jugement déclaratif sera valable vis-à-vis des créanciers de la masse de la faillite. Trois opinions ont été émises sur cette question.

190. — Zachariæ décide (1) que l'aliénation non transcrite avant le jugement serait inefficace à l'égard des créanciers (t. V, p. 329), et ses annotateurs, MM. Aubry et Rau, approuvent cette solution (*ibid.*, note 18). Selon ces auteurs, l'inefficacité de l'aliénation, dans l'espèce, est une conséquence de l'hypothèque engendrée par le jugement déclaratif au profit de la masse sur les immeubles du failli, et du dessaisissement que ce jugement entraîne contre celui-ci. Ce dessaisissement, disent-ils, ayant pour effet de placer tous les biens du failli sous la main de justice pour être réalisés dans l'intérêt des créanciers, fait obstacle à ce que des tiers puissent ultérieurement rendre efficaces, à l'égard de ces derniers, des droits quelconques sur ces biens. Ils argumentent aussi de la disposition de l'art. 448 C. comm., qui ne permet d'inscrire que jusqu'au jour du jugement déclaratif de la faillite les hypothèques ou priviléges acquis antérieurement.

191. — D'après l'art. 3 de la loi du 23 mars, il n'y a que ceux qui ont des droits sur l'immeuble et qui les ont conservés en se conformant aux lois qui peuvent opposer

(1) Il ne s'occupe que du cas de donation; mais la question est la même dans le cas d'aliénation à titre onéreux.

le défaut de transcription (1). Mais les créanciers de la masse auxquels le failli n'a point consenti d'hypothèques ou qui n'ont point de priviléges, ne sont que des créanciers chirographaires, et les créanciers chirographaires ne peuvent pas invoquer le défaut de transcription. Ils ont une hypothèque générale, il est vrai, sur les biens du failli; mais cette hypothèque, tant qu'elle n'est pas inscrite, n'a aucun effet, comme toute autre hypothèque non dispensée d'inscription.

192. — L'argument tiré du dessaisissement ne nous semble pas meilleur. Le dessaisissement ne prive pas le failli de la propriété de ses immeubles, il lui enlève seulement l'administration de ses biens; à la vérité, il les place sous la main de justice, comme le disent MM. Aubry et Rau, pour être réalisés dans l'intérêt de ses créanciers; mais il ne confère à ces derniers aucun droit particulier sur les immeubles. Les créanciers sont, vis-à-vis de celui qui a acquis avant la faillite, dans une position à peu près semblable à celle où se trouveraient des créanciers chirographaires saisissants vis-à-vis de celui qui aurait acquis du saisi avant la transcription de la saisie, et qui ne ferait transcrire son acte d'acquisition qu'après la transcription de la saisie. L'acquéreur aurait, évidemment, le droit de former une demande en distraction de l'immeuble, quoique la transcription de la saisie empêche le saisi de pouvoir aliéner. L'acquéreur, si les créanciers saisissants s'opposaient à sa demande, répondrait avec juste

(1) C'est aussi en ce sens que l'on doit interpréter l'art. 941 C. N. L'art. 3 de la loi du 23 mars est un argument assez puissant en faveur de l'opinion qui soutient que le défaut de transcription d'une donation ne peut être invoqué par les créanciers chirographaires du donateur.

raison : J'ai acquis dans un temps où le saisi avait le droit d'aliéner, et, quoique je n'aie pas transcrit avant la transcription de la saisie, vous ne pouvez pas, vous, simples créanciers chirographaires, vous prévaloir du défaut de transcription. La saisie et la transcription de cette saisie ne vous ont conféré aucun droit réel sur l'immeuble. Or, le même langage peut être tenu par l'acquéreur aux créanciers de la masse : si les biens de la faillite sont frappés d'indisponibilité entre les mains du failli par suite du jugement déclaratif, les créanciers n'acquièrent cependant aucun droit particulier sur les immeubles, dont la propriété continue toujours de résider sur la tête du failli. En vain les créanciers invoqueraient-ils l'hypothèque que la loi confère à la masse, pour soutenir qu'ils ont un droit sur les immeubles : ce droit d'hypothèque, nous le répétons, tant qu'il n'est pas inscrit, ne peut avoir d'effet, et, lorsqu'il l'est, son effet ne remonte pas, que nous sachions, à une époque antérieure au jour de l'inscription.

193. — Enfin, MM. Aubry et Rau ont senti le besoin de corroborer leur preuve par un argument d'analogie puisé dans l'art. 448 C. comm. — Qu'on invoque cette disposition dans le cas où la transcription équivaut à inscription, nous en sommes d'accord. Mais, lorsqu'il s'agit des effets propres de la transcription, il doit en être autrement. On veut faire encourir à l'acquéreur une déchéance de ses droits. Or, en une telle matière, tout raisonnement par analogie doit être interdit. Il n'y a que l'inscription de l'hypothèque qui ne peut pas avoir lieu après le jugement déclaratif. Quand il s'agit de la transcription, la solution doit être différente.

194. — M. Troplong pense aussi que la transcription n'aurait aucune valeur si elle était faite après le jugement déclaratif de la faillite. Mais les raisons au moyen desquelles le savant auteur justifie son opinion ne nous ont pas convaincus : « Par la faillite, dit-il, le débiteur est dessaisi de ses biens ; ses créanciers les prennent dans l'état où ils sont; ils en sont investis à titre de dation en paiement, et tout se trouve arrêté par leur mainmise. Le donataire viendrait donc dans un moment où les choses ne sont plus entières s'il faisait transcrire après la faillite ; il ressemblerait à un donataire qui ferait transcrire quand le donateur a cessé d'être propriétaire de la chose par une vente » (*Donations*, n° 1162).

195. — Ainsi, pour M. Troplong, la transcription de l'aliénation n'est plus possible après le jugement déclaratif de la faillite, parce que le failli a cessé d'être propriétaire, parce qu'il est dépouillé de sa propriété, par le jugement déclaratif, au profit des créanciers de la masse, qui en seraient investis *à titre de dation en paiement*. Nous ne craignons pas de le dire, cette proposition est en opposition avec les textes et les principes les plus certains du droit commercial en matière de faillite. L'art. 443 C. comm. porte en effet : « Le jugement déclaratif de la faillite emporte de plein droit, à partir de sa date, dessaisissement pour le failli de l'*administration de tous ses biens*, même de ceux qui peuvent lui échoir tant qu'il est en état de faillite. » Sans doute, tout se trouve arrêté, comme le dit M. Troplong, par la mainmise des créanciers; mais, selon l'art. 443, il n'y a que dessaisissement de l'administration, et non pas un dépouillement de la propriété

par suite de dation en paiement. Le failli ne cesse pas d'être propriétaire. Ce principe est reconnu par tous ceux qui ont écrit sur le droit commercial : « Le dessaisissement, dit M. Pardessus, ne suspend que momentanément l'exercice du droit de propriété, *en le laissant néanmoins reposer sur la tête du failli.* Aussi verrons-nous, dans la suite, qu'après l'homologation du concordat, le débiteur rentre dans l'exercice de ce droit, sans qu'il soit besoin qu'un jugement le réintègre dans sa propriété » (*Droit commercial*, n° 1115. — *Junge* : Bravard, *Manuel de Droit commercial*, p. 522; — Rivière, *Répétitions écrites sur le Code de commerce*, p. 485).

Si le failli reste propriétaire, nonobstant le jugement déclaratif, on ne peut donc pas dire, comme l'enseigne M. Troplong, que le donataire qui fait transcrire est dans la même position que celui qui ferait opérer la formalité quand le donateur a cessé d'être propriétaire. Nous n'insisterons pas; tout cela est évident.

D'un autre côté, M. Troplong reconnaît lui-même, ailleurs, qu'avant la transcription de la donation « il y a droit acquis, dessaisissement de droit, translation du domaine, perfection de la donation entre les parties » (*Donations*, n° 1159). — Ces principes viennent encore à l'appui de notre thèse; ils en rendent, s'il est possible, la démonstration plus complète.

196. — Peut-être invoquera-t-on contre notre solution une décision qui a été rendue dans le cas où, une créance ayant été cédée, l'enregistrement et la signification avaient eu lieu après le jugement déclaratif de faillite. La Cour de Paris a en effet jugé, dans cette hypothèse, que le trans-

port ne pouvait être opposé aux créanciers de la masse, par un arrêt du 28 juin 1855, ainsi conçu : « Considérant que les cessions faites par Pierre Godillot à Lavis et Frenot de partie de sa créance sur Alexis Godillot n'ont été enregistrées et signifiées à Alexis Godillot que postérieurement au jugement déclaratif de la faillite de Pierre Godillot ; — Considérant qu'à raison de la nature spéciale des droits incorporels et des abus auxquels leur cession pourrait donner lieu au préjudice des tiers, s'il suffisait de l'accord entre le cédant et le cessionnaire pour en transmettre la propriété, la loi a subordonné cette transmission, à l'égard des tiers, à la signification de la cession au débiteur cédé ou à l'acceptation authentique de la cession par ce dernier; — que, jusqu'à l'accomplissement de l'une de ces deux conditions, le droit incorporel reste donc la propriété du cédant et exposé à la mainmise de toute partie intéressée ; — que la disposition de l'art. 443 C. comm., qui dessaisit le failli, du jour de la faillite, de l'administration de ses biens, pour l'attribuer à des syndics dans l'intérêt de la masse de ses créanciers, opère une véritable mainmise sur les biens du failli au profit de cette masse, qui est ainsi comprise sous la dénomination de tiers portée en l'art. 1690 C. N. » (*Journal du Droit commercial*, rédigé par MM. Rivière et Huguet, année 1855, 2e partie, page 123).

Il y a, en effet, une assez grande analogie entre la notification nécessaire pour saisir le cessionnaire d'une créance à l'égard des tiers et la transcription exigée pour consolider le droit de propriété d'un immeuble sur la tête de l'acquéreur. Mais nous devons d'abord faire observer que, dans l'arrêt précité, ce n'était pas seulement la notification qui était postérieure au jugement déclaratif, mais encore l'enregistrement; or, sans avoir à examiner ici quelle devrait être la solution dans le cas où la cession aurait date certaine avant le jugement déclaratif, on voit que la question se présentait devant la Cour de Paris pour le cas de cession avec un élément qui n'existe pas dans la question que nous avons posée. En décidant même que la cession ayant date certaine antérieure au jugement déclaratif, mais notifiée postérieurement à ce jugement, ne peut pas être opposée aux créanciers de la masse, cette décision n'aurait rien d'incompatible avec celle que nous avons donnée dans le cas de transcription. Les termes de l'article 3 de la loi du 23 mars ne sont pas, en effet, les mêmes que ceux de l'art. 1690 C. N. D'après cette dernière disposition, ce sont les tiers, en général, qui peuvent se prévaloir du défaut de notification, tandis que, d'après celle de l'art. 3 de la loi du 23 mars, il n'y a que les tiers *ayant des droits sur l'immeuble* qui ont le droit d'opposer le défaut de transcription.

197. — Du reste, et lorsque l'aliénation sera inefficace vis-à-vis des créanciers de la masse faute d'accomplissement de la formalité en temps utile, l'acquéreur qui aurait payé son prix à l'aliénateur aura la faculté de produire à la faillite comme simple créancier chirographaire, par suite de l'obligation du failli de rembourser à l'acquéreur le prix de l'aliénation, obligation à laquelle la masse est substituée à l'égard de l'acquéreur, comme elle l'est à l'égard des autres obligations du failli.

198. — Mais, quoique les créanciers de la masse soient

des créanciers chirographaires, la masse de la faillite acquiert, par suite du jugement déclaratif, une hypothèque soumise à l'inscription (art. 490). Or, dès que cette inscription aura été prise par les syndics, comme elle donnera la vie à l'hypothèque, il en résultera que les créanciers auront, dès ce moment, un droit réel sur les immeubles du failli, et que, dès cet instant aussi, la transcription qui serait effectuée par l'acquéreur serait inefficace. On se trouve alors dans les termes mêmes de l'art. 3 de la loi du 23 mars. — Cette opinion, qui a déjà été émise dans l'*Explication* (n° 60), est aussi adoptée par M. Coin-Delisle au sujet de la transcription des donations (art. 894, n° 14).

199. — Enfin M. Mourlon va beaucoup plus loin; il pense que l'acquéreur peut revendiquer l'immeuble aliéné contre les créanciers de la masse, sans faire aucune distinction (n° 363, note).

200. — Si la loi n'accordait aucune hypothèque aux créanciers de la masse, nous accepterions cette solution. Les créanciers à qui le failli n'a point consenti d'hypothèque ou qui ne sont pas privilégiés ne sont que des créanciers chirographaires. Or, les créanciers chirographaires ne peuvent se prévaloir du défaut de transcription. — Tant que l'hypothèque de la masse ne sera pas inscrite, nous convenons encore que la transcription de l'aliénation ne sera pas nécessaire pour que l'acquéreur puisse revendiquer. Mais, dès que l'inscription sera prise par les syndics, si la transcription de l'aliénation n'est pas déjà opérée, l'acquéreur ne pourra réclamer une propriété qui n'est pas consolidée, à l'encontre de créanciers qui ont désormais un droit réel sur l'immeuble aliéné. — La so-

lution de M. Mourlon pèche donc, selon nous, par trop de généralité.

201. — On a été, dans un sens bien opposé à cette dernière opinion, jusqu'à décider qu'une donation transcrite avant le jugement déclaratif de la faillite, mais après l'époque fixée pour son ouverture, devait rester sans effet à l'égard des créanciers de la masse. Voici les motifs d'un arrêt de la Cour de Montpellier du 27 avril 1840 (Sir., 40. 2. 409) qui le décide de la sorte : « Attendu, quant aux syndics représentant la masse des créanciers, qu'aux termes de l'art. 941 C. N., le défaut de transcription peut être opposé par toute personne ayant intérêt; qu'il n'est pas contesté que l'ouverture de la faillite remonte au 1er septembre 1838; que la transcription dont il s'agit n'a eu lieu que vingt jours après cette ouverture, tandis que la donation remontait au mois de janvier de la même année; — qu'il suit de là que la transcription a eu lieu à une époque où Ricard père était dessaisi de l'administration de ses biens, où les droits de tous dans la faillite et sur ses biens se trouvaient définitivement fixés et où les syndics étaient tenus de prendre une inscription dans l'intérêt de la masse; — que, dans ces circonstances, le donataire, qui connaissait évidemment la cessation de paiement et l'état de faillite du donateur, n'a pu transcrire sa donation postérieurement à l'ouverture de cette faillite; que cette transcription étant, par rapport aux tiers, le complément indispensable de la donation, est nulle, comme le serait une donation qui serait intervenue à cette époque, aux termes de l'art. 446 C. comm.; attendu qu'il résulte du bilan, des faits et cir-

constances de la cause, la preuve que la valeur des biens de Ricard père était absorbée par son passif à l'époque où il fit la donation dont il s'agit; qu'il n'a pu se livrer à un pareil acte sans avoir l'intention de frauder ses créanciers; que tout annonce que son fils connaissait le mauvais état de ses affaires; — Par ces motifs, etc. »

C'est à tort que M. Troplong (*Donations*, n° 1162) cite l'arrêt qu'on vient de lire comme ayant statué sur le cas où la transcription a eu lieu après le jugement déclaratif. — Cette décision de la Cour de Montpellier est, d'ailleurs, évidemment erronée; on ne peut pas même invoquer dans l'espèce le principe du dessaisissement, comme on le fait dans le cas où la transcription n'est effectuée qu'après le jugement déclaratif de la faillite. — Quant à l'hypothèque accordée à la masse, il est certain qu'on ne saurait la faire remonter à une époque antérieure au jugement déclaratif. Telle est aussi l'opinion de M. Troplong : « Dans la réalité des choses, dit-il, la transcription n'est pas la donation même. Elle la complète et la consolide, mais elle ne la constitue pas. L'art. 938 est formel à cet égard. Ce n'est donc pas là un de ces actes translatifs de propriété que l'art. 446 C. comm. a voulu frapper avec de si sages précautions. La transcription est une formalité extrinsèque, qui n'est pas l'œuvre commune du donateur et du donataire; elle n'incombe qu'au donataire. Comment donc pourrait-on écarter, à cause de la faillite, un acte auquel le donateur failli reste étranger? N'est-il pas vrai que la nullité prononcée par l'art. 446 précité n'est fondée que sur l'incapacité relative et personnelle du débiteur failli, et le dessaisissement résultant de l'état de cessation de paiements, et aussi sur la présomption de fraude attachée aux faits qui émanent de lui? Il résulte donc de là que la loi ne veut atteindre que les actes qui émanent de son action même, et non pas ceux qui émanent d'une autre personne et qui viennent compléter, sans fraude, des conventions qui en sont originairement exemptes. L'art. 446 est précieux à méditer pour éclairer ce point » (n° 1159).

XXVI.

Lequel doit être préféré soit d'un acquéreur ou d'un créancier hypothécaire qui ont le même jour, l'un, transcrit son contrat d'acquisition, l'autre, inscrit son hypothèque sur l'immeuble vendu; soit de deux acquéreurs qui ont fait transcrire leur contrat le même jour?

SOMMAIRE.

202. Concours d'un acquéreur et d'un créancier hypothécaire. — Impossibilité de donner une solution.
203. Examen de la seconde branche de la question. — Distinction.
204. Autre hypothèse. — Solution à l'aide des principes généraux du droit.

202. — Si d'abord nous examinons quelle solution doit être donnée au cas de concours d'un acquéreur et d'un créancier hypothécaire dans la position relative ci-dessus exprimée, nous avouerons que, sur ce chef, il ne nous paraît pas possible de résoudre la question d'une manière qui satisfasse à toutes les exigences. D'un côté, en effet, on se trouve en présence d'un acquéreur ayant rempli toutes les formalités voulues par la loi pour la consolidation du droit de propriété qui lui a été transmis; et, d'un

autre côté, en présence d'un créancier qui, ayant fourni des fonds en vue de la garantie résultant en sa faveur du droit réel d'hypothèque qui lui a été concédé sur l'immeuble, a aussi rempli les formalités voulues pour la conservation de son droit. Les intérêts engagés sont donc respectables de part et d'autre, et nous ne voyons aucune considération décisive pour faire pencher la balance plutôt en faveur de l'acquéreur qu'en faveur du créancier, et *vice versa*. Dira-t-on que l'esprit général de la loi du 23 mars étant le dégrèvement de la propriété foncière, il faut, pour être en harmonie avec l'esprit de cette loi, décider que l'acquéreur devra être préféré au créancier hypothécaire? Ou bien, dans la perte à supporter, établira-t-on une contribution proportionnelle entre le montant de la créance et le prix de la vente? Toutes ces combinaisons ne reposeraient sur rien de solide, et il vaut mieux avouer que l'on se trouve en face de l'une de ces impossibilités, contre lesquelles toute lutte doit rester sans résultat, à raison de l'impuissance où l'on est de constater matériellement si l'inscription du créancier a précédé la transcription du contrat d'acquisition, et réciproquement.

203. — Quant à la seconde branche de la question proposée, malgré toute l'analogie qu'elle présente avec celle que nous venons d'examiner, il nous sera peut être plus facile, du moins dans deux cas, d'arriver à une solution satisfaisante et juridique. Supposons d'abord qu'il s'agit de deux acquéreurs en vertu d'actes de vente ayant une date certaine le même jour et pour lesquels la formalité de la transcription a été aussi accomplie le même jour; lequel devra être préféré? Si l'un des deux a été

mis en possession, nous aurons recours à l'application de l'adage : *In pari causa, melior est conditio possidentis*, et nous déciderons qu'il doit triompher; car, à la transcription de son contrat vient s'ajouter un élément nouveau, facilement appréciable et opposable aux tiers, le fait de la possession. Mais, si ni l'un ni l'autre n'avaient été mis en possession, la difficulté nous paraîtrait encore juridiquement insoluble.

204. — Si enfin nous supposons deux acquéreurs en vertu d'actes à dates différentes, présentés le même jour à la formalité de la transcription, nous pensons qu'en présence de l'impossibilité matérielle dont nous avons parlé plus haut, et que l'on retrouve ici, ce sera le cas de faire l'application des principes généraux consacrés par les art. 1319 et 1328 C. N., et d'accorder la préférence à l'acquéreur dont le titre aura une date certaine antérieure, conformément à la maxime : *Potior tempore potior jure.*

XXVII.

La renonciation à la prescription, faite par l'aliénateur entre l'acte d'aliénation et la transcription, est-elle consentie valablement et irrévocablement au préjudice de l'acquéreur?

SOMMAIRE.

205. La renonciation postérieure à la transcription ne préjudicie pas à l'acquéreur.

206. *Quid* si l'acte d'aliénation n'a pas encore été transcrit?

207. Suite. — Objections. — Solution.

205. — Pierre, qui possédait l'immeuble d'autrui, a aliéné cet immeuble au profit de Paul. Depuis que celui-ci

a fait transcrire, Pierre renonce à la prescription en faveur du véritable propriétaire. — Cette première hypothèse n'offre aucune difficulté : la renonciation de l'aliénateur, postérieure et à l'acte d'aliénation et à la transcription, ne peut préjudicier à l'acquéreur; car l'aliénateur a perdu tous ses droits sur l'immeuble, et l'acquéreur en a été investi à l'égard de tous par la transcription.

206. — Mais, si l'acte d'aliénation n'a pas encore été soumis à la formalité quand la renonciation de l'aliénateur a lieu, on peut demander si cette renonciation sera valable et irrévocable, au préjudice de l'acquéreur.

207. — A ne voir que les termes de l'art. 2225 C. N., il semblerait que l'acquéreur devrait avoir le droit d'opposer lui-même la prescription. En effet, d'après cette disposition, toute personne ayant intérêt à ce que la prescription soit acquise peut l'opposer, encore que le possesseur y renonce. L'acquéreur, pourrait-on dire, est évidemment compris au nombre des personnes ayant intérêt; néanmoins, nous pensons que la renonciation de l'aliénateur sera un obstacle invincible contre toute réclamation de l'acquéreur. La propriété de ce dernier ne peut être consolidée à l'égard des tiers que par la transcription. Tant que cette formalité n'a pas été remplie, l'aliénateur peut disposer valablement de l'immeuble. Or, s'il en est ainsi, la renonciation qu'il fait doit avoir au moins autant de puissance qu'un second acte d'aliénation consenti avant la transcription. Nous ne comprendrions pas comment la loi lui défendrait de renoncer à ses droits en faveur de celui contre lequel il a prescrit, quand elle lui permet d'aliéner au profit d'un tiers.

XXVIII.

Dans quels cas et à quelle condition le jugement qui prononce en faveur d'un tiers sur l'action en revendication qu'il a intentée contre l'aliénateur, a-t-il force de chose jugée contre l'acquéreur?

SOMMAIRE.

208. Effets du jugement qui statue sur une action en revendication intentée contre l'aliénateur, à l'égard de l'acquéreur, soit lorsque celui-ci a fait transcrire son titre avant la demande, soit lorsqu'il ne l'a fait transcrire qu'après la demande ou le jugement.
209. Inutilité de la transcription du jugement. — Opinion émise par M. Millet au Corps Législatif. — Dissentiment.
210. Inutilité de la formalité de la mention du jugement qui statue sur une revendication.
211. Solution de la question.

208. — Un jugement qui statue sur une action en revendication d'un immeuble intentée contre l'aliénateur est *res inter alios acta* à l'égard de l'acquéreur à titre gratuit ou onéreux, lorsque l'acte d'acquisition a été transcrit avant la demande en revendication. C'est seulement pour les jugements obtenus ou pour les demandes en revendication formées antérieurement à la transcription de l'acte que l'acquéreur doit, en ce qui touche le bien aliéné, être considéré comme l'ayant cause de l'aliénateur.

Dans ces cas, en effet, l'acquéreur qui n'a pas encore fait transcrire, et qui, par conséquent, n'a pas encore consolidé son droit au regard des tiers, est légalement représenté par l'aliénateur. Le jugement sur la revendication lui est opposable. Nous disons (malgré la doctrine contraire de certains arrêts) que le jugement a force de chose jugée même dans le cas où la transcription est antérieure au jugement, mais postérieure à la demande; car l'effet de la décision qui fait droit à l'action en revendication rétroagit au jour de la demande, et l'acquéreur, en succédant à l'aliénateur, est obligé de subir les conséquences de ce qu'on appelle le quasi-contrat judiciaire, comme l'aliénateur est forcé de les subir lui-même : *Exceptio rei judicatæ nocebit ei, qui in dominium successit ei, qui in judicio expertus est* (L. 28, D., *De except. rei jud.*).

Tels sont les vrais principes de la matière.

209. — Dès que le jugement sera obtenu avant la transcription de l'acte d'aliénation, il ne sera pas nécessaire de le faire transcrire pour qu'il produise son effet vis-à-vis du tiers acquéreur. Cependant un principe différent a été professé dans la discussion de la loi du 23 mars au Corps Législatif. M. Millet disait : « Si le vendeur est assigné par un tiers en délaissement, le jugement prononçant le dessaisissement aura force de chose jugée contre l'acquéreur non mis en cause, et celui-ci n'aura pas même la voie de la tierce-opposition, *si cette décision a été transcrite avant la transcription de la vente* » (Séance du 15 janvier 1855. — *Monit.* du 17).

Ainsi, M. Millet supposait que la transcription de la vente n'était effectuée qu'après le jugement (1) et pensait que, dans ce cas, il fallait que le jugement fût transcrit pour avoir force de chose jugée vis-à-vis de l'acquéreur, et pour lui enlever la voie de la tierce-opposition.

C'est une inexactitude, échappée sans doute à l'orateur

(1) Les règles seraient les mêmes si la transcription était opérée avant le jugement, mais après la demande, comme nous l'avons dit plus haut.

dans l'improvisation. D'après la loi du 23 mars, en effet, les jugements ne sont pas, en général, soumis à la formalité de la transcription. Il n'y a d'exception que pour les jugements prévus par l'art. 1er, 3e et 4e alin., et par l'art. 2, 3e et 5e alin. Ceux qui prononcent la résolution, la nullité ou la rescision d'un acte transcrit n'y sont pas même assujettis. Si on les a soumis à la formalité de la mention (art. 4), c'est qu'il a paru nécessaire d'avertir les tiers qu'une publicité antérieurement donnée pourrait tromper. Bien plus, les tiers, ainsi que nous l'établirons sous une autre question, ne peuvent pas même se prévaloir du défaut de mention. Quant aux jugements statuant sur une revendication, ils ne devaient pas être assujettis à la formalité de la transcription, car évidemment ils ne sont pas translatifs de propriété. Des décisions de cette nature ne font que reconnaître un droit préexistant.

210. — La formalité de la mention elle-même n'était pas nécessaire, puisqu'il n'y a pas dans l'espèce une transmission apparente devenue publique et ensuite anéantie, contre laquelle il faille prémunir les tiers.

211. — En somme, le jugement de revendication rendu contre l'aliénateur au profit d'un tiers a force de chose jugée contre l'acquéreur, et sans qu'il soit nécessaire de le faire transcrire, lorsqu'il est obtenu avant la transcription de l'acte d'acquisition, ou même lorsque cette transcription, quoique antérieure au jugement, est postérieure à la demande sur laquelle ce jugement est intervenu. Telle est la solution qui résulte des principes du Code combinés avec ceux de la loi du 23 mars.

XXIX.

Quand l'acquéreur qui n'a pas fait transcrire son titre revend à une tierce personne qui fait opérer la transcription de son acte de vente, celle-ci est-elle saisie de la propriété vis-à-vis d'une autre personne à laquelle le vendeur originaire aurait vendu une seconde fois et qui ferait transcrire après la transcription du sous-acquéreur?

SOMMAIRE.

212. Espèce. — Objections et opinion des auteurs de l'*Explication* et de M. Mourlon. — Raisons d'équité en faveur d'une solution affirmative.

212. — Voici l'espèce qui a été prévue dans la discussion de la loi et qui a été examinée par plusieurs commentateurs : Pierre vend un immeuble à Paul. Celui-ci ne fait pas transcrire son titre. Il vend à Jean, qui se contente de faire transcrire le titre de la vente que Paul lui a consentie. Pierre, le vendeur originaire, vend une seconde fois le même immeuble à Jacques, qui soumet son acte à la formalité après la transcription de l'acte de vente passé entre Paul et Jean. On s'est demandé si Jean pouvait, par la seule transcription de son titre, être saisi de la propriété vis-à-vis de Jacques.

Les auteurs de l'*Explication* (n° 52) et M. Mourlon (n° 344) ont exposé les raisons de droit qui sembleraient pouvoir être invoquées par le second acquéreur du vendeur originaire pour triompher contre celui qui a acheté du premier acquéreur. Il semble tout d'abord, en effet, que Paul, le premier acheteur, qui n'a pas fait transcrire et qui n'avait qu'une propriété relative, a seulement transmis à Jean un droit de cette nature, et que la transcription effectuée par ce dernier n'a pu créer à son profit une propriété absolue, opposable aux tiers, à Jacques, dans l'espèce. En un mot, Jacques pourrait évincer Paul ; donc il pourra évincer Jean, son ayant cause.

Cependant les auteurs précités n'exposent cette argumentation que pour la discuter ensuite, et décident, avec juste raison, que Jean, qui a acheté de Paul et qui aura fait transcrire son titre, devra triompher contre Jacques. Les termes de l'art. 3 de la loi du 23 mars semblent favoriser cette solution. Quoique Paul n'ait pas transcrit, il avait des droits sur l'immeuble; il pouvait jouir de la chose, la revendiquer contre tous tiers autres que ceux qui auraient acheté de son vendeur et fait transcrire. Ses droits, il les a transmis à Jean. Ce dernier a donc les mêmes droits sur l'immeuble. Or, dès qu'il a transcrit, il se trouve compris au nombre des personnes auxquelles un acte soumis à la formalité, — comme celui consenti par Pierre à Jacques, — tant qu'il n'a pas été transcrit, ne peut pas être opposé, selon la disposition de l'art. 3.

Cette solution, si elle n'est pas à l'abri des attaques d'une logique basée sur les principes généraux du droit, nous paraît du moins équitable. Quand Jean, en effet, a acheté de Paul, aucun acte n'était transcrit; il a cru pouvoir payer son prix à Paul en toute sécurité, puisqu'il a vu dans les titres de ce dernier qu'il avait acheté de Pierre, et qu'aucune transcription ne lui révélait d'autres ventes. Jacques, au contraire, avant de payer son prix à Pierre, a pu et dû s'assurer s'il n'existait aucune transcription. S'il a payé sans prendre ces renseignements, il a commis une imprudence dont il doit supporter les conséquences.

XXX.

Celui auquel le mineur a vendu un immeuble peut-il opposer à celui qui a acheté le même immeuble du mineur devenu majeur le défaut de transcription, lorsque la ratification est postérieure à la vente consentie en majorité?

SOMMAIRE.

213. La ratification en majorité d'une vente faite par le mineur ne peut, d'après les principes du Code, préjudicier aux droits de celui qui, avant la ratification, a acheté du mineur devenu majeur.
214. Si la première vente est transcrite et que la seconde ne le soit pas à l'époque de la ratification, le premier acquéreur peut invoquer vis-à-vis du second le défaut de transcription.
215. La transcription de l'acte de ratification n'est pas nécessaire.

213. — D'après les principes du Code, quand un mineur, après avoir consenti la vente de son immeuble en minorité, consent à une autre personne la vente du même immeuble en majorité et ratifie ensuite la première vente, cette ratification ne peut préjudicier aux droits de celui qui a acheté du mineur devenu majeur (art. 1338 C. N.). — Par la vente consentie en majorité, l'ancien mineur s'est dépouillé de tous ses droits de propriété sur l'immeuble, et s'est ainsi enlevé la faculté de confirmer, au préjudice du second acquéreur, la vente passée en minorité (Cass., 16 janvier 1837; Dall., 1837. 1. 62).

214. — Mais, si la transcription de la première vente est opérée et que la seconde vente ne soit pas transcrite à l'époque de la ratification, le premier acquéreur pourra-t-il se prévaloir vis-à-vis du second du défaut de transcription? Dans le sens de la négative, on dira peut-être : La

ratification ne peut préjudicier aux droits des tiers (art. 1338 C. N.). La loi du 23 mars n'a pas eu pour but de porter atteinte à ces principes du Code, et on doit décider la question comme elle l'était sous l'empire de ces principes. Mais il faut observer que si, sous l'empire du Code, on n'admettait pas le premier acquéreur à se prévaloir de sa vente vis-à-vis du second, c'est parce que le vendeur, par la seconde vente consentie en majorité, s'était dépouillé de tous ses droits de propriété sur l'immeuble, comme on l'a vu ci-dessus. Or, il n'en est plus ainsi d'après les dispositions de la loi du 23 mars. Tant que la transcription n'a pas été effectuée, le vendeur n'est pas complétement dépouillé de ses droits, puisqu'il peut encore les transmettre à des tiers. La raison de décider n'est donc plus la même. — Si le vendeur consentait une seconde vente à une tierce personne avant la transcription de la vente qu'il a consentie en majorité, ce second acquéreur pourrait opposer le défaut de la transcription; pourquoi, dès lors, n'accorderait-on pas le même droit à celui au profit duquel il a ratifié? Ce dernier est, en effet, un tiers ayant des droits sur l'immeuble; il peut donc invoquer les dispositions de la loi du 23 mars.

215. — Nous ne pensons même pas, si la vente consentie en minorité a été transcrite, qu'il soit nécessaire que l'acte de ratification ait été soumis à la formalité pour que le premier acquéreur puisse se prévaloir du défaut de transcription de la seconde vente. La confirmation n'a, en effet, rien de translatif : *confirmatio nil dat novi*. Ce n'est point un nouveau contrat; c'est l'ancien qui conserve toute sa force.

XXXI.

Le bail consenti après la vente de l'immeuble, mais transcrit avant que l'acquéreur ait soumis son contrat à la formalité, est-il opposable à cet acquéreur?

SOMMAIRE.

216. Le preneur qui, avant la transcription de la vente, a fait transcrire son titre, peut opposer son bail à l'acquéreur pour toute sa durée, lors même qu'il a été consenti après la vente.
217. Opinion contraire de M. Mourlon.
218. Réfutation.

216. — Sous l'empire des principes du Code Napoléon, c'était d'après la date certaine que l'on eût réglé les droits des parties. Or, la vente ayant précédé le bail, il n'y avait aucune difficulté : le vendeur, s'étant dépouillé de tous ses droits, n'en avait pu conférer aucun au preneur. A ce principe de la date certaine la loi du 23 mars a substitué celui de la transcription ; c'est l'accomplissement seul de cette formalité qui doit être pris en considération. Or, dès que le preneur a fait transcrire son acte avant que l'acquéreur ait fait transcrire le sien, il semble bien en résulter qu'il doit être préféré et qu'il pourra opposer son bail à cet acquéreur pour toute sa durée.

217. — Cependant cette solution n'est pas admise par M. Mourlon. Selon cet auteur, l'acheteur n'est pas tenu, dans l'espèce, de subir le bail. La vente qui n'est pas transcrite n'est pas opposable aux tiers *qui ont des droits sur l'immeuble;* mais elle l'est à ceux qui, comme les créan-

ciers chirographaires, n'ayant que des droits personnels, ne peuvent se prévaloir du défaut de transcription. Or, la personnalité du droit du preneur est généralement admise; donc la vente est opposable au preneur qui, dans l'espèce, ne pourra mettre son droit sous la protection de la loi nouvelle (*App. sur la Transcript.*, n° 347). Telle est, en résumé, l'argumentation par laquelle M. Mourlon justifie son opinion.

218. — Si ce raisonnement était bon, il devrait l'être également dans le cas où le bail serait antérieur à la vente et transcrit seulement après la vente et avant la transcription de cet acte. La vente, dirait-on, quoique non transcrite, est opposable à ceux qui n'ont pas de droits réels sur l'immeuble. Or, le bail, bien qu'il soit antérieur, ne produit pas de droit réel; donc la vente peut être opposée au preneur. Celui-ci invoquerait-il l'art. 1743 C. N. pour soutenir que le bail peut être opposé à l'acheteur, on lui répondrait : Votre bail, d'après la loi nouvelle, n'est pas opposable pour une durée de plus de dix-huit ans, puisqu'il n'était pas transcrit avant la vente. Cependant M. Mourlon convient, dans ce cas, que le bail peut être opposé pour toute sa durée s'il a été transcrit même après la date de la vente, lorsque cette transcription a précédé celle de la vente (n° 346). Le preneur peut donc opposer le défaut de transcription de la vente, et, s'il le peut, c'est qu'évidemment il n'est pas assimilé à un simple créancier chirographaire. Il est vrai qu'on a ajouté à l'art. 3 du projet primitif les mots : *sur l'immeuble,* « pour écarter la prétention des créanciers chirographaires qui auraient pu vouloir opposer le défaut de transcription » (Rapport de

M. de Belleyme); mais c'est aux créanciers chirographaires seuls que cette exclusion se trouve limitée, selon les paroles de M. le rapporteur.

XXXII.

Les baux d'une durée de plus de dix-huit ans, passés et transcrits après l'inscription de l'hypothèque, peuvent-ils être opposés pour toute leur durée aux créanciers inscrits et à l'adjudicataire?

SOMMAIRE.

219. Hypothèse que les rédacteurs de la loi ont eue en vue. — Passage de l'*Exposé des motifs*. — Passage du *Rapport*. — Observations de M. Duclos. — Défaut de réponse de la part de MM. Rouher et de Belleyme aux observations de M. Duclos.
220. Opinion de M. Allart sur la question.
221. Opinion des auteurs de l'*Explication*.
222. Opinion de MM. Duvergier et Mourlon.
223. Résumé des trois opinions précédentes.
224. Réfutation de l'opinion de M. Allart.
225. Réfutation de l'opinion de MM. Duvergier et Mourlon.
226. Suite.
227. Suite. — Paroles de M. Duclos.
228. Suite. — Arguments de MM. Mourlon et Duvergier.
229. Suite. — Application de l'art. 684 C. proc.
230. *Quid* à l'égard de l'adjudicataire? — Trois hypothèses doivent être prévues.

219. — Lorsque le législateur s'est occupé de la publicité à donner aux baux, il semble avoir eu toujours en vue l'hypothèse d'une vente ou d'un prêt sur hypothèque consentis alors qu'il existait déjà un bail de l'immeuble objet de la vente ou donné en garantie du prêt hypothécaire. « Toutes les raisons qui commandent avec tant de puissance la transcription du contrat de vente se

reproduisent avec la même force pour faire ordonner la publicité de tous les démembrements et de toutes les charges qui altèrent la valeur vénale de l'immeuble, et diminuent l'importance du gage offert au prêteur. *Il est aussi nécessaire de connaître les services fonciers et l'aliénation des revenus produits par la chose vendue ou donnée en hypothèque, que de connaître les inscriptions hypothécaires dont elle est déjà frappée* » (Exposé des motifs). « Ce qui arrive à un acquéreur pour le fonds de la propriété qui lui a été vendue, et dont le prive une éviction imprévue, peut aussi se présenter pour un usufruit, pour un droit d'usage ou d'habitation, pour une servitude onéreuse, *pour un bail qu'on lui aurait laissé ignorer et qu'il est obligé de supporter à son détriment quand ces charges prennent leur cause dans des* ACTES ANTÉRIEURS A SON CONTRAT. . . . .

« Le même danger menace les prêteurs... Le débiteur, tout en étant réellement propriétaire, *peut avoir altéré secrètement la valeur du gage qu'il offre à un créancier* par une constitution d'usufruit, *par la concession d'un bail de longue durée faite à vil prix... Dans tous ces cas, il faut bien se pénétrer de l'impuissance absolue dans laquelle la loi laisse le prêteur de connaître la vérité...* » (Rapport de M. de Belleyme).

M. Duclos avait fait remarquer la lacune qu'il pensait exister sur ce point dans la loi : « Le projet, disait-il, semble rendre obligatoires pour tous les tiers sans distinction les baux et les quittances de loyers dont la transcription a eu lieu ; quelle sera alors, par exemple, la position du créancier inscrit vis-à-vis d'un débiteur qui aura consenti, depuis le prêt, un bail à long terme et perçu plusieurs années de loyer d'avance? Les juges pourront-ils, malgré le texte de la loi, prononcer la nullité du bail et des paiements anticipés? »

Puis, plus loin : « Sur les baux transcrits, même silence dans la loi; qu'en faudrait-il conclure? Ces baux, auxquels le projet donne une existence légale par la transcription, pourront-ils être opposés à tous les tiers et même aux créanciers inscrits avant cette transcription? S'il en doit être ainsi, il n'y aura plus de prêt possible, et le crédit hypothécaire, que l'on veut développer, se trouvera anéanti. » L'honorable membre regrettait donc vivement que l'art. 3 ne s'occupât pas des baux transcrits et de leur effet à l'égard des créanciers inscrits avant la transcription (*Monit.* du 17 janvier 1855, séance du 15 janvier).

M. Rouher, commissaire du gouvernement, dans sa réponse à M. Duclos, ne répondit pas à ces questions de l'honorable orateur, ou plutôt les éluda (*ibid.*). Même silence de la part de M. de Belleyme (*ibid.*).

220.—M. Allart déclara, au contraire, que « si le bail ou la quittance anticipée sont postérieurs à la transcription du contrat de vente *ou à l'inscription de l'hypothèque, il est évident qu'ils ne peuvent avoir aucun effet* » (ibid.).

221.— Les auteurs de l'*Explication de la loi du 23 mars* ont donné une solution qui est entièrement opposée à celle de M. Allart, en décidant, dans l'espèce, que le preneur qui donnerait à son bail une date certaine antérieure au commandement pourrait se mettre à l'abri de l'expulsion (n° 51).

222. — Enfin, d'après une autre opinion, si le bail

est passé et transcrit quand l'hypothèque était déjà inscrite, on ne pourra pas l'opposer au créancier hypothécaire pour plus de dix-huit ans. C'est celle que M. Duvergier a adoptée dans ses annotations sur l'art. 3 de la loi du 23 mars, et que M. Mourlon a aussi embrassée (n° 350).

223. — Ainsi, trois opinions ont été émises sur cette question ; la première, celle de M. Allart, qui annule entièrement le bail ; celle des auteurs de l'*Explication*, qui le maintient pour toute sa durée ; enfin, celle de MM. Duvergier et Mourlon, qui décident que le bail ne sera opposable que pour une durée de dix-huit ans.

224. — Non-seulement l'opinion de M. Allart ne trouve aucun appui dans les textes, mais une simple considération suffit pour la repousser : si, en effet, elle devait être suivie, il en résulterait que, dès qu'un propriétaire aurait la moindre inscription sur son bien, il ne pourrait consentir aucun bail. On paralyserait le droit d'administration des propriétaires d'une manière fâcheuse et nuisible aux intérêts de l'agriculture. Le nombre des propriétés grevées d'hypothèques conventionnelles, judiciaires ou légales est assez considérable. Un tuteur, un mari, seraient désormais dans l'impossibilité d'affermer le bien sur lequel les mineurs ou les femmes auraient une hypothèque ; cela n'est pas possible et nous porte même à croire que M. Allart a laissé sa pensée incomplète.

225. — L'opinion de MM. Duvergier et Mourlon offre pour partie l'inconvénient que nous venons de signaler. Il en résulterait, en effet, que lorsqu'il existerait des inscriptions, le propriétaire débiteur ne pourrait plus consentir de baux que dans la limite de dix-huit ans, et que

les fermiers qui voudraient s'assurer une plus longue jouissance seraient obligés de faire intervenir dans le bail les créanciers inscrits.

Si, cependant, la volonté du législateur était certaine, il faudrait s'y soumettre ; mais nous croyons que l'on ne peut faire rentrer cette hypothèse dans le texte de la loi du 23 mars.

226. — Le second alinéa de l'art. 3 porte que les baux qui n'ont pas été transcrits ne peuvent être opposés pour une durée de plus de dix-huit ans aux tiers qui ont des droits sur l'immeuble et qui les ont conservés en se conformant aux lois. Mais quelle est l'espèce prévue par cet article? Il s'agit évidemment de baux qui ont été passés soit avant le prêt, soit, si on le veut encore, avant l'inscription, et qui ne sont transcrits qu'après cette inscription. Les expressions : *Les baux qui* N'ONT PAS ÉTÉ *transcrits,* prouvent bien qu'il s'agit de baux passés antérieurement, et non de ceux qui ont été passés après l'inscription. D'ailleurs, les citations ci-dessus de l'Exposé des motifs et du Rapport confirment bien cette interprétation. Les rédacteurs de la loi avaient pour but, en ordonnant la publicité des baux à long terme, d'avertir les prêteurs de la dépréciation qui résulte de la concession de ces baux et non de sauvegarder les intérêts des créanciers pendant toute la durée de l'hypothèque. La question qui nous occupe n'a aucunement été tranchée par la loi du 23 mars.

227. — M. Duclos insistait dans la séance du 15 janvier 1855 (*Moniteur* du 17) pour que cette lacune fût comblée : « La question qui est discutée devant la Chambre a donné lieu aux dissentiments les plus profonds

entre les auteurs et les tribunaux. La jurisprudence, obligée de se plier aux exigences de la loi, a souvent validé les baux et les quittances de loyers anticipés, même à l'égard des créanciers inscrits ; mais tous les auteurs ont cherché le moyen de réduire ces baux et quittances, malgré la loi. Merlin, Delvincourt, Pigeau, Duranton, cherchent un moyen pour les combattre. Si Toullier, M. Troplong et tant d'autres jurisconsultes, se croyant liés par les termes de nos codes, admettent la validité de ces actes, tous conviennent que leur opinion est contraire à l'équité. La Chambre fait en ce moment la loi; l'orateur ne voudrait pas qu'on pût dire qu'elle l'a faite contraire à la justice, et que la fraude y pourra trouver une protection. »

A ces observations de M. Duclos personne ne fit de réponse, si ce n'est M. Allart, qui, ainsi que nous l'avons vu, pensait que le bail passé après l'inscription n'aurait aucun effet.

228. — Cependant, à défaut de texte, M. Mourlon raisonne de la manière suivante : « Dans l'espèce, la condition des parties est absolument identique à celle qu'elles ont dans le cas où le bail a été passé avant l'inscription et transcrit après. Or, dans ce dernier cas, le bail est bien opposable au créancier, mais seulement pour dix-huit années ; donc il en doit être de même dans le second » (n° 350). — « Des baux de plus de dix-huit ans seraient faits, dit aussi M. Duvergier ; ils auraient date certaine, ils seraient notariés, mais on négligerait de les trancrire ; le propriétaire emprunterait et donnerait hypothèque sur les biens affermés, le prêteur prendrait inscription avant la transcription des baux ; ces baux, quoique antérieurs

à l'hypothèque, ne pourraient être opposés au créancier hypothécaire. C'est la loi elle-même qui le dit; il n'y a pas de discussion possible à cet égard. Il est bien évident *a fortiori* que, si l'inscription hypothécaire est antérieure non-seulement à la transcription des baux, mais même à leur date, ces baux ne peuvent être opposés au créancier » (note sur l'art. 3).

229. — Quand même l'analogie serait aussi complète que le disent ces deux auteurs, cela ne suffirait pas, à nos yeux, pour faire tomber sous le coup de la loi du 23 mars une hypothèse que cette loi n'a pas comprise dans ses dispositions. Nous ne saurions trop le répéter : ce que le législateur a eu en vue, c'est d'avertir les tiers qui voudraient contracter avec le débiteur dont le bien est grevé de certaines charges; là se sont arrêtées ses prévisions. M. Duclos le faisait observer avec juste raison. Nous sommes, d'ailleurs, dans une matière où il s'agit de faire encourir une déchéance, et l'on ne peut, par conséquent, raisonner par voie d'analogie; on doit plutôt restreindre qu'étendre l'interprétation.

Tels sont, sans doute, les principaux motifs par suite desquels les auteurs de l'*Explication* ont décidé que les baux passés et transcrits après l'inscription pourraient être opposés pour toute leur durée aux créanciers inscrits. Nous pensons aussi que l'on doit rester sous l'empire de la disposition de l'art. 684 C. proc., qui maintient le bail consenti avant le commandement, et qui donne simplement aux juges la faculté de l'annuler lorsqu'il est passé après cette époque. Il ne s'agit plus alors d'une question de transcription, de cette formalité qui a pour but de prévenir les prêteurs des changements de main ou des charges qui peuvent altérer la valeur de la propriété, mais d'une question de validité de bail consenti alors que leurs droits existent sur l'immeuble.

230. — Toutefois, la disposition de l'art. 684 doit être combinée avec la loi du 23 mars en ce qui concerne l'adjudicataire.

Si on suivait la disposition de l'art. 684, dès que le bail serait antérieur au commandement, l'adjudicataire serait obligé de le supporter, quelque longue que fût sa durée. Mais, ou le preneur a déjà fait transcrire son bail avant l'adjudication, et alors l'adjudicataire est obligé de le respecter pour toute sa durée, comme les créanciers saisissants inscrits ou chirographaires; ou il le fait transcrire après l'adjudication et avant la transcription de l'adjudication, et, dans ce cas encore, il pourra être opposé pour toute sa durée à l'adjudicataire; ou bien, enfin, il n'est transcrit qu'après la transcription du jugement d'adjudication, et alors il ne sera opposable à l'adjudicataire que pour une durée de dix-huit ans. On rentre ainsi dans le cas prévu par le second alinéa de l'art. 3 de la loi du 23 mars, d'après lequel les baux qui n'ont point été transcrits sont opposables pour dix-huit ans seulement aux tiers qui ont des droits sur l'immeuble et qui les ont conservés en se conformant aux lois.

Les diverses solutions ci-dessus, sur les deux branches de la question proposée, nous semblent concilier, mieux que toutes autres, les dispositions de la loi nouvelle avec celles de l'art. 684 précité.

XXXIII.

L'acte constatant quittance ou cession d'une somme équivalente à trois années de loyers ou fermages non échus peut-il être opposé aux créanciers inscrits, lorsqu'il a été passé et transcrit après l'inscription?

SOMMAIRE.

231. Solution affirmative.

231. — Cette question doit être résolue par les mêmes principes que ceux qui ont été exposés sous la question précédente; et, dès lors, nous pensons que la quittance ou la cession d'une somme équivalente à trois années serait opposable aux créanciers inscrits, lorsqu'elle a lieu et qu'elle n'est transcrite qu'après l'inscription. Les raisons de décider sont les mêmes. Le législateur ne s'est occupé que des cessions ou quittances antérieures, et non de celles qui sont postérieures à l'inscription.

MM. Duvergier et Mourlon, qui pensent que les baux, dans l'espèce, doivent être réduits à dix-huit ans, prononceraient sans doute la nullité de la quittance ou de la cession, en faveur des créanciers inscrits.

XXXIV.

A partir de quelle époque courent les dix-huit ans pendant lesquels les baux non transcrits peuvent être opposés aux tiers acquéreurs?

SOMMAIRE.

232. Exposé de la question. — Observations de M. Duclos.
233. Les dix-huit ans ne doivent se compter ni à partir de la signature de l'acte, ni à partir de l'époque de la date certaine.

234. On ne doit pas prendre pour point de départ le moment où le bail est opposé aux tiers.
235. En thèse, la date de la vente sera le point de départ des dix-huit ans.
236. Opinion contraire de M. Mourlon, qui pense que les dix-huit ans doivent se compter à partir de la transcription.
237. Réfutation de l'opinion de M. Mourlon.

232. — Aux termes du second alinéa de l'art. 3 de la loi du 23 mars, les baux non transcrits peuvent être opposés aux tiers pour une durée de dix huit ans. Mais quel sera le point de départ de ces dix-huit années? La loi ne le dit pas. L'observation en fut faite par M. Duclos, dans la séance du 15 janvier 1855 : « Le projet, disait-il, ne s'occupe que d'une seule de ces catégories, celle des baux de plus de dix-huit ans non transcrits, qui pourront être opposés aux tiers pour dix-huit ans. Mais à partir de quelle époque? Est-ce du jour où l'acte sous seing privé aura été signé entre les parties? du jour où cet acte aura acquis date certaine, ou bien de celui où il sera opposé aux tiers? Le projet ne s'explique pas sur ce point si important, d'où peuvent sortir tant de contestations et de procès. Une telle lacune demande à être comblée. »

On ne peut compter les dix-huit ans à partir d'aucune des trois époques indiquées par l'honorable orateur.

233. — D'abord, quant à la première époque (1), quel que soit le laps de temps écoulé depuis le jour où le bail a été signé par les parties, quelle que soit l'époque à laquelle la jouissance du preneur a commencé, il n'y a eu

(1) M. Duclos supposait sans doute, dans cette première hypothèse, que le bail sous seing privé avait été enregistré avant la date de la vente; car, autrement, puisqu'il n'est pas transcrit, il ne serait pas opposable à l'acquéreur.

encore pour l'acquéreur aucun préjudice. Nous en dirons autant du point de départ à compter de la date certaine de l'acte de bail.

234. — On ne devra pas non plus prendre pour point de départ le moment où le bail sera opposé aux tiers, car il pourrait se faire qu'au moment du litige il y eût déjà plusieurs années écoulées pendant lesquelles la jouissance du preneur a fait obstacle à celle du tiers acquéreur, et le preneur pourrait ainsi avoir droit à une plus longue période que celle qui lui est accordée par la loi.

235. — Quel est donc le moment précis à partir duquel devront être comptés les dix-huit ans? C'est celui où la mise en possession de l'acquéreur va se trouver en lutte avec la jouissance du preneur; ce sera ordinairement la date de la vente.

236. — M. Mourlon, qui a examiné cette question, décide bien, comme nous, que les dix-huit ans ne doivent point se calculer à partir du jour de la date certaine, ni de celui où l'acte de bail est opposé au tiers acquéreur; mais il n'admet pas notre point de départ : « Il est manifeste, dit-il, qu'on ne doit point faire le calcul en comptant du jour de la vente, puisque, même après cette époque, le preneur, s'il faisait transcrire son titre, acquerrait le droit de l'opposer, pour toute sa durée, au tiers acquéreur qui n'a pas fait transcrire le sien. » Il décide ensuite que les dix-huit ans doivent se compter du jour de la transcription (n° 348).

237. — Pierre a loué son immeuble pour 36 années par un acte ayant date certaine au 1er janvier 1855 et non transcrit, quoique la jouissance ait commencé immédia-

tement. Il vend ensuite son immeuble à Paul, le 1er janvier 1856. Paul, qui a stipulé la mise en possession immédiate, fait transcrire son acte de vente le 1er mars 1856 et avant la transcription du bail. — Ce n'est pas dans cette première hypothèse que M. Mourlon a raisonné, puisqu'il donne pour motif de sa solution que, si le preneur faisait transcrire son titre, il acquerrait le droit de l'opposer, pour toute sa durée, au tiers acquéreur qui n'a pas fait transcrire. — M. Mourlon n'a pas raisonné non plus dans l'hypothèse où l'acte de vente, en modifiant l'espèce précédente, serait transcrit le jour même qu'il a été passé; car alors il n'y aurait plus pour lui ni pour nous de question, puisque la date de la vente se confondrait avec celle de la transcription. M. Mourlon a donc supposé un bail de plus de dix-huit ans non transcrit, et une vente qui n'a pas été non plus soumise à la formalité. Mais ce n'est pas là l'hypothèse dans laquelle, à notre avis, on doit se placer. L'acquéreur qui n'a pas fait transcrire son acte de vente ne peut faire réduire le bail qui a date certaine antérieure. L'acquéreur n'est plus, en effet, un tiers auquel l'acte sujet à la transcription et qui n'a pas été transcrit ne peut être opposé, parce qu'il a des droits sur l'immeuble qu'il aurait conservés en se conformant aux lois (art. 3, 1er alinéa).

Devra-t-on, dans l'hypothèse que nous avons posée, décider que c'est du jour de la transcription seulement, et non du jour de la vente, que les dix-huit ans seront calculés? Sera-ce du 1er mars ou du 1er janvier 1856? M. Mourlon, ainsi que nous l'avons vu, pense que ce sera du jour de la transcription. Nous pensons, au contraire, que c'est à partir de la date de la vente que le calcul doit se faire (voyez aussi, en ce sens, M. Lemarcis, p. 25). Sans doute, c'est bien par la transcription que l'acquéreur, en conservant ou consolidant son droit, acquiert celui de limiter la durée du bail; mais, dès que la formalité est remplie, il a le droit de la faire restreindre à dix-huit années seulement; il peut empêcher qu'une jouissance d'une plus longue durée vienne faire obstacle a celle qui lui a été promise par la vente. Or, il n'aurait plus ce droit si les dix-huit années accordées au preneur se comptaient à dater de l'accomplissement de la formalité, puisque le preneur aurait eu, en outre, le droit de jouir de l'immeuble pendant tout le temps écoulé entre la date de la vente et celle de la transcription. Il ne serait plus vrai de dire que les baux qui n'ont point été transcrits ne peuvent jamais être opposés aux tiers pour une durée de plus de dix-huit ans.

XXXV.

Quelle est l'influence de la transcription sur la prescription, et vice versa?

SOMMAIRE.

238. Dispositions de l'art. 25 de la loi du 11 brumaire an VII sur les expropriations forcées. — Observations.
239. Un acquéreur de bonne foi qui a juste titre avec les autres conditions voulues, mais qui n'a pas transcrit, peut-il prescrire par dix ou vingt ans? — Solution affirmative.
240. Disposition de l'art. 2180 C. N.
241. Le possesseur de mauvaise foi qui a acheté *a non domino* et qui n'a pas transcrit peut prescrire.
242. Celui qui a acheté du véritable propriétaire et qui n'a pas transcrit peut repousser l'action en revendication de celui qui, après trente ans, aurait acheté du même vendeur et qui aurait transcrit.

243. Il en serait ainsi quand même la seconde vente aurait été consentie et transcrite avant l'expiration de trente ans, si le second acquéreur n'intentait son action qu'après ce délai.

244. *Secus* si le premier acheteur qui n'a pas transcrit ne peut invoquer la prescription de trente ans. — Exemple.

245. Le second acheteur qui a fait transcrire doit l'emporter sur le premier qui n'a pas rempli la formalité et qui n'a pas en sa faveur une possession de trente ans.

246. *Quid* du sous-acquéreur ayant acheté de l'acquéreur qui n'avait pas fait transcrire et n'ayant pas transcrit lui-même? — Arrêts de la Cour de Dijon du 22 février 1850 et de la Cour de cassation en date du 5 mai 1851.

238. — Aux termes de l'art. 25 de la loi du 11 brumaire an VII sur les expropriations forcées, la transcription du jugement d'adjudication était nécessaire pour que l'adjudicataire pût prescrire par dix ans la propriété. Mais cette disposition n'a été renouvelée ni par le Code Napoléon ni par le Code de procédure civile, et les rédacteurs de la loi du 23 mars ont laissé subsister les anciens principes sur la prescription, sans penser à les modifier dans le sens des règles nouvelles qu'ils décrétaient. La nécessité de la transcription du titre eût cependant été plus en harmonie avec le principe de publicité consacré par la loi actuelle (voir sur ce point les observations de la Faculté de Poitiers, *Doc. rel. au rég. hyp.*, t. Ier, p. 455).

239. — Ainsi, un acquéreur de bonne foi et qui a juste titre avec toutes les conditions exigées par la loi peut prescrire par dix ou vingt ans et se prévaloir de la prescription vis-à-vis du véritable propriétaire, lors même qu'il n'a pas fait transcrire le titre émané *a non domino* (*Explicat.*, n° 39). Il suffit, pour pouvoir prescrire par ce laps de temps, que le possesseur ait un juste titre, c'est-à-dire un titre qui aurait pour effet de conférer un droit de propriété

ou de servitude, s'il émanait du vrai propriétaire. Sans doute, il n'y a pas un juste titre quand les solennités auxquelles la loi subordonne la validité du titre n'ont pas été observées; mais il faut se rappeler que la transcription n'est pas une condition prescrite pour la validité de l'acte: c'est une formalité extrinsèque, qui n'est pas nécessaire pour que la transmission des droits ait lieu entre les parties contractantes (1). D'ailleurs, ce n'est pas le titre qui est ici translatif par rapport au vrai propriétaire, c'est la prescription.

240. — Cependant, et toujours d'après les principes du Code Napoléon (art. 2180), tandis que la prescription à l'effet d'acquérir la propriété court du jour de la possession, la prescription de l'hypothèque au profit du tiers détenteur ne commence qu'à partir du jour où il a fait transcrire le titre en vertu duquel il possède.

241. — Il est inutile de dire que le défaut de transcription n'empêchera pas non plus celui qui a acquis *a non domino* et qui est de mauvaise foi de prescrire par trente ans de possession.

242. — Mais, si une vente de la propriété, ou de l'usufruit, ou d'une servitude continue et apparente, est consentie par le vrai propriétaire, et que l'acquéreur qui n'a pas fait transcrire reste pendant trente ans en possession, est-ce qu'il triomphera contre l'action en revendication qui serait intentée par un second acquéreur auquel le vendeur aurait vendu une seconde fois au bout de trente

(1) La Cour de Lyon a cependant, par un arrêt du 17 février 1834, décidé que, d'après les principes de la loi du 11 brumaire an VII, une vente non transcrite ne peut être considérée comme un titre translatif de propriété propre à servir de base à la prescription de 10 ou 20 ans (Sir., 35. 2. 18).

ans et qui aurait fait transcrire? Sans aucun doute. Le premier acquéreur ne se servira pas de son titre pour repousser l'action en revendication, mais il invoquera la prescription. Il ne peut être dans une condition pire que celui qui a acheté de mauvaise foi *a non domino,* ou même qui se serait emparé de l'immeuble (voy. *Explicat.,* n° 53).

243. — Quand même la seconde vente aurait été consentie et transcrite avant l'expiration des trente ans, si le second acquéreur n'intentait son action qu'après ce délai, il succomberait également; car le premier acquéreur s'appuie sur sa possession seule, et la transcription de la seconde vente n'est pas évidemment interruptive de la prescription.

244. — Mais, si le premier acquéreur ne pouvait invoquer la prescription trentenaire, il devrait nécessairement succomber. Ainsi, par exemple, Pierre vend à Paul une servitude discontinue, telle qu'un droit de passage; Paul ne fait pas transcrire, et, au bout de trente ans, Pierre vend son immeuble à Jacques, sans qu'il soit fait aucune stipulation en faveur de la servitude. L'acquéreur fait transcrire son acte d'acquisition. Jacques pourra très-bien s'opposer à ce que Paul passe. Ce dernier n'a, en effet, qu'un titre non transcrit qu'il ne peut opposer à Jacques, et il ne peut invoquer la prescription, puisque les servitudes discontinues ne sont pas susceptibles d'être établies par la seule possession, même immémoriale (art. 691 C. N.).

245. — De même, supposons que le temps requis pour la prescription trentenaire ne soit pas encore accompli au profit du premier acquéreur de la propriété d'un immeuble, et que le vendeur vende une seconde fois à un ache-

teur qui remplit la formalité, ce dernier l'emportera sur le premier (*Explicat.*, n° 54), s'il intente son action avant que le possesseur puisse invoquer la prescription trentenaire.

246. — Pierre vend à Paul un immeuble ; Paul ne fait pas transcrire et revend à Jacques, qui reste dix ou vingt ans en possession, mais sans soumettre non plus son acte à la transcription. Après ce temps, Pierre vend une seconde fois l'immeuble à Jean, qui fait opérer la formalité ; Jacques pourra-t-il opposer à Jean la prescription pour repousser l'action en revendication qu'il intentera contre lui? Si Paul avait déjà possédé, *v. g.*, vingt ans, et que Jacques eût possédé dix autres années, il pourrait repousser la demande de Jean, car il aurait le droit de joindre à sa possession celle de son auteur et d'invoquer la prescription trentenaire. Bien plus, quand même il n'aurait qu'une possession à lui propre de dix ou vingt ans, il pourrait se prévaloir de la prescription décennale ou vicennale. En effet, si Jacques avait acheté *a non domino*, il aurait la faculté, après dix ou vingt ans de possession, et en réunissant, d'ailleurs, toutes les autres conditions voulues pour la prescription, de repousser l'action en revendication du véritable propriétaire, sans avoir fait transcrire. Or, dans l'espèce, la décision ne doit-elle pas être la même? Que l'on considère, si on le veut, Paul, l'auteur de Jacques, comme une personne n'ayant aucun droit à la propriété de l'immeuble, cette circonstance n'empêche pas celui-ci d'avoir un juste titre et de réunir les autres conditions exigées pour pouvoir invoquer la prescription de dix ans ou de vingt ans.

Les mêmes principes devraient être appliqués s'il s'agissait des rapports d'un créancier hypothécaire avec un sous-acquéreur qui aurait en sa faveur une possession suffisante pour acquérir l'immeuble par prescription. Voici, du reste, une espèce dans laquelle la difficulté a été résolue : — 16 juillet 1822, contrat de mariage contenant donation par les sieur et dame Barrault à la dame Forest, leur fille, d'une maison sise à Autun. — Cette donation n'est pas transcrite. — 20 décembre 1828, Guillemot, mandataire de la dame Forest, vend cette maison à Jeannin et consorts, moyennant 9,000 fr., payables, avec intérêts, le 11 novembre 1848. — 18 octobre 1831, transport du prix de vente par les sieur et dame Forest au sieur Guillemot. — Acceptation par les acquéreurs le 3 novembre 1831. — 30 janvier 1849, demande en paiement de Guillemot contre Jeannin et consorts. Ceux-ci opposent l'existence de trois inscriptions prises contre les sieur et dame Barrault : le 27 juin 1840, au profit d'Hébrard ; le 9 mars 1841, au profit de Variot; le 15 septembre 1842, au profit de Couvreux, Daguin et Cie, banquiers à Autun. — Ces derniers, devenus cessionnaires d'Hébrard et Variot, assignèrent Jeannin et consorts en paiement du prix de vente de l'immeuble qui leur avait été hypothéqué. — Guillemot fut assigné en déclaration de jugement commun. — En cet état, la Cour de Dijon rendit, à la date du 22 février 1850, un arrêt ainsi conçu : — « Considérant qu'au moment où Couvreux, Daguin et Cie sont devenus créanciers des père et mère Barrault, les mariés Jeannin avaient couvert par la prescription décennale le défaut de transcription de la donation faite à la dame Forest-Barrault de l'immeuble qui leur a été vendu ; que par là ils sont devenus propriétaires incommutables, et ont pu payer, sans s'exposer à aucune répétition, le prix de leur acquisition, soit entre les mains de leurs vendeurs, soit entre les mains des délégués de ceux-ci ; — Considérant qu'en acceptant le transport de la créance des consorts Forest-Barrault, lorsque l'immeuble sur lequel reposait cette créance était affranchi de toute espèce de droits réels, Guillemot n'a fait que recevoir légitimement le remboursement d'une somme qui lui était due, et non le prix d'une vente à laquelle il était complétement étranger ; que, quelle que soit d'ailleurs la nature de ce paiement, fût-il la représentation de l'immeuble dont la donation n'a pas été transcrite, il suffirait que cet immeuble fût affranchi par la prescription pour éteindre le droit des créanciers sur les valeurs qui le représentent, valeurs qu'on ne peut poursuivre indéfiniment entre les mains qui les auraient successivement reçues. »

Pourvoi en cassation, et, le 5 mai 1851, arrêt de rejet en ces termes : « Attendu que, si la transcription est à l'égard des tiers un élément essentiel de la perfection des actes contenant donation entre-vifs de biens susceptibles d'hypothèque, cette règle ne peut être invoquée dans l'espèce, où ce n'est pas à raison de la possession résultant de la donation du 16 juillet 1822, mais à raison de la possession fondée sur la vente du 20 décembre 1828, que la prescription a été déclarée acquise aux consorts Jeannin, possesseurs avec juste titre et bonne foi depuis plus de dix ans entre présents ; — attendu que Guillemot avait intérêt à ce que la prescription dont il s'agit fût acquise, et que, dès lors, il a pu valablement l'opposer en vertu du droit que lui donnait l'art. 2225 C. civ.; qu'il a formellement invoqué cette prescription devant le tribunal de première instance, et que, devant la Cour d'appel, il a conclu à la confirmation du jugement de première instance, qui lui avait donné gain de cause; qu'ainsi, la prescription n'a pas été admise d'office, mais sur la demande de la partie intéressée; — que, dans ces circonstances, en déclarant la prescription acquise, la Cour d'appel de Dijon n'a violé ni les art. 939 et 941 C. civ., ni l'art. 2265 même Code, ni aucune autre disposition de la loi, — Rejette. »

Il est vrai que ces arrêts sont intervenus avant la loi du 23 mars et ont été rendus dans l'hypothèse d'une donation non transcrite suivie d'une vente; mais cette circonstance est indifférente à nos yeux, et il n'existe aucun motif particulier pour autoriser à penser qu'une solution identique ne devrait pas être donnée aujourd'hui, dans la même hypothèse, ou dans celle d'une aliénation à titre onéreux suivie d'une aliénation de même nature.

XXXVI.

Quelle est l'influence de la transcription sur le possessoire?

SOMMAIRE.

247. La formalité de la transcription n'a, en général, aucune influence sur le possessoire.
248. *Quid* si les deux parties n'ont ni l'une ni l'autre la possession?
249. La question du pétitoire reste entière dans l'hypothèse précédente.

247. — Le juge du possessoire, bien qu'il puisse prendre en considération le titre invoqué par le demandeur, dans le but d'apprécier le caractère des faits de possession, ne peut statuer que sur la possession. Là se borne sa mission. Il en résulte qu'en thèse générale, la formalité de la transcription ne peut avoir aucune influence sur le jugement rendu au possessoire. Ainsi, en supposant deux individus ayant acquis du même propriétaire un immeuble et plaidant au possessoire, peu importe quel est celui qui a fait transcrire le premier son titre ; le juge ne doit s'enquérir que du point de savoir quel est celui des deux qui a la possession annale.

248. — Mais il peut se faire que les deux parties litigantes n'aient par elles-mêmes ni l'une ni l'autre la possession. Le juge, dans ce cas, est obligé de rechercher celle qui représente le vendeur, et qui, par conséquent, peut se prévaloir de la possession de son auteur. Or, la partie qui le représentera est évidemment celle qui aura fait transcrire son titre la première. C'est cette partie, en effet, qui seule est entièrement investie de ses droits (voy. *Explicat.*, n° 55).

249. — Mais le jugement au possessoire qui sera rendu dans l'hypothèse précédente ne portera aucune atteinte à la question du pétitoire.

XXXVII.

Quelles sont les irrégularités qui vicient la transcription ? — Peut-on les rectifier, et de quelle manière ?

SOMMAIRE.

250. Disposition de l'art. 3 du projet primitif de la loi du 23 mars. — La loi ordonne la transcription littérale et entière.

251. Toute espèce d'irrégularité ne vicie pas la transcription. — Distinction.

252. *Quid* si la transcription ne mentionnait pas la nature et la situation de l'immeuble, la nature des droits transmis, ou si elle faisait mention d'une autre convention que celle qui serait intervenue?
253. *Quid* de l'irrégularité dans les nom et prénoms de l'acquéreur?
254. Comment ces irrégularités peuvent être rectifiées.
255. L'acquéreur peut faire rectifier la transcription effectuée à la requête du vendeur.
256. Le conservateur peut rectifier d'office l'irrégularité provenant de son fait. — Ce qu'il doit faire dans ce cas.
257. La rectification n'a d'effets que pour l'avenir.
258. Responsabilité des conservateurs.

250. — L'art. 3 du projet primitif de la loi du 23 mars n'exigeait pas la transcription *en entier* de l'acte sur les registres du conservateur. Il prescrivait seulement le dépôt de la copie de l'acte signée par le notaire lorsque l'acte était authentique, ou par la partie qui faisait opérer la transcription s'il était sous seing privé. Le conservateur transcrivait ensuite par extrait, sur un registre à ce destiné, les noms, prénoms et domiciles des parties, la date de l'acte, la nature et la situation de l'immeuble, la nature des droits transmis par l'acte, le jour et l'heure du dépôt (voy. art. 3 du projet primitif). Ce mode avait paru plus expéditif que la transcription littérale et entière de l'acte. Mais la majorité de la Commission y vit des inconvénients; elle pensa que le mode de transcription suivi sous la loi de brumaire et sous l'empire du Code Napoléon était préférable. Elle proposa le rejet de l'art. 3; et ce rejet ayant été accepté par le Conseil d'Etat, la loi ordonna la transcription littérale et entière du titre (voy. Rapport de M. de Belleyme). Un simple extrait ne suffirait donc pas pour l'accomplissement de la

formalité; il faut que le titre soit transcrit littéralement *et en entier* sur le registre du conservateur (1).

251. — Mais est-ce que toute irrégularité ou la plus simple omission aura pour effet de vicier la transcription et de la rendre inefficace? Non, certainement. Les Tribunaux auront à considérer, dans chaque espèce, quelles sont les omissions qui empêchent la réalisation du principe de publicité prescrit par la loi. Le but de la transcription étant d'avertir les tiers créanciers ou acquéreurs des mutations de la propriété immobilière et des démembrements ou charges qui peuvent en altérer la valeur, dès que l'irrégularité sera un obstacle à ce que ce but soit rempli, les juges devront considérer la transcription comme non effectuée. Mais ils la regarderont, au contraire, comme efficace, si, malgré l'omission, les tiers ont pu être suffisamment renseignés.

252. —Ainsi, par exemple, si, par suite d'une omission, la transcription ne mentionnait pas la nature et la situation de l'immeuble, la nature des droits transmis; ou bien encore, si elle faisait mention d'une convention autre que celle qui serait intervenue entre les parties, *v. g.*, d'un louage au lieu d'une vente, les tiers n'ayant pu être avertis par une transcription aussi inexacte, seraient bien fondés à la faire déclarer nulle et non avenue à leur égard.

253. — Mais l'irrégularité dans les nom et prénoms de l'acquéreur ne serait pas, à notre avis, un motif suffisant pour invalider la formalité. Les tiers, en effet, ont été

(1) Toutefois, si l'acte contenait des conventions de diverses natures, il ne serait nécessaire de transcrire que celle de ces conventions concernant la transmission du droit assujetti à la transcription (voy. *Explicat.*, nº 33).

suffisamment avertis qu'une transmission était effectuée, ou qu'il y avait une concession de démembrements ou de charges sur l'immeuble. Peu importe pour eux au profit de qui la mutation ou la concession ont eu lieu.

254. — Les irrégularités existant dans une transcription peuvent être rectifiées sans qu'il soit besoin d'un jugement préalable. La rectification se fait au moyen d'une nouvelle transcription portée sur le registre à la date courante.

255. — L'acquéreur a le droit de faire rectifier la transcription qui renfermerait des erreurs ou des omissions qui peuvent lui être préjudiciables, quand même elle aurait été effectuée à la requête du vendeur.

256. — Si l'irrégularité provient d'une inadvertance du conservateur, elle peut être rectifiée par lui d'office. Il aura le soin de relater l'ancienne transcription en marge de la transcription rectifiée et dans les états qu'il en délivrera.

257. — Il est certain que la rectification n'aura d'effets que pour l'avenir, et que les tiers qui contracteraient dans l'intervalle qui sépare la transcription irrégulière de la transcription rectifiée pourront se prévaloir, s'il y a lieu, de l'irrégularité et de l'inefficacité de la transcription, dans le cas où ils auraient fait transcrire leur acte avant que la rectification soit opérée.

258. — Du reste, les conservateurs, lorsque l'irrégularité provient de leur fait, sont responsables vis-à-vis des parties intéressées, qui peuvent les poursuivre conformément aux principes du droit commun, en réparation du préjudice qui leur est causé.

XXXVIII.

Doit-on faire mention des jugements dans les cas de révocation d'une donation pour cause d'inexécution des charges, de survenance d'enfant, ou d'ingratitude? Art. 4.

SOMMAIRE.

259. Le jugement est soumis à la mention dans le cas de révocation pour cause d'inexécution des charges.
260. *Secus* lorsque la donation est révoquée pour cause de survenance d'enfant. — Opinion contraire de M. Mourlon.
261. Application de l'art. 958 C. N. en cas de révocation pour cause d'ingratitude.

259. — L'inexécution des charges imposées au donataire produit des effets semblables à ceux de l'accomplissement d'une condition résolutoire. Le jugement de révocation n'est vraiment, dans ce cas, qu'un jugement qui prononce la résolution. Par suite, il se trouve soumis à la règle de l'art. 4 de la loi du 23 mars, qui prescrit la mention des jugements prononçant la résolution des actes transcrits. Le dernier paragraphe de l'art. 11 de cette loi n'est pas contraire à notre solution. Ce n'est que pour la transcription des actes de donation, pour la publicité à donner à ces actes, que la loi déclare qu'il n'est pas dérogé aux dispositions du Code Napoléon. Or, il ne s'agit pas ici de la publicité de la donation, mais de la publicité du jugement qui en prononce la résolution (voy., en ce sens, M. Mourlon, n° 363).

260. — Lorsque la donation est révoquée pour cause de survenance d'enfant, on pourrait être tenté de suivre

les mêmes règles et de décider que le jugement devra être mentionné. Il importe aux tiers d'être avertis du changement qui s'est opéré dans les droits du donataire par la survenance d'enfant au donateur. C'est, en effet, ce que décide M. Mourlon (*loc. cit.*). Cependant, il nous semble difficile de faire rentrer ce cas dans la disposition de l'art. 4 ; on ne peut pas dire que le jugement, dans l'espèce, *prononce la résolution* de la donation. Il constate seulement, pour me servir des expressions de Pothier, la cessation de l'aliénation que le donateur avait faite et qui ne devait durer que jusqu'au temps de la condition de la survenance d'enfant, sous laquelle elle avait été tacitement faite (Cout. d'Orl., *Introd. au titre des Fiefs,* n° 181).

M. Mourlon convient bien que le jugement ne résout pas la donation, qui est révoquée par le seul fait de la naissance de l'enfant. Cependant, dit-il, comme il constate la résolution de la donation, on peut, à ce titre, le ranger parmi les jugements de résolution. Mais, nous ne saurions trop le répéter, nous sommes ici dans une matière pénale, et toute interprétation extensive doit être interdite. Peu importe que le jugement constate la cessation de l'aliénation consentie par le donateur, selon les expressions de Pothier; dès qu'il ne s'agit pas d'un jugement *prononçant la résolution,* on ne se trouve plus dans les termes de la loi, et cela doit suffire pour que l'avoué ne soit pas passible de l'amende.

261. — Enfin, quand la révocation a lieu pour cause d'ingratitude, on doit rester sous l'empire de la disposition de l'art. 958 C. N., d'après laquelle les aliénations ou concessions de droits réels consenties par le donataire sont

maintenues ou annulées, suivant qu'elles sont antérieures ou postérieures à l'inscription de l'extrait de la demande en révocation en marge de la transcription. Aucune disposition de la loi nouvelle ne porte atteinte à ces principes du Code.

XXXIX.

Doit-on mentionner le jugement qui déclare l'usufruitier déchu de son droit par l'abus qu'il a fait de sa jouissance?

SOMMAIRE.

262. Le jugement qui déclare l'usufruitier déchu de son droit pour abus de jouissance n'est pas un jugement de résolution assujetti à la formalité de la mention.
263. Solutions de M. Mourlon.
264. Réponse à l'une de ces solutions.

262. — Quand un jugement prononce sur la cessation de l'usufruit par abus de jouissance de la part de l'usufruitier, ce n'est pas par suite de la réalisation d'une condition résolutoire tacite que l'usufruit est éteint. S'il en était ainsi, le jugement devrait être soumis à la mention prescrite par l'art. 4 de la loi du 23 mars. Mais il y a seulement *cessation* de l'usufruit, à titre de *peine* infligée à l'usufruitier en raison de sa faute. L'art. 618 C. N. ne dit pas, en effet, que l'usufruit peut être *résolu*, mais qu'il *cesse* par l'abus que l'usufruitier fait de sa jouissance. On ne se trouve donc plus dans les termes de l'art. 4, qui n'exige la mention que pour les jugements prononçant la résolution, nullité ou rescision des actes transcrits.

263. — M. Mourlon, qui examine cette question (n° 339),

hésite sur la solution que l'on doit donner, en exposant toutefois les deux décisions possibles. Peut-être, dit-il, pourra-t-on faire rentrer le jugement dans la première des hypothèses prévues et réglées par l'art. 4. Puis il ajoute : « L'usufruitier n'a, en effet, été investi de son droit qu'à la charge d'en jouir en bon père de famille ; et, lorsqu'un droit est constitué sous une certaine charge, il est tacitement entendu entre les parties que le droit transmis pourra être révoqué ou résolu si l'obligation qu'il entraîne reste inexécutée. Le jugement qui le déclare éteint pour cette cause est donc véritablement un jugement de résolution, auquel, par conséquent, doit s'appliquer la règle déposée dans l'article que j'ai cité. »

264. — L'obligation de ne pas commettre des dégradations sur le fonds grevé d'usufruit, ou de ne pas le laisser dépérir faute d'entretien, n'est pas, à notre avis, une de ces charges imposées dont on puisse dire que leur inexécution entraîne la résolution. Le jugement qui prononce sur la difficulté n'est donc pas un jugement de résolution. Le jugement prononce une *déchéance*, il ne prononce pas une *résolution*. M. Mourlon reconnaît lui-même que cette théorie vaut mieux.

Mais, si ces principes sont plus exacts, si notre manière de voir *répond très-exactement à la pensée de la loi*, comme le dit M. Mourlon, pourquoi n'admet-il pas, comme nous, que le jugement ne sera pas assujetti à la formalité de la mention? Ne s'agit-il pas d'une peine à appliquer?

XL.

Doit-on faire mention du jugement qui statue en faveur du mandant sur l'action en délaissement qu'il a intentée contre le mandataire qui a acheté en son nom l'immeuble dont il était chargé de faire l'acquisition?

SOMMAIRE.

265. Exposé de la question. — Objections.
266. Solution affirmative.

265. — Pierre avait donné à Paul une procuration à l'effet d'acheter un immeuble ; ce dernier, au lieu de faire l'acquisition pour son mandant, l'achète en *son propre nom* et fait transcrire l'acte de vente. — Pierre intente une action contre Paul, et un jugement ordonne la restitution de l'immeuble à Pierre. On peut se demander si, aux termes de l'art. 4 de la loi du 23 mars, il devra être fait mention de ce jugement. Pour la négative, on pourrait dire que le mandataire, ayant acheté un bien qu'il avait pouvoir d'acquérir pour un autre, a acquis pour ce dernier et en vertu du mandat qu'il en avait reçu : *Si quis mandatum habuit emendi domum, et eam postea simpliciter emat, censetur emisse secundum id mandatum, id est procuratorio nomine mandantis* (Tiraqueau, *Du Retrait conventionnel*, n° 115); d'où il résulte que l'action intentée par le mandant pour obtenir la restitution de l'immeuble est une action en délaissement, une véritable action en revendication; que, par conséquent, le jugement qui prononce sur cette action n'est pas soumis à la formalité de la mention.

266. — Néanmoins, nous pensons que l'affirmative est

mieux fondée. Quand un mandataire achète en son propre nom l'immeuble qu'il était chargé d'acheter pour un autre, il est vrai qu'il est tenu de le remettre au mandant. Nous reconnaissons même que la restitution qu'il en fait ne doit pas être considérée comme une mutation proprement dite. Mais la propriété a résidé un instant sur la tête du mandataire, et l'action que le mandant intente contre lui est une espèce d'action en résolution basée sur une cause ancienne et nécessaire. Telle était, du reste, l'opinion de Dumoulin : « *Ista non mutatio, est* RESOLUTIO *primæ ex causa antiqua et necessaria* (§ 33, gl. 2, n° 23). On se trouve donc dans les termes mêmes de l'art. 4, puisque, d'une part, l'acte a été transcrit, et que, d'une autre part, il s'agit d'un jugement prononçant une résolution. En outre, les motifs qui ont dicté l'art. 4 viennent à l'appui de cette solution ; en effet, il importe aux tiers qui pourraient être trompés par l'existence apparente d'un acte qui a été transcrit, d'être avertis du changement qui s'est opéré par suite du jugement qui a ordonné la restitution de l'immeuble au mandant.

XLI.

Les jugements qui statuent en faveur du demandeur sur une action en réduction d'une donation immobilière ou sur une action révocatoire, sont-ils soumis à la formalité de la mention?

SOMMAIRE.

267. Motifs qui auraient pu militer pour une disposition prescrivant la mention dans le cas de réduction.
268. Solution négative.
269. Motifs qu'on aurait pu invoquer pour exiger la mention dans le cas de l'action révocatoire.
270. Solution négative.

267. — L'action en réduction a pour effet de faire rentrer les immeubles donnés dans les mains de l'héritier réservataire. Les tiers auxquels le donataire aurait consenti des droits après le jugement de réduction les verront s'évanouir sur la demande du réservataire. Ils ont pu être trompés par l'existence d'un acte apparent qui a été transcrit ; il semble donc qu'il y aurait ici même raison d'ordonner la formalité de la mention que dans le cas de résolution, nullité ou rescision. C'est, selon nous, ce que le législateur aurait dû faire.

268. — Cependant, nous resterons encore ici fidèles aux principes d'interprétation qui nous ont guidés, et nous déciderons que le jugement de réduction ne doit pas être assujetti à la mention prescrite par l'art. 4. Autre chose est un jugement soit de résolution, soit de nullité ou rescision ; autre chose est un jugement de réduction. La réduction diffère de la résolution, nullité ou rescision dans sa cause et dans quelques-uns de ses effets importants. — La loi n'a pas soumis à la formalité de la mention les jugements prononçant la réduction ; cela nous suffit pour les en dispenser. Nous sommes, d'ailleurs, dans une matière pénale ; on ne peut raisonner ici par voie d'analogie.

269. — La nécessité de la mention du jugement qui, sur la demande des créanciers, fait rentrer dans le patrimoine d'un débiteur par suite de l'action révocatoire l'immeuble aliéné, semblerait résulter de cette considération, qu'il y a un acte apparent qui a été transcrit et qui se trouve anéanti. Les tiers, en traitant avec le possesseur dépossédé, sont donc exposés aux mêmes dangers que dans le cas d'un jugement de résolution ou de rescision. Quelques per-

sonnes ajouteront peut-être que, dans un sens large, l'action révocatoire n'est pas autre chose qu'une action en nullité ou rescision, puisqu'elle tend à faire annuler l'acte consenti par le débiteur en fraude des droits du créancier.

270. — Néanmoins, nous ne croyons pas que le jugement qui admet l'action révocatoire puisse être compris soit sous la dénomination de jugement prononçant la résolution, soit sous celle de jugement prononçant la rescision ou nullité. L'acte n'est ni résolu, ni rescindé ou annulé; il est révoqué. L'action en révocation diffère de l'action en nullité ou en rescision. — Dans cette dernière action, c'est la partie elle-même qui revient contre son propre fait et qui demande à être restituée contre son engagement : « Or, dit Proudhon, dans l'exercice de l'action Paulienne, les créanciers qui la proposent ne reviennent point contre leur propre fait, puisqu'ils sont, au contraire, des tiers agissant en révocation d'une aliénation qui leur est tellement étrangère, que, s'ils y avaient concouru, l'action qu'ils intentent serait absolument impuissante pour la combattre. Ils ne proposent pas de se faire relever de leur engagement, puisqu'ils n'en ont point contracté (*Usufruit*, nº 2403. — Paris, 11 juillet 1829; Sir.-Dev., *Collect. nouv.*, à sa date).

Les raisons d'interprétation rigoureuse qui nous ont fait décider que la mention n'était pas exigée pour les jugements prononçant la réduction d'une donation, se présentent donc ici avec la même force et nous portent à donner la même solution. Une décision différente ne pourrait être adoptée qu'autant que l'action révocatoire devrait être comprise sous la dénomination d'*action en nullité ou en rescision*.

XLII.

Quand un jugement prononçant la résolution, nullité ou rescision d'un acte transcrit a été cassé ou rétracté par suite d'une voie de recours extraordinaire, la décision qui le casse ou le rétracte doit-elle être mentionnée?

SOMMAIRE.

271. Exposé de la question.
272. Distinction faite par M. Mourlon.
273. La mention n'est exigée ni dans le cas de requête civile, ni dans celui de cassation. — Réfutation de l'opinion de M. Mourlon.
274. *Quid* lorsqu'un arrêt casse celui de la Cour d'appel qui a rejeté la demande en résolution, nullité ou rescision?

271. — Il peut se faire qu'un jugement qui prononce la résolution, la nullité ou la rescision d'un acte transcrit soit l'objet d'un recours en cassation ou attaqué par la voie de la requête civile, et soit cassé ou rétracté; et on s'est demandé si l'on devrait alors faire mention de l'arrêt de cassation ou du jugement de rétractation, de même qu'on avait mentionné le jugement de résolution, nullité ou rescision.

272. — M. Mourlon, dans son *Appendice sur la Transcription hypothécaire* (n° 366), distingue entre le cas où le jugement est cassé et celui où il a été attaqué par la voie de requête civile. Dans le premier cas, il n'exige pas la mention; il décide, au contraire, que la formalité doit être remplie dans le second.

M. Mourlon a pensé que, dans les deux cas, il serait aussi rationel de porter à la connaissance des tiers l'arrêt de cassation ou le jugement de rétractation que le jugement prononçant la résolution, nullité ou rescision. En effet, les tiers, par suite de la mention de ce dernier jugement, ont vu que la propriété avait changé de main; et, s'il est cassé ou rétracté, les choses étant remises dans le même état qu'auparavant, le législateur aurait pu, aurait peut-être même dû les prévenir de ce nouvel état de choses.

Dominé par cette idée, M. Mourlon n'exige pas, dans le cas de cassation, la formalité de la mention, par ce motif seul que c'est l'avoué qui est chargé de remplir cette formalité, et qu'il n'y a pas d'avoués devant la Cour de cassation. Il y a bien des avocats; mais, en cas d'omission, la loi prononce une amende de 100 fr. Or, dit-il, on ne peut pas l'appliquer, par analogie, d'une personne à une autre.

Dans le cas de requête civile, au contraire, il y a un avoué; par suite, rien ne s'oppose à ce que le jugement de rétractation soit mentionné.

273. — Nous pensons, nous, que la mention n'est pas plus exigée dans le cas de requête civile que dans celui de cassation, et que la distinction faite par M. Mourlon est tout-à-fait arbitraire.

L'art. 4 de la loi du 23 mars exige la mention des jugements prononçant la résolution, nullité ou rescision d'un acte transcrit. Or, dans l'espèce, il s'agit, au contraire, d'un arrêt ou d'un jugement cassant ou rétractant un jugement de cette nature. On ne se trouve donc en aucune manière dans les termes et les prévisions de la loi. Mais, dit M. Mourlon, quand il s'agit de la requête civile, le jugement de rétractation annule un jugement qu'on peut considérer comme transcrit, puisqu'il est mentionné en marge d'un acte qui est transcrit; il existe un avoué pour le rendre public; « nous sommes donc, mot pour mot, dans les termes de notre article. » Comment, mot pour mot! L'art. 4 parle d'un jugement prononçant la résolution, la nullité ou rescision d'un acte transcrit. Dans l'hypothèse, il s'agit d'un jugement rétractant celui qui a prononcé la résolution, nullité ou rescision. L'art. 4 parle de la résolution, nullité ou rescision d'un *acte*. Il s'agit au contraire, ici, de la rescision d'un *jugement*. L'art. 4 parle d'un acte *transcrit*; l'espèce a trait à un jugement *mentionné*. Est-il permis de dire qu'on est dans les termes mêmes de cette disposition? Il est vrai que M. Mourlon élude la dernière différence que nous venons de signaler, en disant qu'on peut considérer le jugement rétracté comme transcrit, puisqu'il est mentionné en marge d'un acte qui est lui-même transcrit...

Voilà à quelles conséquences on peut être conduit quand on veut combler les lacunes de la loi.

Notons bien, d'ailleurs, que la question a pour résultat principal de savoir si l'amende de 100 fr. sera appliquée à l'officier ministériel en cas d'inaccomplissement de la formalité. Or, cette matière doit recevoir une interprétation restrictive, soit parce qu'il s'agit de l'observation d'une formalité, et qu'en fait de formalités tout est de rigueur, soit parce qu'on ne peut pas appliquer une peine par voie d'analogie.

Si M. Mourlon s'était rappelé la marche que le législateur a suivie, s'il s'était rappelé les nombreux faits ou événements que le législateur, dans son système de transaction, n'a pas cru devoir soumettre au principe de la publicité, il se serait borné à adresser quelques reproches à la loi, sans chercher à faire jaillir de son texte des solutions impossibles.

En adoptant l'opinion de M. Mourlon, non-seulement on ne peut pas entièrement sauver la loi du reproche d'imprévoyance, mais elle serait de plus inconséquente; car, comment comprendre qu'elle ait exigé la formalité de la mention dans le cas de requête civile, et que ses prescriptions n'aient pas été les mêmes pour l'arrêt de cassation? Est-ce que la situation n'est pas identique? Qu'il n'y ait devant la Cour de cassation que des avocats qui, du reste, ont souvent les attributions des avoués, peu importait au législateur. Ce n'est pas ce qui l'eût arrêté s'il avait porté plus loin sa prévoyance.

274. — Si un arrêt de la Cour suprême cassait celui de Cour d'appel qui aurait rejeté la demande en résolution, nullité ou rescision, ce ne serait pas la décision de la Cour de cassation qui devrait être mentionnée, mais bien l'arrêt de la Cour de renvoi qui jugerait conformément au principe posé par la Cour régulatrice.

XLIII.

Quelles sont les personnes qui sont chargées ou qui ont le droit de faire opérer la formalité de la mention prescrite par l'art. 4 de la loi du 23 mars? — Aux frais de qui la mention doit-elle être faite?

SOMMAIRE.

275. Disposition du 2e alinéa de l'art. 4 de la loi du 23 mars.
276. Lorsque le jugement qui a rejeté la demande en résolution, nullité ou rescision est infirmé, ou lorsque celui qui l'a admise est confirmé, on doit mentionner l'arrêt.

277. Dans le premier cas c'est l'avoué de la Cour qui doit faire remplir la formalité.
278. *Quid* dans le second cas? — Opinion de M. Mourlon. — Opinion des auteurs de l'*Explication*.
279. Réfutation de l'opinion de M. Mourlon.
280. La partie n'est pas obligée de faire opérer la formalité. — Peut-elle la requérir? — Opinion de M. Mourlon. — Réfutation.
281. L'accomplissement de la formalité sur la réquisition de la partie ne ferait pas excuser l'avoué.
282. *Quid* si l'avoué décède dans le mois?
283. *Quid* s'il est destitué?
284. *Quid* si l'avoué a reçu un successeur par suite de la cession de son office?
285. A la charge de qui sont les frais de mention? — Opinion des auteurs de l'*Explication*.

275. — La loi dit formellement que c'est l'avoué qui a obtenu le jugement qui doit, sous peine de 100 francs d'amende, faire opérer la mention prescrite par le premier alinéa de l'art. 4, en remettant un bordereau rédigé et signé par lui au conservateur (art. 4, 2e alinéa).

276. — Mais on s'est demandé ce que l'on devrait décider, soit dans le cas où le jugement qui aurait rejeté la demande en résolution, nullité ou rescision serait infirmé par la Cour, soit dans celui où le jugement qui aurait prononcé la résolution, nullité ou rescision serait frappé d'appel et confirmé. — On est d'accord que, dans ces deux hypothèses, c'est l'arrêt, et non pas le jugement, qui doit être mentionné (*Explicat.*, n° 73 ; — Mourlon, n° 368 *bis*).

277. — On décide que, dans l'hypothèse où le jugement qui rejette la demande en résolution, nullité ou rescision est infirmé, c'est l'avoué de la Cour ayant obtenu l'arrêt qui doit faire opérer la formalité (*Explicat.*, ibid. — Mourlon, *ibid.*).

278. — Mais, dans le cas d'un arrêt confirmatif, M. Mourlon pense que c'est l'avoué de première instance qui est tenu de faire mentionner l'arrêt, et, pour le décider ainsi, il argumente de l'art. 472 C. proc., qui porte que, si le jugement est confirmé, l'exécution appartient au Tribunal dont est appel (*loc. cit.*). Les auteurs de l'*Explication*, au contraire, pensent que c'est l'avoué de la Cour qui, dans ce dernier cas, aussi bien que dans le premier, est chargé du soin de faire opérer la formalité (*loc. cit.*).

279. — Nous adoptons cette dernière solution. C'est celle qui s'accorde le mieux avec les termes de la loi qui imposent l'obligation de faire opérer la mention à l'avoué qui a obtenu le jugement. C'est aussi cette solution qui assurera le mieux l'exécution ponctuelle des prescriptions du législateur, car l'avoué d'instance est le plus souvent éloigné du lieu où siége la Cour; il n'est pas toujours averti dans un bref délai, par son correspondant, de la décision rendue par les juges de second degré. D'ailleurs, l'analogie que M. Mourlon prétend exister entre notre hypothèse et la disposition de l'art. 472 C. proc. ne nous paraît pas parfaitement exacte. Quel rapport y a-t-il, en effet, entre la connaissance attribuée à un Tribunal des difficultés qui peuvent surgir de l'exécution d'un jugement et l'accomplissement d'une formalité qui n'est pas même un acte d'exécution, et dont l'obligation est imposée à un officier ministériel? S'il y avait entre notre espèce et l'hypothèse prévue par l'art. 472 C. proc. l'analogie que M. Mourlon y voit, pourquoi ne pas appliquer la disposition de cet article dans toute sa teneur, lorsque le jugement sera infirmé,

et ne pas décider que, selon les cas, ce sera l'avoué de la Cour ou celui de première instance qui sera chargé de faire opérer la mention, selon que l'arrêt de la Cour décidera que l'exécution lui appartient ou est attribuée à tel Tribunal qui sera désigné ? Toutes ces distinctions, faites par l'art. 472 C. proc., ne seraient-elles pas arbitraires pour la solution de la question qui nous occupe?

280. — C'est l'avoué lui-même qui est tenu de faire opérer la formalité, et, bien que ce ne soit pas un acte de l'instance, ce n'est qu'en sa qualité d'avoué qu'il peut signer le bordereau qui doit être remis au conservateur. La partie n'a pas été chargée de ce soin; elle n'y est pas obligée.

M. Mourlon pense qu'elle pourrait requérir elle-même la mention (n° 367). Mais la loi exige que le bordereau qui est remis au conservateur soit rédigé et signé par l'avoué. Or, le conservateur, selon nous, pourrait très-bien refuser d'accepter un bordereau qui serait signé par la partie. C'est dans l'intérêt des tiers et dans le but de leur faire connaître le changement qui s'est opéré, par suite du jugement, dans les droits des parties, que la loi a chargé l'officier ministériel du soin de rédiger lui-même le bordereau; il pourrait bien se faire que toutes les énonciations que doit renfermer cet acte ne fussent pas aussi complètes s'il était rédigé par la partie elle-même. Et qu'on n'argumente pas du principe que toute personne peut requérir la transcription : car, dans le cas de transcription d'un acte, il suffit de présenter l'acte lui-même à la formalité; les mêmes inconvénients ne sont pas à craindre.

281. — Mais, enfin, supposons que le conservateur

consente à remplir la formalité sur la remise d'un bordereau rédigé et signé par la partie ou par un tiers, est-ce que l'accomplissement de la formalité aura pour effet d'exonérer de l'amende l'officier ministériel qui a laissé expirer le délai imparti sans remettre lui-même le bordereau? Puisque la formalité est remplie, dira-t-on peut-être, il n'y a plus de préjudice possible pour les tiers, et l'accomplissement de la formalité sur la réquisition de l'avoué étant une superfétation, il serait rigoureux de le condamner pour n'avoir pas fait opérer une mention qui n'avait plus aucune utilité. Nous n'admettons pas ce raisonnement : La loi impose à l'avoué, sous peine d'amende, l'obligation de faire remplir la formalité; dès qu'il a laissé passer le délai sans la requérir, il est en faute et doit être condamné.

282. — De ce qui précède il résulte que si l'avoué décède dans le mois accordé pour faire opérer la mention, il y aura impossibilité que la formalité soit remplie; ses héritiers, en effet, n'ont aucune qualité pour la requérir et la faire opérer. Il est même certain que le successeur de l'avoué, lors même qu'il serait nommé dans le mois, ne serait pas obligé. Il s'agit d'une prescription dont l'inobservation entraîne une peine, et il est impossible qu'une obligation de cette nature soit, à défaut d'un texte formel, transmise d'une personne à une autre (Mourlon, n° 368). Si cependant le successeur remettait au conservateur un bordereau rédigé et signé par lui, quoiqu'il ne soit pas l'avoué qui a obtenu le jugement, le conservateur ne devrait pas se refuser à l'accomplissement de la formalité.

283. — L'impossibilité que nous avons signalée plus haut se rencontrera dans le cas de destitution de l'avoué. La loi restera donc encore inexécutée (Mourlon, *loc. cit.*).

284. — Si l'avoué a reçu un successeur par suite de la cession de sa charge, nous pensons, comme M. Mourlon (*loc. cit.*), qu'il serait, dans ce cas, passible de l'amende, en cas d'inexécution de la formalité. Il devait, en effet, la requérir avant de se démettre de ses fonctions. Il n'y avait pas impossibilité, comme dans les hypothèses précédentes, de la faire opérer.

285. — La loi ne s'est point expliquée sur le point de savoir à la charge de qui seraient les frais de mention. Une disposition à cet égard était cependant d'autant plus nécessaire, que la formalité n'est prescrite ni dans l'intérêt du demandeur, ni dans l'intérêt du défendeur, mais bien dans celui des tiers. Les auteurs de l'*Explication*, qui ont prévu la question, décident que les frais de mention doivent être supportés par la partie condamnée aux dépens; c'est, disent-ils, une conséquence du jugement qui prononce la résolution, nullité ou rescision; cependant, ils donnent le conseil, afin d'éviter toute difficulté ultérieure, de demander, dans la partie des conclusions ayant trait aux dépens, que le défendeur soit condamné aux frais de la mention (n° 74). Nous adoptons entièrement cette solution.

Le défendeur serait d'autant moins recevable à contredire les conclusions du demandeur, que c'est par suite de son propre fait que le jugement qui donne lieu à la formalité est rendu.

XLIV.

Quand un jugement prononçant la résolution, nullité ou rescision a-t-il acquis l'autorité de la chose jugée dans le sens de l'art. 4 de la loi du 23 mars?

SOMMAIRE.

286. Doutes possibles sur le sens des mots : *Jugement ayant acquis l'autorité de la chose jugée.*
287. Interprétation des auteurs de l'*Explication.*
288. Opinion de certains jurisconsultes sur la chose jugée.
289. Arguments invoqués par M. Marcadé.
290. Premier argument de l'auteur précité.
291. Réfutation.
292. Deuxième argument de M. Marcadé.
293. Réfutation.
294. Troisième argument de M. Marcadé.
295. Réfutation.
296. Suite.
297. Suite.
298. Observations sur une inexactitude des jurisconsultes romains.
299. Résumé et solution de la question.
300. Observations diverses de M. Mourlon.
301. Suite. — Dissentiment.

286. — Les jugements prononçant la résolution, nullité ou rescision d'un acte transcrit doivent être mentionnés dans le mois à dater du jour où *ils ont acquis l'autorité de la chose jugée* (art. 4 L. 23 mars 1855). Mais ces dernières expressions pourront bien ne pas offrir à tout le monde le même sens.

287. — Selon les auteurs de l'*Explication de la loi du 23 mars sur la Transcription :* « Le législateur a entendu par jugement ayant acquis l'autorité de la chose jugée, soit le jugement contradictoire contre lequel l'appel n'é-

tait pas possible, soit celui qui est passé en force de chose jugée parce qu'il n'y a pas eu d'appel interjeté dans les délais, soit, enfin, le jugement en premier ressort auquel on a acquiescé. » Ils auraient pu ajouter le jugement en dernier ressort et par défaut, qui n'est plus susceptible d'opposition.

288. — Quelques jurisconsultes, cependant, pensent qu'un jugement de premier ressort, tant qu'il n'est pas frappé d'appel, et un jugement par défaut, tant qu'il n'y a pas d'opposition, ont l'autorité de la chose jugée.

289. — Ce système est enseigné par M. Marcadé (comm. art. 1351, n° 1). M. Marcadé fait, en faveur de cette thèse, appel à la raison, aux textes et à l'autorité de Pothier.

290. — Voici son premier argument, celui qui est basé sur la raison : « Dire qu'il n'y a pas chose jugée sur un point, c'est dire que sur ce point il n'existe pas de jugement; or, il est clair qu'un jugement qui est seulement *attaquable* par l'appel ou l'opposition, et qui n'est pas *attaqué*, est bien un jugement. Sans doute, une fois l'appel interjeté, il sera vrai de dire qu'il n'y a plus jugement, puisque par l'appel tout sera remis en question; mais, tant que cet appel, quoique possible, n'existe pas, il est évident que le point décidé par le jugement, n'étant pas remis en question, est bien une chose jugée quant à présent... »

291. — Ce premier argument repose sur une confusion faite par M. Marcadé, qui pense que le jugement et la chose jugée sont une seule et même chose. Il n'en est point ainsi : le *jugement,* c'est ce qu'on appelait autrefois

sententia, c'est-à-dire la décision intervenue sur la difficulté existant entre les parties; tandis que la *chose jugée* était appelée *res judicata*, c'est l'effet du jugement. Cette distinction a été faite depuis longtemps : *Sententia et res judicata differunt tanquam causa et effectus* (*Instit. juris canonici*, tit. 14). Or, si cette proposition est exacte, on peut très-bien dire que la chose jugée n'existe pas, sans pour cela nier le jugement. Sans doute, l'argument de raison serait inattaquable, formulé comme il l'est par M. Marcadé, et, en admettant que le jugement et la chose jugée sont *unum et idem*. Il nous suffit d'avoir indiqué par où il péchait, pour pouvoir passer à ce que l'auteur appelle l'argument de textes.

292. — La disposition invoquée n'est pas un texte en vigueur, mais une loi ancienne. Il s'agit de l'art. 5 du titre 27 de l'ordonnance de 1667. Quant aux textes qui ont force de loi aujourd'hui, M. Marcadé n'en pouvait invoquer, car ils gardent un silence absolu sur la question.

Voici quelle était la disposition de l'art. 5 du titre 27 de l'ordonnance : « Les sentences et jugements qui doivent passer en force de chose jugée sont ceux rendus en dernier ressort et *dont il n'y a appel*, ou dont l'appel n'est pas recevable, soit que les parties y eussent formellement acquiescé, ou qu'elles n'en eussent interjeté appel dans le temps, ou que l'appel ait été déclaré péry. »

M. Marcadé se prévaut de ces termes de l'ordonnance : *et dont il n'y a appel*. L'ordonnance, dit-il, met sur la même ligne les jugements « rendus en dernier ressort » et ceux « *dont il n'y a appel*, ou dont l'appel est non recevable. » L'auteur ne conclut pas, mais sa conclusion est évidente; la voici : Donc, puisque les jugements rendus en dernier ressort et ceux dont l'appel est non recevable ont l'autorité de la chose jugée, il en doit être de même des jugements dont il n'y a appel.

293. — En présence d'un texte rédigé d'une manière si incorrecte, on pourrait bien déjà se demander si le législateur de 1667 n'a pas simplement voulu parler d'un jugement dont il n'y a pas d'appel, non parce qu'il n'y a pas encore d'appel interjeté, mais parce que la partie qui avait le droit de le former n'a pas eu la volonté d'appeler et a acquiescé.

En admettant même l'interprétation de M. Marcadé, nous soutenons que sa conclusion est encore fautive; en voici la raison : l'art. 5 de l'ordonnance sur lequel nous discutons est placé sous la rubrique non pas du titre 18, comme l'indique M. Marcadé, par suite d'une erreur typographique, mais sous celle du titre 27, intitulé : *De l'exécution des jugements;* or, ce point est important à remarquer; car, en admettant avec M. Marcadé que l'art. 5 a voulu parler des jugements susceptibles d'appel, mais contre lesquels on ne s'est pas encore pourvu, et en concédant que l'ordonnance met ces jugements sur la même ligne que ceux rendus en dernier ressort ou dont l'appel n'est plus recevable, il en résulte bien que les jugements dont il n'y a appel sont mis sur la même ligne ; mais relativement à quoi? à l'autorité de la chose jugée? nullement; à l'exécution du jugement? cela ne fait aucun doute, ainsi que le démontrent et la rubrique sous laquelle cet article se trouve et la place qu'il occupe au milieu d'autres dispositions qui, toutes, n'ont trait qu'à l'exécution (voy. art. 1 à 4 et l'art. 6). Cet article 5 dit donc, pour le jugement dont il n'y a appel, qu'il aura la même puissance que les jugements en dernier ressort, ou dont l'appel n'est plus recevable ; mais seulement *secundum subjectam materiam*, c'est-à-dire quant à l'exécution.

294.—Nous sommes ainsi conduits au troisième argument, que M. Marcadé tire de l'autorité de Pothier.

Pothier, après avoir cité le texte de l'art. 5 de l'ordonnance, traite séparément des trois cas que cette disposition prévoit, et, sur le premier cas, qu'il intitule : *Des Jugements rendus en dernier ressort et de ceux dont il n'y a pas d'appel*, voici comment il s'exprime : « L'ordonnance unit dans cet article aux jugements en dernier ressort ceux dont il n'y a pas encore d'appel interjeté, parce que, tant qu'il n'y a pas encore d'appel, ils ont, de même que ceux rendus en dernier ressort, une *espèce d'autorité de chose jugée*, qui donne à la partie en faveur de qui ils ont été rendus *le droit d'en poursuivre l'exécution*, et forme une espèce de présomption *juris et de jure* qui exclut la partie au préjudice de laquelle ils ont été rendus de pouvoir rien proposer contre, tant qu'il n'y a pas d'appel interjeté; mais cette autorité et la présomption qui en résulte ne sont que momentanées, et sont détruites aussitôt qu'il y a un appel interjeté. »

295. — On le voit, Pothier n'attribue pas aux jugements qui ne sont pas encore frappés d'appel cette *autorité de chose jugée stable et perpétuelle* qu'il accorde aux jugements en dernier ressort, mais une *espèce* d'autorité de chose jugée, et pour en tirer la conséquence que la partie qui a triomphé aura le droit *d'en poursuivre l'exécu-*

cution. C'est bien là l'hypothèse qu'il prévoit. Pothier interprétait donc l'ordonnance comme nous l'avons interprétée.

296. — Ces principes, d'ailleurs, étaient admis sans contestation par les auteurs qui écrivaient sous l'empire de l'ordonnance de 1667. Voici comment de Ferrière définissait la chose jugée : « Choses jugées sont celles qui ont été décidées par des jugements rendus en dernier ressort, ou par des sentences dont il n'y a point EU d'appel, ou dont l'appel n'est pas recevable..... » (*Dictionnaire de droit*, v^is CHOSES JUGÉES.)

297. — Jusqu'à présent, nous n'avons parlé que des jugements dont il n'y a pas encore d'appel. Quant à ceux contre lesquels il n'y a pas d'opposition, le texte de l'ordonnance fait défaut au système que nous discutons ; car l'ordonnance est muette sur l'opposition. Si nous avons détruit l'argument de raison, il ne resterait plus que celui que M. Marcadé emprunte à Pothier. Mais cet auteur, dans le numéro qui suit le passage que nous avons cité plus haut, parle seulement de ce cas pour nous dire : « Ce n'est qu'après que la partie défaillante a laissé passer la huitaine sans former opposition que les jugements rendus par défaut acquièrent une autorité de chose jugée stable et perpétuelle, » comme celle des jugements dont l'appel n'est plus recevable.

298. — Ce qui est assez remarquable, c'est qu'une inexactitude à peu près semblable à celle que nous nous efforçons de combattre, mais dont les conséquences étaient moins graves, avait été commise par les jurisconsultes romains. Et que l'on ne croie pas que ce soit là un argu-

ment en faveur de la thèse opposée. Bien que les principes de l'autorité de la chose jugée soient en grande partie puisés dans la législation romaine, il faut en cette matière, comme dans bien d'autres, suivre la filière de l'institution et tenir compte de divers éléments qui n'ont pas été sans influence sur ses destinées.

On le sait, l'appel était inconnu à Rome sous la République, de sorte que tout jugement obtenait immédiatement l'autorité de la chose jugée et produisait l'exception *rei judicatæ*. Puis, quand les voies de recours furent organisées, on se servit toujours des mots *res judicata* en parlant des jugements contre lesquels l'appel était recevable et même formé. Ainsi, dit M. de Savigny, à qui nous empruntons cette observation, l'expression de *exceptio rei judicatæ* n'était plus bien choisie, car elle prêtait à la supposition erronée que l'exception pouvait être basée sur un jugement dépourvu de l'autorité de la chose jugée ou même réformé par un juge supérieur. Néanmoins, personne ne s'y trompait, et le danger d'une erreur avait peu d'importance pratique, car, dans tous les cas de ce genre, il y avait déjà une *exceptio rei in judicium deductæ*, produisant à peu près les mêmes effets que l'*exceptio rei judicatæ*.

Du reste, l'inexactitude des jurisconsultes romains avait été réparée longtemps avant l'ordonnance de 1667 et avant Pothier par le droit canonique (voy. C. 13, 15, X, *De sentent.*, II, 27, cité par M. de Savigny).

299. — En résumé, un jugement a l'autorité de la chose jugée dès qu'il n'est pas ou n'est plus susceptible des voies de recours ordinaires. Il ne peut avoir cette autorité lorsqu'il peut être paralysé sur la demande de la

partie qui forme un appel ou une opposition. Cette doctrine est admise par la généralité des auteurs. C'est celle qui était adoptée dans notre ancienne jurisprudence. C'est le sens que les législateurs modernes ont attaché aux mots *chose jugée*. C'est aussi ce principe, reconnu par la pratique judiciaire, que les rédacteurs de la loi du 23 mars ont consacré.

300. — Nous ne comprenons donc pas les perplexités de M. Mourlon au sujet de la question qui nous occupe (voy. n° 365) : « Et d'abord, dit-il, quel est, au juste, ce jour à partir duquel le jugement *a acquis l'autorité de la chose jugée?* La loi eût bien fait de s'expliquer à cet égard. » Puis l'auteur semble adopter d'abord l'opinion de M. Marcadé, que nous avons réfutée. « On n'a pas pris garde, ajoute-t-il, que si la chose jugée est susceptible de degrés quant à la force qu'elle peut avoir dans l'avenir, elle existe néanmoins dès là que la sentence est rendue. » Nous avons démontré ci-dessus que cette opinion n'est pas admissible.

Se plaçant ensuite à un autre point de vue, à celui de la force exécutoire des jugements, M. Mourlon voit des difficultés qui lui paraissent insolubles; il craint que la pensée de la loi resté à jamais impénétrable. Cependant il finit par énoncer la solution que nous avons donnée nous-mêmes plus haut.

301. — Mais la pensée du législateur a été celle-ci : Quand un changement se sera opéré dans les droits des parties par suite d'un jugement de résolution, nullité ou rescision, il faudra en avertir les tiers qui pourraient traiter avec celui qui sera dépouillé de ses droits. Or, la né-

cessité de les prévenir n'existera, évidemment, que lorsque ce dépouillement sera irrévocable, et il devra être considéré comme tel, lorsque le jugement aura acquis cette autorité stable et perpétuelle qui résulte de la chose jugée seule. Dès lors, à quoi bon s'occuper, comme le fait M. Mourlon, des différents délais à partir desquels un jugement peut conférer à la partie qui l'a obtenu le droit de le faire exécuter? Est-ce qu'il s'agit d'ailleurs d'un acte d'exécution? Disons-le donc, les termes dont le législateur s'est servi n'ont pas l'amphibologie que leur prête M. Mourlon, et, si l'on se rappelle le sens que les mots *chose jugée* ont toujours reçu et la pensée qui a dicté l'art. 4, tout s'explique sans efforts et naturellement.

XLV.

Quelles sont les conséquences du défaut de mention prescrite par l'art. 4 de la loi du 23 mars (1)?

SOMMAIRE.

302. Opinion des auteurs de l'*Explication*.
303. Opinion contraire de M. Duvergier.
304. Résumé des opinions précédentes.
305. Réfutation de l'opinion de M. Duvergier.
306. Suite.
307. Suite.
308. Suite. — Passage de l'Exposé des motifs.
309. Suite. — Arrêt de la Cour de cassation du 26 août 1839.
310. L'avoué est-il responsable vis-à-vis des tiers du défaut de mention? — Solution négative.

302. — D'après la doctrine qui a été enseignée par les auteurs de l'*Explication* (n°s 69 et 70), le défaut de men-

(1) Cette question est extraite du tome VI, p. 524, de la *Revue critique de Législation*, dans laquelle l'un de nous l'a publiée.

tion n'est pas opposable au bénéficiaire du jugement. L'avoué qui a omis de remplir cette formalité est seulement passible d'une amende de 100 fr., suivant le second alinéa de l'art. 4 de la loi du 23 mars, sans être exposé à aucun recours en dommages-intérêts de la part des tiers qui auraient de bonne foi contracté avec le propriétaire dépossédé, après le mois à dater du jour où le jugement prononçant la résolution, nullité ou rescision a acquis l'autorité de la chose jugée.

303. — Depuis la publication de l'*Explication*, M. Duvergier a émis, dans ses annotations, une opinion diamétralement opposée; et, tout en déclarant qu'il lui reste beaucoup de doutes, voici comment ce savant auteur s'exprime : « Qu'on ait substitué une simple mention à la transcription, très-bien; mais que celui qui a négligé de faire faire la mention soit à l'abri de toute inquiétude et qu'il puisse exercer les droits résultant du jugement contre les tiers de bonne foi qui ont traité dans l'ignorance de ces droits, c'est ce qui ne se comprend pas et ce qui n'est pas, certainement, en harmonie avec l'esprit général de la loi nouvelle. La raison donnée par M. le rapporteur, que les jugements dont parle l'article ne sont pas translatifs de propriété, est inexacte en droit et indifférente en fait. Certainement, le vendeur qui fait résoudre la vente pour défaut de paiement du prix acquiert la propriété qu'il avait transmise à l'acheteur et qui a temporairement résidé dans la main de celui-ci. La vente n'est pas nulle *ab initio;* le jugement est donc réellement translatif de propriété. D'ailleurs, qu'importe qu'il y ait ou non transmission de propriété? La loi nouvelle a voulu donner, autant que possible,

de la publicité à tous les actes, à tous les événements que les tiers ont intérêt à connaître, lorsqu'il s'agit pour eux d'acquérir un immeuble ou des droits réels sur cet immeuble. Si, après une vente transcrite et qui a transmis la propriété à l'acheteur, les tiers à qui cet acheteur présente cet immeuble comme le sien, soit pour le leur revendre, soit pour le leur hypothéquer, ne sont pas avertis qu'un jugement a résolu la vente, ils pourront être trompés de la manière la plus grave. Je pense donc que le défaut de mention peut être opposé par les tiers. Sans doute il y a une sanction dans la peine prononcée contre l'officier ministériel; mais l'amende de 100 fr. n'empêchera pas que les tiers ne soient lésés. Ils auront peut-être même une action en dommages-intérêts contre l'avoué; mais cette action peut être illusoire. Dans tous les cas, il me semble plus conforme à la pensée qui a présidé à toute la loi de faire de la mention du jugement une nécessité à l'égard des tiers, sauf à laisser se débattre entre l'avoué et celui pour qui il a occupé la question de responsabilité pour défaut de mention » (*Collect. compl. des Lois*, etc., année 1855, 3e cahier, p. 67).

304. — Ainsi, les auteurs de l'*Explication* soutiennent que le bénéficiaire doit être réintégré, quoique la mention du jugement n'ait pas été faite dans le délai fixé par la loi, et qu'il doit l'être au préjudice des tiers à qui l'acquéreur a concédé des droits après ce délai. M. Duvergier décide, au contraire, que ces tiers pourront se prévaloir du défaut de mention pour conserver leurs droits. — Ils n'accordent aucun recours contre l'avoué aux tiers lésés; l'auteur avec lequel ils sont en dissentiment rend cet offi-

cier ministériel passible de dommages-intérêts au profit du bénéficiaire, son client, qui se trouve privé des avantages du jugement par suite de l'interprétation qu'il donne de la loi.

Il est très-important, soit au point de vue de l'intérêt des tiers ou du bénéficiaire du jugement, soit au point de vue de la responsabilité des avoués, de savoir quelles sont les solutions qui doivent être préférées. Voyons donc quels sont les principaux motifs qui militent en faveur de l'opinion des auteurs de l'*Explication*.

305. — Les rédacteurs de la loi du 23 mars 1855 auraient pu, jusqu'à un certain point, consacrer par leurs dispositions le système adopté par M. Duvergier. Il semble, en effet, au premier aperçu, qu'il soit une conséquence du principe de publicité qui plane au-dessus de plusieurs règles de cette loi. Mais, à côté de l'intérêt des tiers, les législateurs ont rencontré des droits qu'ils n'ont pas voulu sacrifier. Ils ont vu que celui qui obtient le jugement de résolution, nullité ou rescision avait un droit préexistant, que ce jugement se bornait à déclarer ou reconnaître. Ils ont pensé qu'il n'y avait pas, dans l'espèce, une mutation à proprement parler, et cela seul a suffi non-seulement pour ne pas exiger la transcription comme formalité, mais encore pour n'apporter au défaut de mention d'autre sanction que l'amende de 100 fr. contre l'officier ministériel.

306. — Le texte de l'art. 4 de la loi démontre bien par son silence que telle a été la volonté du législateur. Après avoir ordonné dans le premier alinéa la formalité de la mention, le second alinéa prononce seulement l'amende contre l'avoué qui ne l'a pas fait opérer. Mais là se bor-

nent les prescriptions de cet article. La loi n'ajoute pas, par une disposition semblable à celle qui existe au sujet de la transcription, que les tiers qui ont obtenu des droits les auront acquis irrévocablement lorsqu'ils auront traité après le délai prescrit pour opérer la mention.

307. — Afin de changer le droit existant sur plusieurs autres points, il a fallu des dispositions précises et formelles dans la loi nouvelle. Or, pour modifier d'une manière aussi profonde les principes sur les droits de résolution, nullité ou rescision, un texte non moins précis, non moins formel, était nécessaire, indispensable. Nous le cherchons en vain dans tous les articles de la loi du 23 mars. Il ne suffit pas, pour établir une règle si contraire au droit antérieur, de dire que la loi nouvelle a voulu donner, autant que possible, de la publicité à tous les actes, à tous les événements que les tiers ont intérêt à connaître lorsqu'ils veulent acquérir un immeuble ou des droits réels sur cet immeuble. Combien d'actes ou d'événements le législateur de 1855 n'a-t-il pas laissés en dehors de la publicité, précisément parce qu'il ne voulait pas porter atteinte à des principes du Code Napoléon qu'il lui paraissait utile de respecter. Eh bien! celui qui concerne l'effet des droits de résolution, nullité ou rescision est de ce nombre. Le texte seul de l'art. 4 en est une preuve certaine.

308. — Si la disposition littérale de cet article ne suffisait pas pour déterminer une entière conviction, que l'on veuille bien se reporter aux sources mêmes de la loi, et nous sommes persuadés que le plus léger doute devra disparaître. On lit, en effet, ce qui suit dans l'Exposé des motifs sur l'art. 4 : « La mesure imposée par cet article

est un avertissement utile à donner aux tiers que la transcription d'un acte pourrait tromper sur son existence apparente. Cependant, comme AUCUN PÉRIL NE MENACE LE BÉNÉFICIAIRE DU JUGEMENT, il fallait assurer l'exécution de la mesure par une pénalité contre l'officier ministériel qui négligerait de donner cette publicité. »

On le voit, que la mention soit ou non faite, que la publicité prescrite dans l'intérêt des tiers ait ou non été donnée, *aucun danger n'existe pour celui qui a obtenu le jugement prononçant la résolution, nullité ou rescision.* Il conserve dans toute hypothèse les avantages du jugement et le droit d'agir contre les tiers détenteurs ou autres, en vertu du principe : *Resoluto jure dantis, resolvitur jus accipientis.* Ce droit, il l'avait avant le jugement, et les rédacteurs de la loi nouvelle ont pensé qu'il ne devait pas lui être ravi après le jugement rendu.

Dès que le bénéficiaire n'a rien à craindre, dès qu'il est certain de recouvrer ses droits en toute occurrence, il n'aura aucun intérêt à faire remplir la formalité. Aussi en a-t-on imposé l'obligation à l'avoué, en édictant contre lui une pénalité.

Il nous semble que ce passage de l'Exposé des motifs, rapproché du texte de la loi, prouve d'une manière irréfragable que, si le législateur s'est borné à prononcer une amende contre l'avoué qui a négligé de faire opérer la mention, s'il n'a pas dit par un texte positif que les tiers pourraient invoquer le défaut de mention, c'est qu'il a eu la volonté bien arrêtée de leur refuser cette faculté.

Quand on ne peut pas argumenter des textes, lorsqu'on se prévaut de l'esprit général d'une loi, il ne faut pas que l'intention contraire résulte des sources de la loi, des propres paroles du législateur.

309. — M. le rapporteur de Belleyme avait dit : « Les jugements prononçant la résolution, la nullité ou la rescision d'actes transcrits ne sont pas soumis à l'obligation d'une nouvelle transcription, parce qu'ils ne sont pas translatifs de propriété. » M. Duvergier soutient, au contraire, qu'ils emportent transmission de propriété. Nous n'insisterons pas sur cette doctrine, parce que nous pensons que les preuves que nous venons de donner au soutien de notre thèse sont suffisantes. La concession que nous ferions, d'ailleurs, ne serait pas de nature à faire changer la solution (1). Nous ferons seulement observer que la jurisprudence de la Cour de cassation est contraire à l'opinion de l'honorable M. Duvergier. Nous lisons, en effet, ce qui suit dans un des arrêts rendus par cette Cour : « Attendu que les actes ou jugements qui opèrent une mutation de propriété sont seuls assujettis à la formalité de la transcription ; — qu'il suit de là qu'un jugement qui prononce en faveur du vendeur la résolution d'une vente d'immeubles, faute de paiement du prix, n'est point sujet à la transcription, *parce que ce jugement n'opère en faveur du vendeur aucune translation de propriété, et ne fait que le rétablir dans les droits de propriété qui lui appartenaient avant la vente résolue* » (Cass., 26 août 1839 ; Sir.-Dev., 1839. 1. 770).

Cette jurisprudence de la Cour suprême n'a sans doute pas été sans influence sur l'esprit du législateur lorsqu'il

(1) M. Duvergier semble lui-même le reconnaître : « Qu'importe, dit-il, qu'il y ait ou non transmission de propriété? »

a rédigé les dispositions de l'art. 4 de la loi du 23 mars 1855.

310. — La première question que nous venons de résoudre a des rapports assez intimes avec la seconde question ci-dessus posée. Si le bénéficiaire du jugement était privé de ses droits, faute de la mention; si, par conséquent, c'était à l'égard de ce bénéficiaire que l'on examinât la responsabilité de l'officier ministériel, on pourrait peut-être invoquer des raisons puissantes pour faire triompher contre lui l'action en dommages-intérêts. L'avoué, en effet, qui a occupé, qui est le mandataire du demandeur, et qui n'a pas rempli les formalités que la loi lui imposait dans l'intérêt de son client, serait sans doute rendu responsable des conséquences de sa faute, de sa négligence. Mais, dans notre système, ce ne serait qu'en faveur des tiers qui ont acquis des droits postérieurement au mois à partir du jour où le jugement a eu l'autorité de la chose jugée, que des dommages-intérêts pourraient être demandés devant les tribunaux. Or, l'avoué n'est pas leur mandataire; les tiers ne pourraient donc pas agir contre lui en vertu des principes du mandat.

Il est vrai que l'avoué est en faute. Mais, comme la loi ne fait mention que d'une amende de 100 fr. et ne réserve pas, par une disposition expresse, l'action en dommages-intérêts au profit des tiers, nous pensons qu'il ne peut être tenu vis-à-vis d'eux. Une autre solution nous paraîtrait bien rigoureuse (1).

(1) Ce qui précède était écrit lorsque nous avons lu l'ouvrage de M. Mourlon, qui émet une opinion conforme à la nôtre (n° 367).

XLVI.

Art. 5. *Quelles sont les obligations et la responsabilité des conservateurs, en ce qui concerne la délivrance des états de transcriptions ou mentions?*

SOMMAIRE.

311. Réquisition des états de transcriptions ou de mentions.
312. Constatation du refus ou retard dans la délivrance des états.
313. Responsabilité des conservateurs en cas d'omission de transcriptions ou mentions dans les états.
314. A l'égard de qui le conservateur est-il responsable?
315. Durée de l'action en responsabilité.

311. — Toute personne, sans qu'il soit nécessaire de justifier d'un intérêt légal, a le droit de réquérir du conservateur des hypothèques un état des transcriptions ou mentions qui peuvent exister relativement à tel ou tel immeuble. On peut requérir de lui soit un état général, c'est-à-dire de toutes les transcriptions ou mentions existantes, soit un état spécial, en d'autres termes, relatif à telle aliénation indiquée par le réquérant (art. 5 L. 23 mars 1855).

312. — On comprend combien il est important, aujourd'hui surtout, qu'aucun retard n'ait lieu dans la délivrance des certificats requis. Aussi les tiers vis-à-vis desquels il existerait un refus ou un retardement de la part du conservateur, peuvent en faire dresser un procès-verbal soit par le juge de paix, soit par un huissier, soit par un notaire assisté de deux témoins, et obtenir contre le conservateur des dommages-intérêts, s'il en résultait pour eux un préjudice (art. 2199 C. N.).

313. — Si le conservateur, dans l'état qu'il délivre, omettait une transcription ou une mention existante, il en serait responsable vis-à-vis de la personne qui aurait éprouvé un dommage par suite de cette omission (art. 5 L. 23 mars), à moins que l'erreur ne provînt de désignations insuffisantes qui ne pourraient lui être imputées (arg. art. 2197 2° C. N.).

314. — Mais quels sont ceux vis-à-vis desquels le conservateur peut être ainsi responsable par suite d'une omission dans les états? Dans le cas de délivrance d'états de transcription, ce sont les tiers auxquels il aurait, par exemple, été délivré un certificat négatif, et qui, dans l'ignorance d'une transcription existante, ayant traité avec l'ancien propriétaire de l'immeuble, à qui ils auraient payé leur prix, seraient évincés.

Il n'en est pas, en effet, ici comme du cas où une inscription existante a été omise dans le certificat. Dans cette dernière hypothèse, l'immeuble à l'égard duquel le conservateur a omis dans ses certificats une ou plusieurs des charges inscrites, en demeure affranchi dans les mains du nouveau possesseur lorsqu'il a requis le certificat depuis la transcription de son titre (art. 2198 C. N.). Mais aucune disposition analogue n'existe et ne pouvait être édictée dans le cas d'omission d'une transcription.

Si l'omission était relative à une mention, le conservavateur serait responsable vis-à-vis des tiers qui, dans l'ignorance du jugement prononçant la résolution, nullité ou rescision, auraient contracté avec celui qui a été dépouillé de la propriété de l'immeuble par suite de ce jugement.

315. — Le recours qui peut être exercé contre les conservateurs pendant trente ans lorsqu'ils sont en exercice, se prescrit, contre ceux qui ont cessé leurs fonctions, par dix ans à dater de cette cessation (arg. art. 7 et 8 L. 21 ventôse an VII).

XLVII.

Art. 6. *Quels sont les priviléges et les hypothèques qui, à défaut d'inscription avant la transcription de l'acte d'aliénation, sont purgés par suite de l'accomplissement de cette formalité?*

SOMMAIRE.

316. Principes du Code Napoléon. — Règles du Code de procédure.
317. Principes de l'art. 6 de la loi du 23 mars.
318. Application de la disposition de l'art. 6 aux priviléges généraux.
319. Application du même principe au privilége des architectes, entrepreneurs et ouvriers.
320. Suite. — *Quid* si l'aliénation et la transcription ont lieu pendant le cours des travaux et avant qu'il y ait un procès-verbal de réception?
321. Suite. — *Quid* si les travaux sont achevés et qu'à l'époque de la transcription le procès-verbal de réception n'ait pas encore été dressé?
322. Disposition du second alinéa de l'art. 6.
323. *Quid* de la séparation des patrimoines? — Observations de M. Duclos. — Résumé des deux systèmes principaux enseignés relativement à la séparation sous l'empire de l'art. 834 C. proc.
324. Suite. — Ce que l'on devrait décider aujourd'hui dans le premier système.
325. Suite. — L'art. 6. n'est pas applicable à la séparation des patrimoines. — Règles à suivre.
326. Suite. — Si des créanciers hypothécaires de l'héritier avaient pris en temps utile des inscriptions sur l'immeuble aliéné, seraient-ils primés par les créanciers hypothécaires de la succession qui, n'étant pas encore inscrits au moment de l'aliénation, mais étant dans le délai de six mois, viendraient prendre inscription sur l'immeuble aliéné? — Opinion de M. Mourlon. — Dissentiment.

316. — D'après la règle consacrée pour toute espèce d'aliénations par l'art. 2166 C. N., un immeuble ne pouvait plus, en général, être frappé d'inscription une fois qu'il était sorti du patrimoine du débiteur.

Mais cette règle avait été modifiée, en ce qui concernait les aliénations volontaires (1), par l'art. 834 C. proc., selon la disposition duquel, les créanciers ayant sur un immeuble une hypothèque non inscrite ou un privilége non conservé au moment de l'aliénation de cet immeuble, étaient admis à inscrire cette hypothèque ou à conserver ce privilége jusqu'à l'expiration de la quinzaine à dater de la transcription de l'acte d'aliénation. L'inscription qui était prise dans ce délai produisait, en thèse, les mêmes effets que si elle avait précédé l'aliénation.

Les mêmes principes s'appliquaient aux priviléges qui, bien que dispensés d'inscription en règle générale, y sont cependant soumis en cas d'aliénation.

Mais la disposition de l'art 834 C. proc. ne concernait

(1) Il fallait ranger parmi les aliénations volontaires les ventes faites par autorité de justice autrement que sur expropriation forcée. — La disposition de l'art. 2166 C. N. conservait tout son empire en cas d'expropriation; on ne pouvait prendre inscription postérieurement à l'adjudication définitive.

pas les hypothèques légales des femmes mariées, des mineurs, des interdits. Ces hypothèques, en cas d'aliénation volontaire, restaient efficaces, malgré le défaut d'inscription dans la quinzaine de l'acte d'aliénation, et pouvaient être inscrites dans les deux mois à partir de l'accomplissement des formalités prescrites par l'art. 2194 C. N.

L'art. 834 C. proc. visait, en effet, l'art. 2123, relatif aux hypothèques judiciaires, ainsi que les art. 2127, 2128, ayant trait aux hypothèques conventionnelles; mais cette disposition ne rappelait pas l'art. 2121, qui s'occupe des hypothèques légales des personnes incapables, dont nous venons de parler.

D'un autre côté, on décidait généralement que les autres hypothèques légales non dispensées d'inscription, telles que celles de l'Etat, des légataires, étaient régies par la disposition de l'art. 834.

317. — L'art. 6 de la loi du 23 mars a abrogé l'art. 834 et supprimé le délai de quinzaine qui était accordé par cette disposition. Les créanciers privilégiés ou hypothécaires, qui, autrefois, avaient ce délai à partir de la transcription pour prendre inscription sur l'immeuble aliéné, ne peuvent plus aujourd'hui, en général, inscrire utilement leurs priviléges ou hypothèques dès que la vente a été transcrite.

318. — Cette nouvelle règle s'applique d'abord aux priviléges généraux résultant des art. 2101 et 2105 C. N.

319. — Elle s'applique également au privilége des architectes, entrepreneurs et ouvriers. Mais il faut observer que ces créanciers privilégiés ne peuvent conserver leur privilége que par la double inscription du procès-verbal

constatant l'état des lieux et du procès-verbal de réception (art. 2110 C. N.).

Par conséquent, lorque le procès-verbal de la réception des travaux existera déjà à l'époque de la transcription de l'acte d'aliénation, il est certain que s'il n'est pas inscrit avant l'accomplissement de la formalité, l'immeuble passera à l'acquéreur non grevé du privilége des ouvriers.

320. — Mais il peut se faire que l'aliénation et la transcription aient lieu pendant le cours des travaux et avant qu'il y ait un procès-verbal de réception. Si le nouveau propriétaire consent à la continuation de ces travaux, il faut décider, comme plusieurs auteurs le décidaient déjà sous l'empire de l'art. 834 C. proc., qu'il ne doit pas être considéré comme un tiers détenteur et qu'il devient, au regard des ouvriers, un débiteur ordinaire; que, par conséquent, la transcription de son contrat ne purgera pas leur privilége.

Si le nouveau propriétaire arrête les travaux, nous pensons que l'inscription du premier procès-verbal suffira pour la conservation du privilége. Telle était l'opinion de M. Troplong relativement à la règle de l'art. 834 C. proc.: « Pour constater l'état de ces travaux, disait-il, et la plus-value qui en résulte, quoiqu'ils soient imparfaits, il faut du temps. L'intervention du Tribunal est nécessaire. De plus, il faut que l'expert ait le temps matériel pour procéder. Pendant toutes ces opérations, la quinzaine s'écoule. Il serait trop rigoureux de s'en faire un moyen de déchéance. Il y a force majeure » (*Priv. et Hyp.*, n° 321). Ces raisons militent avec bien plus de force aujourd'hui que le délai de quinzaine est supprimé.

321. — Enfin, on peut supposer que les travaux sont achevés, et qu'à l'époque de la transcription le procès-verbal de réception n'est pas encore dressé. Les ouvriers seront-ils déchus de leur privilége faute d'avoir fait inscrire le procès-verbal? Il y a certains cas dans lesquels la déchéance, à notre avis, ne devrait pas plus être admise que dans l'hypothèse précédente: si, par exemple, la transcription avait été effectuée le jour même que les travaux ont été achevés ou le lendemain. Les juges auront donc encore sur ce point un certain pouvoir d'appréciation, et, s'ils reconnaissent qu'il y a eu en fait une impossibilité matérielle de faire inscrire le procès-verbal de réception, en raison du court intervalle qui a séparé l'achèvement des travaux de la transcription de l'acte d'aliénation, ils ne prononceront pas une déchéance imméritée.

La loi qui fait encourir cette déchéance, même dans le cas où quelques heures seulement séparent la rédaction du procès-verbal de réception des travaux de la transcription, est déjà fort rigoureuse. Mais, s'il fallait, pour notre dernière hypothèse, l'interpréter dans un autre sens que celui que nous venons d'indiquer, ce serait plus que de la rigueur, ce serait de l'injustice.

322. — Dans le projet primitif du Conseil d'Etat, tous les priviléges non inscrits étaient purgés une fois la transcription opérée (voy. art. 8 du projet primitif). C'était, nous l'avons déjà dit, la conséquence du nouveau système qui était consacré par la loi. On assurait de cette manière à la transcription des effets plus absolus en faveur des transactions sur la propriété. On arrivait à un affranchissement plus complet des charges qui peuvent la grever;

mais, par suite des graves considérations qui ont été présentées, une exception a été introduite au profit du vendeur et du copartageant. Un délai de quarante-cinq jours, à dater de la vente ou du partage, leur est accordé par le second alinéa de l'art. 6 pour inscrire leurs priviléges, nonobstant toute transcription d'actes faits dans ce délai.

323. — M. Duclos aurait voulu qu'une disposition fût insérée dans la loi pour garantir, dans un délai convenable, l'exercice du droit résultant de l'art. 2111 C. N., relatif à la séparation des patrimoines (séance du 13 janvier 1855. — *Moniteur* du 15).

La disposition réclamée par M. Duclos eût été d'autant plus nécessaire qu'il existe sur cette matière, on le sait, d'assez nombreuses difficultés, qui donneront lieu à des divergences de même nature sous l'empire de la loi nouvelle.

Ainsi, parmi les auteurs, les uns soutiennent qu'en cas d'aliénation des immeubles de la succession, la séparation des patrimoines donne contre le tiers détenteur un droit de suite, qui était subordonné à la formalité de l'inscription dans la quinzaine de la transcription, aux termes de l'art. 834 C. proc., et qu'à défaut d'inscription dans ce délai, le droit de suite et le droit de préférence sont éteints.

D'autres pensent que le seul but de la séparation des patrimoines étant de conserver aux créanciers héréditaires et aux légataires le droit de gage de l'art. 2092 C. N., dont ils jouissaient sur les biens du défunt au moment de leur confusion avec ceux de l'héritier, à l'exclusion des créanciers de ce dernier, ce droit de gage ne peut conférer un droit de suite aux créanciers de la succession et aux légataires.

Dans ce dernier système, le droit de préférence résultant de la séparation des patrimoines est conservé par rapport à tous les créanciers de l'héritier, sans aucune distinction, par l'inscription prise dans les six mois de l'ouverture de la succession, quoiqu'elle n'ait été requise qu'après l'aliénation des immeubles héréditaires, et même après la quinzaine qui a suivi la transcription. Mais on fait l'application de l'art. 880 C. N., d'après lequel la séparation des patrimoines reste sans effet en ce qui concerne les immeubles aliénés, dont le prix a été payé ou confondu avec les biens personnels de l'héritier de toute autre manière que par un paiement effectif.

324. — Dans le premier système, il faudrait aujourd'hui, puisque le délai de quinzaine est supprimé, prononcer, à partir de la transcription, non-seulement l'extinction du droit de suite, mais encore l'extinction du droit de préférence. Ce système, en effet, voit dans le droit de séparation un *privilége* ou une *hypothèque*, suivant qu'il est inscrit dans les six mois de l'ouverture de la succession ou après ce délai (art. 2111, 2113 C. N.). Si le droit de séparation des patrimoines, dira-t-on, n'est qu'une véritable *hypothèque privilégiée*, il est forcément compris dans la disposition de l'art. 6 de la loi du 23 mars, et se trouve par conséquent éteint, s'il n'a pas été inscrit avant la transcription de l'acte d'aliénation.

Il y a ailleurs, ajoutera-t-on, même raison de décider que pour les autres priviléges ou hypothèques. Il est aussi important d'affranchir la propriété immobilière de cette charge que de toute autre.

325. —Nous aimons mieux, pour notre compte, décider

que la séparation des patrimoines n'étant pas un véritable privilége conférant un droit de suite, l'art. 6 de la loi du 23 mars est inapplicable à ce droit. Nous sommes de ceux qui pensent que l'on ne doit pas s'arrêter au mot *privilége* employé par l'art. 2111 C. N., dans lequel cette expression n'existe que pour désigner d'une manière démonstrative le droit de préférence résultant de la séparation. C'était déjà le terme dont se servaient les auteurs, dans notre ancienne jurisprudence, pour désigner le droit des créanciers de la succession de se faire payer sur les biens du défunt par préférence aux créanciers personnels de l'héritier, et c'est avec la même signification qu'il est employé dans l'art. 2111.

En partant de ces principes, nous déciderons que l'inscription prise dans les six mois de l'ouverture de la succession conservera, par rapport à *tous* les créanciers de l'héritier, le droit de préférence que la loi accorde aux créanciers héréditaires, quoique cette inscription n'ait été prise qu'après l'aliénation des immeubles de l'hérédité et même après la transcription de l'acte translatif de propriété. Ce n'est qu'autant que le prix aurait été payé soit d'une manière effective, soit par compensation ou autrement, que les créanciers héréditaires seraient déchus de leur droit.

326. — M. Mourlon estime bien aussi que l'art. 6 de la loi du 23 mars ne régit point la séparation des patrimoines (*Appendice*, n° 388). Mais, dans son *Examen critique* (n° 316), il décide que les créanciers héréditaires qui ne seraient pas encore inscrits au moment de la vente, en supposant qu'ils soient encore dans les six mois de

l'ouverture de la succession, ne pourraient plus s'inscrire utilement à l'effet de primer les créanciers *hypothécaires* de l'héritier, si ces derniers avaient pris en temps utile des inscriptions sur l'immeuble vendu : « Les priviléges établis sur un immeuble, dit M. Mourlon, ne peuvent être utilement inscrits qu'autant que cet immeuble est encore dans le patrimoine du débiteur. Dès qu'il en sort pour entrer dans le patrimoine d'un tiers, aucune inscription n'est plus possible. Telle est la règle déposée dans l'art. 2166 C. N. » — M. Mourlon donne cette solution sous l'empire du Code Napoléon et de l'art. 834 C. proc. Mais il pense que cet article ne régissait point le droit de séparation. Aussi fait-il à l'espèce l'application de l'art. 2166 C. N. La solution de cet auteur serait donc aujourd'hui la même, puisqu'il déclare, comme nous, l'art. 6 également inapplicable à la séparation. Une telle solution, nous ne craignons pas de le dire, ne serait point exacte.

D'après le système qu'il adopte, M. Mourlon reconnaît que le droit de séparation est resté dans les art. 878 à 881 du Code ce qu'il était au temps de Pothier (*Examen critique*, p. 924); qu'à cette époque, la séparation n'était point rangée parmi les *priviléges proprement dits* (loc. cit., p. 882), et qu'elle n'a pas changé de nature au titre *Des Priviléges* (loc. cit., p. 924 et suiv.); qu'elle est un droit de préférence *sui generis* (loc. cit., p. 926). Or, comment se fait-il que M. Mourlon applique à ce droit une disposition qui n'est édictée que pour les *priviléges* et les hypothèques? Il y a évidemment ici une contradiction de principes. « Il n'est jamais entré dans l'esprit de personne, disent MM. Aubry et Rau, dont l'ouvrage est antérieur à celui de M. Mourlon, d'appliquer l'art. 2166 C. N. au droit de préférence résultant de cette séparation » (Zachariæ, t. IV, note 37, p. 230). Nous estimons bien aussi que la doctrine de M. Mourlon, contraire à celle qui est généralement enseignée, ne rencontrera pas de nombreux partisans.

Tant que les six mois depuis l'ouverture de la succession ne seront pas écoulés, les créanciers héréditaires pourront s'inscrire, nonobstant l'aliénation de l'immeuble, et primer non-seulement les créanciers chirographaires de l'héritier, mais aussi ses créanciers hypothécaires qui auraient pris inscription en temps utile, puisque l'art. 2166 C. N. ne régit pas la séparation des patrimoines, puisque l'art. 6 de la loi du 23 mars ne la régit pas non plus, et que les créanciers de la succession ont un délai de six mois, aux termes de l'art. 2111 C. N., pour prendre inscription.

327. — Les hypothèques sont aussi, en général, purgées par la transcription de l'acte d'aliénation lorsqu'elles n'ont pas été inscrites avant cette transcription (art. 6, 1er alin., L. 23 mars). Nous disons en général, parce qu'une distinction doit être faite.

Ce ne sont pas, en effet, toutes les hypothèques que la loi soumet à la nécessité de l'inscription avant la transcription. Les créanciers qui ne peuvent plus s'inscrire utilement après l'accomplissement de cette formalité sont, selon la disposition formelle de l'art. 6, ceux qui ont des hypothèques judiciaires (art. 2123 C. N.) ou des hypothèques conventionnelles (art. 2127, 2128 C. N.).

328. — Mais il en est autrement des hypothèques

légales des femmes mariées, des mineurs, des interdits. Ces hypothèques, dispensées d'inscription pendant l'existence du mariage ou la durée de la tutelle et une année après, restent sous l'empire des art. 2194, 2195 C. N., et peuvent être valablement inscrites, même après la transcription, tant que le délai déterminé par ces articles n'est pas expiré. Aussi l'art. 6 de la loi du 23 mars ne rappelle-t-il pas l'art. 2121 C. N., qui a trait aux hypothèques légales de ces personnes incapables.

329. — Ce que nous venons de dire relativement à ces hypothèques n'est vrai que pendant la durée du mariage et de la tutelle, ou dans l'année qui suit la dissolution du mariage ou la cessation de la tutelle. Nous verrons sous l'art. 8 qu'après l'année, la veuve, le mineur devenu majeur, l'interdit relevé de l'interdiction, sont obligés de faire inscrire leur hypothèque légale, et que, faute de se conformer à la prescription de cet art. 8, leur hypothèque ne date à l'égard des tiers que du jour des inscriptions prises ultérieurement. Par conséquent, si plus d'une année s'est écoulée depuis l'un ou l'autre des événements ci-dessus mentionnés, et que la transcription de la vente de l'immeuble sur lequel frappait l'hypothèque légale soit effectuée avant qu'elle ne soit inscrite, elle sera purgée comme une simple hypothèque conventionnelle ou judiciaire (voy. *Explicat.*, n° 127).

330.— Outre les hypothèques des personnes incapables, dont nous venons de nous occuper, il est d'autres hypothèques légales qui ne sont pas dispensées d'inscription; telles sont celles de l'Etat, des communes et des établissements publics sur les immeubles des administrateurs comptables (art. 2121 C. N.); telle est encore celle du légataire sur les immeubles de la succession (art. 1017 C. N.). Or, on peut demander si la règle que l'art. 6 établit doit s'appliquer à ces hypothèques.

M. Duclos semblait penser qu'elle ne s'y appliquait pas. Nous voyons, en effet, dans les observations par lui présentées le 13 janvier 1855 au Corps Législatif « qu'il regrettait que l'art. 6 néglige d'astreindre à la nécessité de l'inscription les hypothèques des légataires, de l'Etat, des femmes et des mineurs » (*Moniteur* du 15 janvier 1855). Ainsi, M. Duclos, en parlant de la disposition de l'art. 6, aurait désiré que le principe de cet article fût appliqué aux hypothèques de l'Etat et des légataires, parce que, dans sa pensée, la loi restait étrangère à ces hypothèques, qu'il mettait sur la même ligne que celles des femmes mariées et des mineurs. Si telle était l'opinion de M. Duclos, nous ne la croyons pas exacte, et nous ne pensons pas qu'elle puisse être adoptée. Il est vrai que l'art. 6 ne renvoie pas aux art. 2121 et 1017 C. N.; mais l'art. 6, qui, malgré la suppression du délai de quinzaine accordé par l'art. 834 C. proc. et l'introduction d'un principe nouveau, a été calqué en partie sur cette dernière disposition, doit être interprété comme elle l'était elle-même. Or, l'art. 834 ne visait non plus ni l'art. 2121 ni l'art. 1017 C. N., et cependant on était généralement d'accord, nous l'avons vu plus haut, qu'il s'appliquait aux hypothèques mentionnées dans ces dispositions. L'art. 2166 C. N. les régissait sans aucun doute. L'art. 834 C. proc., qui avait modifié l'art. 2166, devait les régir également. L'art. 6, qui abroge à son tour l'art. 834, ne peut être entendu autrement.

C'est sous l'influence de l'interprétation pour ainsi dire unanime de l'art. 834 C. proc., dont nous venons de parler, que la loi du 23 mars a été rédigée, et c'est aussi en ce sens que l'art. 6 est entendu par les auteurs qui l'ont expliqué (voy. *Explicat.*, n° 97; — Mourlon, n° 389).

D'ailleurs, si cette opinion ne devait pas triompher, jusqu'à quel moment pourrait-on inscrire les hypothèques dont il s'agit? Dirait-on qu'elles pourraient être inscrites même après la transcription? Cela n'est pas possible en présence des principes et de l'esprit de la loi nouvelle. — Ne serait-il plus permis de les inscrire dès que l'immeuble serait sorti du patrimoine du débiteur, aux termes de l'art. 2166 C. N.? Mais il n'existait aucune raison, ainsi que le dit très-bien M. Mourlon, pour faire aux créanciers ayant ces hypothèques, et surtout à l'Etat et aux communes, une condition inférieure à celle que l'on accorde à un créancier ordinaire, qui peut s'inscrire jusqu'à la transcription, tandis que l'Etat et les communes, ainsi que les légataires seraient privés du droit de s'inscrire aussitôt que l'acte d'aliénation aurait eu lieu.

331. — M. Mourlon, examinant la question que nous venons de résoudre et exposant les doutes que la rédaction de l'art. 6 peut faire naître, dit : « On pourrait même, à ne s'attacher qu'aux termes de la loi actuelle, soutenir que la règle qu'elle établit ne s'applique ni aux hypothèques de l'Etat, des communes et des établissements publics sur les biens des administrateurs comptables (art. 2121), ni à celle du légataire sur les biens de la succession (art. 1017), *ni enfin aux hypothèques qui font l'objet de l'art. 2113* » (n° 389).

En mentionnant les hypothèques de l'art. 2113 C. N. au nombre de celles qui, dans le système d'interprétation contraire au sien et à celui que nous adoptons, ne seraient pas soumises à la disposition de l'art. 6, M. Mourlon a sans doute voulu rester fidèle à la théorie qu'il embrasse, relativement aux effets de l'inscription des priviléges, dans son *Examen critique* (p. 760 et suiv.).

Cette théorie n'est pas la nôtre ; elle n'est pas non plus celle de la majorité des auteurs. Si on adopte l'opinion qui est presque générale, il s'ensuit que la question de savoir si l'art. 6 est applicable aux hypothèques de l'art. 2113 ne pourrait guère, en écartant d'ailleurs la séparation des patrimoines, qui, nous l'avons vu plus haut, n'est pas régie par l'art. 6, être posée que pour le privilége du copartageant. Ce privilége, s'il n'a pas été conservé au moyen d'une inscription prise dans les soixante jours à compter du partage, dégénère effectivement en une hypothèque légale qui ne date, à l'égard des tiers, que du jour de l'inscription prise ultérieurement (art. 2109, 2113 C. N.). Mais aucun doute ne nous paraît possible au sujet de cette hypothèque. Quelle serait l'hypothèse? Le copartageant aurait laissé expirer le délai de soixante jours depuis l'acte de partage ; puis l'immeuble sur lequel portait ce privilége serait aliéné. On se demanderait alors si l'hypothèque légale du copartageant doit ou non être transcrite avant la transcription de l'acte d'aliénation, aux termes de l'art. 6. Le second alinéa de cet article résout la question : « Néanmoins, le vendeur ou le copartageant peuvent utilement inscrire les priviléges à eux conférés par les art. 2108 et 2109 C. N., dans les *quarante-cinq* jours de l'acte de vente ou de partage, nonobstant toute transcription d'actes faits dans ce délai. » Ainsi, d'après cette disposition, c'est seulement quarante-cinq jours depuis l'acte de partage qui sont accordés, en ce qui concerne le droit de suite, au copartageant pour requérir inscription. Mais, dans l'hypothèse, on suppose que non-seulement quarante-cinq jours, mais soixante jours, sont écoulés depuis le partage; il ne peut donc y avoir aucune difficulté. Selon la disposition de l'art. 6 précité, ou la transcription de l'aliénation a lieu avant l'expiration des quarante-cinq jours depuis le partage, et l'inscription du privilége du copartageant peut avoir lieu, nonobstant la transcription; ou cette formalité a été remplie depuis que les quarante-cinq jours sont expirés, et le privilége ne peut plus être inscrit.

Quand même on supposerait qu'il y a plus de soixante jours depuis le partage, mais moins de quarante-cinq depuis la transcription de l'acte d'aliénation, la décision serait la même; car le délai de quarante-cinq jours accordé au copartageant date non pas du jour de la transcription, mais bien du jour de l'acte de partage; de telle sorte que, si quarante-cinq jours se sont écoulés depuis cet acte et que la transcription de l'acte d'aliénation ait lieu le lendemain du jour de l'expiration de ce délai, le privilége se trouverait immédiatement purgé.

On voit donc, d'après ce qui précède, que dans la question que nous avons examinée sous le nº 330, il n'y pas à s'occuper, du moins d'après les principes que nous suivons, des hypothèques de l'art. 2113 C. N.

XLVIII.

Dans le cas d'une revente par le premier acquéreur, la transcription du premier contrat suffit-elle pour conserver le privilége du vendeur originaire?

SOMMAIRE.

332. Espèce prévue par le second alinéa de l'art. 6 de la loi du 23 mars. — Passage du Rapport de M. de Belleyme.
333. Application de l'art. 2108 C. N. quand la première vente a été transcrite.
334. *Quid* si, la transcription étant effectuée, le conservateur néglige de prendre l'inscription d'office?
335. Résumé et solution de la question.

332. —Le premier acquéreur n'a pas fait transcrire son titre, et le vendeur originaire n'a pas fait inscrire son privilége; si une revente a lieu et que quarante-cinq jours s'écoulent depuis la vente primitive, alors que le second titre de vente est transcrit, le premier vendeur ne peut plus faire inscrire utilement son privilége. Telle est l'espèce prévue par le second alinéa de l'art. 6 de la loi du 23 mars (voy. *Explicat.*, n° 100).

M. de Belleyme, dans son Rapport au Corps Législatif, ne parlait que de ce cas quand il s'occupait de l'innovation introduite par l'art. 8 du projet (art. 6 de la loi) et de la suppression du délai de quinzaine. « Ce délai, disait-il, consistait à permettre au vendeur non payé de prendre inscription pendant quinze jours après la transcription d'une nouvelle aliénation. Le projet de loi supprimait purement et simplement ce délai et n'en accordait aucun au vendeur pour prendre inscription. — Il en résultait que tout vendeur non payé devait instantanément faire inscrire son contrat, sous peine de perdre son privilége dans le cas où une nouvelle vente aurait eu lieu et *aurait été transcrite avant la sienne* » (*Moniteur*, Corps Législatif, annexe I, p. XXXIV. — Suppl. 31 mai 1854, n° 254). Dans la discussion, M. de Belleyme répétait à peu près les mêmes paroles (séance du 15 janvier 1855. — *Moniteur* du 17).

La loi, cela n'est pas douteux, dispose dans l'hypothèse d'une première vente non transcrite et suivie d'une revente soumise à la formalité de la transcription.

333. — Mais, si la première vente a été transcrite, on reste alors sous l'empire des principes de l'art. 2108 C. N., auquel il n'a pas été dérogé. Or, d'après cet article, la transcription de la première vente vaut inscription et conserve le privilége du vendeur. Le conservateur, d'ailleurs, est obligé de prendre une inscription d'office qui avertira suffisamment les tiers. L'obligation d'une seconde inscription imposée au vendeur ferait évidemment double emploi avec cette inscription.

334. — Bien plus, il est généralement reconnu que la transcription effectuée à la requête soit du vendeur, soit de l'acquéreur, suffit seule pour conserver le privilége, lors même que le conservateur négligerait de faire l'inscription d'office. Cette formalité étant prescrite dans l'intérêt des tiers, son omission n'a d'autre effet que d'engager sa responsabilité vis-à-vis d'eux (Zachariæ, t. II, p. 174 et 176. — Mourlon, *Examen critique*, n° 263. — *Appendice*, n° 377),

335. — En résumé, la transcription du premier contrat

de vente suffit pour conserver le privilége du vendeur en cas de revente par l'acquéreur et de transcription par le sous-acquéreur; ce n'est que lorsqne le premier contrat n'a pas été transcrit qu'il est nécessaire que le vendeur prenne inscription dans les quarante-cinq jours de la vente, sous peine de voir éteindre son privilége faute d'inscription dans ce délai,

XLIX.

En cas de plusieurs ventes successives, la transcription du dernier contrat purge-t-elle les hypothèques acquises du chef des précédents vendeurs qui ne sont pas inscrites?

SOMMAIRE.

336 Examen de la question au Corps Législatif. — Passages des discours de M. Rouher. — Passage du discours de M. Duclos. — Réponse de M. de Belleyme. — Opinion de M. Allart. — Résumé.
337. Jurisprudence de la Cour de cassation.
338. Approbation de cette jurisprudence. — Opinion contraire de M. Mourlon. — Réfutation.
339. La question n'est pas résolue par *le texte exprès* de la loi du 23 mars. — Opinion conforme des auteurs de l'*Explication*.
340. Résumé.

336. — Cette question a été soulevée dans la discussion de la loi au Corps Législatif. Mais il y a eu quelque confusion dans la manière dont elle a été posée, et il a régné une certaine divergence dans les opinions des orateurs qui l'ont examinée.

Ainsi, dans la séance du 15 janvier 1855, M. Rouher disait : « On demande si la transcription purgera les hypothèques *à l'égard des personnes dont le nom serait indiqué au contrat;* c'est là une question judiciaire, une question de régime hypothécaire, *dont la solution ne saurait trouver place dans la loi actuelle.* » — Le même orateur, dans la séance du 17 janvier, s'exprimait ainsi : « Il pourrait arriver que l'acquéreur, avant d'avoir transcrit, vendît à une autre personne, et que cette dernière vente fût transcrite avant la première; *dans ce cas, la jurisprudence a admis que la mention des noms des anciens propriétaires, dans un contrat transcrit, suffit pour purger à leur égard.* »

Dans la séance du 15 janvier, M. Duclos désirait « que M. le rapporteur s'explique sur la question très-controversée de savoir si la transcription du dernier contrat de vente suffirait pour opérer la purge au profit de l'acquéreur relativement aux précédents propriétaires *dont les noms seraient mentionnés dans le contrat.* »

Dans la même séance, M. le rapporteur de Belleyme répondait, comme M. Rouher, que c'était là une question de jurisprudence et de régime hypothécaire *que la loi actuelle n'avait pas pour objet de résoudre.* L'orateur qui prit ensuite la parole, M. Allart, répondit à son tour à la question qui venait d'être posée, — celle de savoir si, *lorsqu'un contrat contient les noms des précédents vendeurs*, la transcription faite par un dernier acquéreur a son effet relativement à ces anciens propriétaires, — *que cette question lui paraissait résolue par la loi nouvelle, qui dit clairement que la transcription opère la purge à l'égard de tous ceux qui n'ont pas fait inscrire antérieurement leurs droits.*

Ainsi, tous les orateurs qui ont pris part à cette discussion ont supposé que le contrat transcrit contenait la nomenclature des noms des anciens vendeurs. Presque tous ont paru penser que la jurisprudence exigeait que cette nomenclature existât pour que la purge pût avoir lieu.

337. — Mais, on le sait, la Cour de cassation a décidé que la transcription du dernier contrat suffisait. Il importe peu, d'après cette jurisprudence, que cet acte rappelle ou non les noms des précédents vendeurs (voy. notamment arrêt 14 janvier 1818; — Sir.-Dev., *Collect. nouv.*, 5e vol. 1. 401).

338. — Nous pensons aussi que c'est avec juste raison que la Cour de cassation le décidait ainsi sous l'empire du Code Napoléon modifié par le Code de procédure civile. Il résulte, en effet, des art. 2181 et 2183 C. N. que le tiers acquéreur qui veut purger n'est tenu que de faire transcrire son propre contrat, ainsi que le fait très-bien observer la Cour régulatrice.

M. Mourlon, qui, dans son *Examen critique,* n'admet pas ce système, dit : « Je nie formellement qu'il soit vrai que les termes de l'art. 2181 montrent clairement que le tiers acquéreur qui veut purger *n'est tenu qu'à la transcription de son propre contrat.* La généralité de ses termes laisse au contraire indécise la question qui fait l'objet de ce débat » (p. 854).

Ce n'est pas des termes seuls de l'art. 2181 que la Cour de cassation fait résulter la proposition qu'elle a émise, mais des dispositions des art. 2181 et 2183. Ce que doit notifier le tiers acquéreur, selon le second alinéa de l'art. 2183, c'est un extrait de la transcription *de l'acte de vente.* La transcription de la vente consentie à ce tiers acquéreur qui veut purger est donc seule nécessaire, puisque c'est la seule dont l'extrait doit être notifié aux créanciers.

339. — Maintenant, faut-il dire avec M. Allart que la question qui nous occupe est résolue par le texte de la loi du 23 mars, et que la transcription de la dernière vente opère la purge à l'égard des créanciers hypothécaires qui n'ont pas fait inscrire leurs droits avant l'accomplissement de cette formalité? Nous ne le pensons pas. Sans doute, nous décidons bien que la transcription du dernier contrat suffit; mais nous ne croyons pas que cela résulte du texte exprès et formel de la loi nouvelle. A l'opinion de M. Allart nous opposons celle de deux autres orateurs, M. Rouher et M. de Belleyme, qui ont déclaré que c'était une question de régime hypothécaire, que cette loi n'avait pas pour but de résoudre.

C'est aussi en ce sens que cette difficulté a été envisagée par les auteurs de l'*Explication*. Après avoir résumé les trois opinions qui ont été émises sous l'empire du Code (1), voici comment ils s'expriment : « D'après cela, et si on suit la jurisprudence de la Cour suprême, il en résultera, sous l'empire de la loi nouvelle, que la transcription du dernier contrat fera encourir la déchéance de tous les créanciers des précédents vendeurs qui n'auront pas pris inscription avant cette transcription. On se rappelle, en effet, que le délai de quinzaine accordé par l'art. 834 C.

(1) Dans une première opinion, le tiers acquéreur qui veut purger à l'égard des précédents vendeurs et de leurs créanciers hypothécaires doit transcrire tous les contrats des vendeurs précédents. D'autres jurisconsultes distinguent si le dernier contrat rappelle ou non la nomenclature exacte de tous les vendeurs antérieurs. Si oui, la transcription du dernier contrat suffit. *Secus* dans le cas contraire. Enfin, la Cour de cassation décide que la transcription du dernier contrat est suffisante, sans faire aucune distinction.

proc. est abrogé, et que c'est seulement jusqu'à la transcription par l'acquéreur que les créanciers ayant hypothèque peuvent utilement s'inscrire. Or, de même que la Cour de cassation décidait, sous l'empire du Code Napoléon et du Code de procédure, que les créanciers qui laissaient passer le délai de quinzaine depuis la transcription du dernier contrat sans s'inscrire, étaient déchus ; de même (puisque le délai de quinzaine est supprimé), si ces créanciers ne prennent pas inscription avant la transcription du dernier contrat, il sont privés de leurs droits. On voit donc que, malgré la suppression du délai de quinzaine, la question reste la même quant au point de savoir si la transcription du dernier contrat seul opère la déchéance des créanciers non inscrits des précédents vendeurs » (n° 105).

On ne peut pas, en effet, dire que la question, telle que nous l'avons posée, est résolue par le premier alinéa de l'art. 6 de la loi du 23 mars. Cet alinéa suppose une seule vente consentie par le débiteur lui-même. Les dernières expressions de cette disposition le prouvent : « A partir de la transcription, les créanciers privilégiés ou ayant hypothèque... ne peuvent prendre utilement inscription sur le *précédent propriétaire.* »

340. — En résumé, disons que, sous l'empire de la loi du 23 mars, comme auparavant, la transcription du dernier contrat suffit pour purger les droits des créanciers hypothécaires qui ne se sont pas inscrits avant l'accomplissement de cette formalité, et cela sans qu'il soit nécessaire que le contrat transcrit contienne la nomenclature des anciens contrats ou indique les noms des précédents

vendeurs. Quelle que soit l'autorité des opinions émises à la tribune, nous ne pensons pas qu'une autre interprétation puisse être admise. Les honorables membres du Corps Législatif qui ont pris part à la discussion ont cru, à tort, que la jurisprudence de la Cour de cassation exigeait que le dernier contrat rappelât les noms des précédents vendeurs. C'est à la jurisprudence telle que nous l'avons exposée ci-dessus, qu'ils ont, d'ailleurs, paru tous se référer.

L.

Les créanciers privilégiés, déchus du droit de suite faute d'inscription en temps utile, sont-ils aussi privés du droit de préférence?

SOMMAIRE.

341. Principes assez généralement enseignés sous l'empire du Code Napoléon modifié par le Code de procédure civile.
342. Doctrines de M. Mourlon.
343. Observations générales et préliminaires.
344. L'extinction du droit de suite entraîne-t-elle, en thèse générale, la perte du droit de préférence? — Exposé sommaire des deux doctrines contraires sur cette question.
345. Distinction au sujet des priviléges. — Les priviléges généraux éteints quant au droit de suite ne le sont pas quant au droit de préférence.
346. *Secus* des priviléges du vendeur, des copartageants, des ouvriers.
347. Doctrine de M. Mourlon sur l'extinction du droit de préférence résultant du privilége du vendeur et des priviléges généraux.
348. Réfutation de la doctrine de M. Mourlon.
349. Résumé.

341. — Selon une doctrine assez généralement admise sous l'empire du Code Napoléon, modifié par le Code de procédure civile, on décidait que le droit de préférence résultant des priviléges généraux continuait de subsister,

malgré le défaut d'inscription de ces priviléges dans la quinzaine de la transcription de l'acte d'aliénation, et malgré, par conséquent, la perte du droit de suite. L'art. 834 C. proc., selon l'opinion commune, ne s'occupait que des rapports des créanciers avec les tiers acquéreurs, et non de ceux des créanciers entre eux (voy. notamment Troplong, *Priv. et Hyp.*, n° 274; — Zachariæ, t. II, § 269, note 2).

Quant au vendeur, plusieurs auteurs admettaient que son privilége devait être inscrit dans le délai de quinzaine à dater de la transcription, aux termes de l'art. 834 précité, et que la déchéance qu'il encourait par le défaut de transcription ou d'inscription dans la quinzaine le privait non-seulement de son droit de suite à l'égard du tiers acquéreur, mais encore de son droit de préférence à l'égard des créanciers du premier acheteur (Troplong, t. Ier, nos 282 et 283. — Dalloz, *Juris. gén.*, v° HYPOTH., n° 17. — Zachariæ, t. II, § 278, p. 175).

Le copartageant était aussi obligé de prendre inscription dans la quinzaine de la date de la transcription de l'acte d'aliénation de l'immeuble sur lequel portait son privilége. Faute de le faire, il était déchu de son droit de suite; mais il pouvait encore conserver, au moyen d'une inscription prise dans les soixante jours à dater du partage, son droit de préférence à l'égard des autres créanciers de son copartageant sur le prix qui pouvait rester dû à celui-ci (Persil, sur l'art. 2109. n° 10. — Dalloz, *Jurisp. gén.*, v° HYPOTH., n° 5. — Troplong, t. I, n° 317). Telle était l'opinion presque unanime.

Les architectes, entrepreneurs et ouvriers étaient obligés, en cas d'aliénation, de rendre public leur privilége dans le délai de quinzaine fixé par l'art. 834 C. proc., sous peine d'une déchéance absolue (Zachariæ, t. II, p. 178).

342. — M. Mourlon, qui a écrit récemment sur la matière des priviléges, n'admet pas, en général, les doctrines que nous venons d'exposer très-sommairement.

Voici, au sujet des priviléges généraux, le système de cet auteur, tel qu'il le résume lui-même : « Les priviléges généraux qui n'ont été inscrits ni avant, ni après l'aliénation, ni enfin dans la quinzaine de la transcription, sont frappés d'une extinction complète et absolue, au cas où l'immeuble qu'ils grevaient a été aliéné *autrement qu'en échange d'une somme d'argent*. S'il a été vendu, les créanciers non inscrits perdent leur droit de suite; mais leur droit de préférence sur le prix subsiste, à moins que l'intérêt du tiers acquéreur n'exige qu'il soit éteint de même que leur droit de suite » (*Examen critique*, p. 842).

M. Mourlon applique la même théorie au privilége du vendeur. Suivant M. Mourlon, « l'extinction du droit de suite entraîne l'extinction du droit de préférence, lorsque : 1° l'immeuble a été aliéné autrement qu'en échange d'une somme d'argent, et 2° au cas où il a été vendu, si la sûreté du tiers acquéreur exige cette double extinction » (*loc. cit.*, p. 845). Puis, cet auteur dit que tout ce qu'il vient d'expliquer est, en ce qui regarde le vendeur, oiseux et sans objet, puisque son privilége se trouve, par la force même des choses, conservé *dans tous les cas* contre le nouvel acquéreur lui-même (*ibid.*). C'est ce qu'il essaie de démontrer plus loin, après avoir ainsi exposé son système : « La transcription de l'acte de vente vaut inscription au profit du vendeur; elle en produit tout l'effet, tant au point de vue du droit de suite qu'au point de vue du droit de préférence. Or, de deux choses l'une : ou la vente d'où est né le privilége du vendeur n'a pas été transcrite, et alors, tant qu'elle ne l'est pas, le vendeur n'a rien à craindre, puisque ce n'est que par la transcription qu'il peut être mis en demeure de se montrer; ou elle a été transcrite soit par le vendeur lui-même, soit par l'acheteur, soit par un ayant cause de ce dernier; et alors son privilége, se trouvant inscrit par le fait seul de la transcription, reste intact non-seulement contre les créanciers de son acheteur, mais encore contre le tiers acquéreur » (*loc. cit.*, p. 845 et suiv.)

Quant au privilége des copartageants, M. Mourlon nie que l'art. 834 C. proc., en renvoyant à l'art. 2109 C. N., ait voulu simplement réserver au copartageant qui serait dans les soixante jours du partage, le droit de s'inscrire et de conserver ainsi son droit de préférence. Selon M. Mourlon, les termes de l'art. 834, « sans préjudice des autres droits résultant aux héritiers de l'art. 2109 du Code civil, » signifient que le copartageant qui n'a pas pris une inscription dans les quinze jours de la transcription peut, s'il est encore dans les soixante jours à dater du partage, conserver son droit de suite par une inscription prise dans ce délai (*loc. cit.*, p. 858 et suiv.).

Enfin, si les ouvriers ont fait incrire le procès-verbal de l'état des lieux avant le commencement des travaux, ils ont un privilége proprement dit, opposable à tout autre créancier antérieur ou postérieur aux travaux; que, s'ils commencent et achèvent leurs travaux sans avoir, au préalable, inscrit leur premier procès-verbal, ils n'acquièrent alors qu'une simple hypothèque, qui sera primée, d'un côté, par les hypothèques acquises depuis l'achèvement des travaux, mais inscrites avant elle, et, d'autre part, par celles dont l'inscription existait déjà quand les travaux ont été commencés. Donc deux choses l'une : si le premier procès-verbal a été inscrit avant les travaux, le privilége qu'ont les ouvriers n'a rien à craindre de l'acte par lequel leur débiteur a disposé de l'immeuble qu'ils ont amélioré. Dans l'hypothèse contraire, c'est-à-dire s'ils ont achevé leurs travaux sans inscrire le procès-verbal de l'état des lieux, leur hypothèque appartient alors à l'art. 834, qui la régit (*loc. cit.*, p. 867). Par conséquent, si le délai de quinzaine est expiré sans qu'il y ait eu une inscription prise, non-seulement le droit de suite est éteint, mais encore le droit de préférence (*loc. cit.*, p. 868 et suiv.).

Notre intention n'est point de nous livrer ici à une discussion étendue des diverses doctrines que nous venons de récapituler. Nous devons seulement dire que, peu novateurs en ce point et partisans des anciennes théories que nous avons exposées avant de faire connaître celles de M. Mourlon, nous ne pouvons, malgré la confiance que nous inspirent souvent les décisons de cet estimable auteur, les accepter et en faire le point de départ des solutions que nous avons à donner sur la question que nous avons posée. Nous examinons cette question sous l'empire de la loi du 23 mars, et nous ne discuterons des doctrines de M. Mourlon que celles qui sont encore aujourd'hui susceptibles de controverse, ou dans lesquelles l'auteur a cru devoir persister depuis la promulgation de cette loi.

343. — Il n'est peut-être pas inutile de faire préalablement les observations suivantes.

Avant la loi du 23 mars, lorsqu'un immeuble était vendu et que l'acquéreur avait fait transcrire son contrat, les créanciers privilégiés ou hypothécaires du vendeur avaient encore, ainsi que nous l'avons expliqué, un délai de quinzaine pour prendre inscription. Aujourd'hui, et d'après l'art. 6, dès que la transcription est effectuée, l'acquéreur ne peut plus, en général, être recherché par les créanciers privilégiés ou hypothécaires non inscrits; il n'a plus besoin, s'il n'y a pas d'inscription sur l'immeuble, une fois la transcription opérée, d'attendre d'autre délai que celui qui est accordé au vendeur et au copartageant par l'art. 6, ou bien encore celui qui est nécessaire pour la purge des hypothèques légales dispensées d'inscription.

La règle de l'art. 6, conséquence, du reste, du principe de la transcription, a donc trait au droit de suite. Mais cette disposition peut-elle avoir quelque influence sur les principes qui doivent régir le droit de préférence, quand les créanciers privilégiés demandent à l'exercer après l'aliénation de l'immeuble sur lequel portent leurs priviléges? — C'est ce qu'il s'agit d'expliquer.

L'art. 6, selon nous, ne s'occupe pas plus des rapports des créanciers entre eux que ne le faisait l'art. 834 C. proc. Cependant, en abrogeant cet article, les rédacteurs de la loi du 23 mars ont abrogé aussi quelques éléments de solution qui existaient dans l'art. 834, au point de vue de la question qui nous occupe, pour certains priviléges, comme nous le verrons plus loin.

344. — Disons aussi que la question de savoir si, en thèse générale, le droit de préférence peut survivre au droit de suite; en d'autres termes, si l'extinction du second entraîne la perte du premier, est délicate et très-controversée.

Pour l'affirmative on dit : Le droit de suite et le droit de préférence sont deux effets d'une même cause; le droit de préférence est la fin du privilége comme de l'hypothèque, et le droit de suite est le moyen dont on se sert pour arriver au droit de préférence; ce droit n'est que la conséquence et le complément de l'autre, d'où il résulte que si le droit de suite est éteint, le droit de préférence s'éteint également. Comment comprendre, ajoute-t-on, que le droit de préférence, qui émane, aussi bien que le droit de suite, de la *réalité* du privilége ou de l'hypothèque, puisse survivre alors que tout droit réel a disparu? Cette doctrine est aussi celle de la Cour de cassation (1).

Pour la négative on répond : Les priviléges immobiliers comme les hypothèques comprennent deux droits distincts : un droit de suite sur l'immeuble et un droit de préférence sur le prix. Ces deux droits ne sont pas tellement unis qu'ils ne puissent être séparés et que l'extinction de l'un doive nécessairement entraîner la perte de l'autre. Sans doute, si le droit de préférence n'était que la conséquence

(1) C'est du moins la doctrine que l'on trouve dans les considérants de l'arrêt du 13 février 1852, qui, en ce qui concerne les effets de la purge des hypothèques légales dispensées d'inscriptions et non inscrites, a décidé que la purge éteint l'hypothèque aussi bien à l'égard des créanciers et du prix qu'à l'égard de l'acquéreur et de l'immeuble (Sir.-Dev., 1852. 1. 81.). — On peut consulter sur cette matière la monographie de M. Benech, intitulée : *Du droit de préférence en matière de purge des hypothèques légales dispensées d'inscriptions et non inscrites*, etc. — L'auteur y discute avec un grand talent et sa verve habituelle la jurisprudence de la Cour régulatrice.

et le complément du droit de suite, la perte de celui-ci entraînerait l'extinction de l'autre. Mais il n'en est point ainsi. Le droit de préférence a son existence propre; il est parallèle au droit de suite, mais il ne lui est pas subordonné. Il peut survivre à ce droit. On trouve plus d'un exemple dans nos lois où le droit de préférence est maintenu malgré l'extinction du droit de suite (voy. notamment art. 17 L. 3 mai 1841). Si le créancier déchu du droit de suite est aussi privé du droit de préférence, ce n'est point parce que l'un est inséparablement lié à l'autre, mais bien parce que, en général, l'efficacité du privilége ou de l'hypothèque est subordonnée, tant à l'égard des autres créanciers que vis-à-vis du tiers acquéreur, à l'accomplissement d'une seule et même formalité, c'est-à-dire à l'existence d'une inscription prise en temps utile; mais, dès que cette formalité ne sera pas nécessaire pour la conservation du droit de préférence, ce dernier droit restera intact au créancier, qui aura cependant perdu son droit de suite, faute d'avoir requis en temps utile l'inscription qu'il était obligé de prendre.

C'est à cette dernière doctrine que nous donnons la préférence.

345. — Cela posé, nous distinguerons parmi les priviléges ceux qui sont dispensés de l'inscription et ceux, au contraire, qui doivent être inscrits pour produire leur effet.

Si les premiers ne sont pas inscrits avant la transcription, le créancier sera déchu de son droit de suite, mais il n'en conservera pas moins son droit de préférence.

Ainsi, les priviléges généraux ne sont pas soumis à la

formalité de l'inscription, et, par conséquent, lors même que ceux qui ont ces priviléges ne pourront plus prendre inscription, parce que l'acte d'aliénation de l'immeuble sur lequel portaient ces priviléges aura été transcrit, ils auront néanmoins le droit de venir à leur rang dans l'ordre qui sera ouvert.

Cette solution, nous l'avons vu plus haut, était déjà celle qui était le plus généralement admise avant la loi du 23 mars; et le texte de l'art. 6 de cette loi ne lui est pas plus rebelle que celui de l'art. 834 C. proc. L'art. 6 dispose qu'à partir de la transcription les créanciers privilégiés ne peuvent plus s'inscrire utilement sur le précédent propriétaire. Mais, nous l'avons déjà dit, cet article règle le droit de suite et n'a pas trait aux droits des créanciers entre eux. Peu importe que les créanciers ayant des priviléges généraux ne puissent plus s'inscrire utilement à partir de la transcription, puisqu'ils en sont dispensés en ce qui concerne le droit de préférence.

346. — Mais il n'en est pas de même des priviléges soit du vendeur, soit des copartageants, soit des ouvriers. Ces priviléges ne sont pas exemptés de l'inscription. Par conséquent, puisqu'ils ne peuvent plus être inscrits, les deux premiers après le délai de quarante-cinq jours fixé par l'art. 6, le troisième dès que la transcription a eu lieu, ils seront éteints tant au point de vue du droit de préférence qu'au point de vue du droit de suite. Telle était, du reste, l'opinion de presque tous les auteurs qui écrivaient sous l'empire de l'art. 834 C. proc., relativement au privilége du vendeur et à celui des ouvriers. L'art. 6 ne répète même pas les expressions de l'art. 834, qui

pouvaient faire naître des doutes au sujet du privilége du vendeur. Les rédacteurs de la loi du 23 mars n'ont pas non plus reproduit les termes desquels on déduisait la réserve du droit de préférence du copartageant qui, ayant laissé expirer le délai pour s'inscrire depuis la transcription, se trouvait encore dans les soixante jours du partage.

C'est aussi dans le sens de notre solution que M. de Belleyme s'expliquait dans son rapport au Corps Législatif, du moins relativement au privilége du vendeur. On sait que dans l'art. 8 du projet primitif aucun délai n'était accordé au vendeur pour s'inscrire, et qu'il était, comme les autres créanciers, privé du droit de prendre utilement inscription dès que la transcription était opérée. « Il en résultait, disait M. de Belleyme, que tout vendeur non payé devait instantanément faire inscrire son contrat sous peine *de perdre son privilége*..... Un retard d'une heure, d'un instant, dans l'accomplissement de la transcription *pouvait consommer la spoliation du vendeur....; c'était mettre en danger le droit de propriété lui-même.* »

Si, d'après l'art. 8 du projet, le vendeur qui n'avait pas pris d'inscription avant la transcription *perdait son privilége;* si, en un mot, il en était déchu, tant au point de vue du droit de préférence qu'au point de vue du droit de suite, il est évident que l'on ne doit pas entendre d'une autre manière l'art. 6, qui n'est que l'art. 8 du projet modifié, et que, dès que le délai de quarante-cinq jours accordé au vendeur sera expiré, son privilége sera complétement éteint.

347. — Dans son *Appendice sur la Transcription*,

M. Mourlon adopte aussi cette opinion (nº 372). Cet auteur abandonne ainsi la doctrine qu'il avait enseignée dans son *Examen critique*, lorsqu'il disait (p. 845 et suiv.) que le privilége du vendeur se trouvait, par la force des choses, conservé dans tous les cas contre le nouvel acquéreur.

Mais, en renvoyant au nº 290 de son travail, il semble persister encore dans l'opinion d'après laquelle l'extinction du droit de suite entraînerait la perte du droit de préférence lorsque l'immeuble a été aliéné autrement qu'en échange d'une somme d'argent, et, au cas où il a été vendu, si la sûreté du tiers acquéreur exige cette double extinction.

C'est aussi cette théorie que M. Mourlon continue de professer au sujet des priviléges généraux : « Les priviléges généraux, dit-il, non inscrits avant ou depuis l'aliénation, sont de plein droit purgés par l'effet de la transcription. Mais sont-ils alors absolument éteints, ou ne le sont-ils qu'au point de vue du droit de suite? Voyez sur cette question la théorie que j'ai développée pages 833 et suivantes » (*Appendice sur la Transcription*, nº 382).

348. — Toutes ces distinctions faites par M. Mourlon n'ont, selon nous, aucune base solide. Ainsi, l'auteur établit d'abord, en principe, que la perte du droit de suite entraîne celle du droit de préférence (p. 835 et suiv.). Puis il suppose un immeuble affecté par hypothèque ou par privilége spécial à Primus, créancier de 5000 fr. Ce même immeuble serait en outre affecté par privilége général à Secundus et à Tertius, créanciers l'un et l'autre de 2,500 fr. chacun. Cet immeuble ayant été aliéné à

titre gratuit par acte entre-vifs, et la donation ayant été transcrite, Primus se serait mis en règle à l'égard du donataire. Secundus et Tertius n'auraient point pris inscription en temps utile. Alors, dit M. Mourlon, si le donataire remplit les formalités de la purge afin de se libérer envers Primus, auquel il offre 5000 fr., Primus voyant que la somme offerte sera absorbée par les priviléges généraux, recourra à la surenchère, pour peu qu'il espère obtenir par cette voie un plus fort prix que celui qui lui est offert. Le donataire se trouvera ainsi dépossédé par l'effet d'un privilége éteint quant à lui, évincé pour l'avantage et l'utilité de créanciers auxquels il ne devait absolument rien. Le droit de préférence, qu'on conserve aux créanciers ayant des priviléges généraux, tourne contre le donataire lui-même, et on fait ainsi indirectement revivre contre lui le droit de suite dont la loi le déclare affranchi.

Si Primus, dans l'espèce, recourt à la voie de la surenchère, c'est probablement parce que la somme offerte par le donataire sera inférieure à la valeur de l'immeuble donné ; autrement, il se donnera bien garde de surenchérir. Or, il n'y a pas grand inconvénient à ce qu'un donataire qui offre, pour libérer des dettes du donateur l'immeuble reçu à titre de libéralité, une somme qui n'égale pas la valeur du bien qui lui est donné, soit inquiété par le droit de suite. Sans doute, le donataire ne doit absolument rien aux créanciers ayant des priviléges généraux ; mais serait-il juste, si le prix de l'immeuble est supérieur à la somme offerte par le donataire, qu'il conserve cet excédant de valeur au préjudice des créanciers du donateur, et surtout des créanciers ayant des priviléges généraux?

C'est, dit M. Mourlon, faire indirectement revivre contre le donataire le droit de suite des priviléges généraux, qui cependant est éteint. Non, ce n'est pas en vertu du droit des créanciers privilégiés, mais bien en vertu de celui de Primus, que la surenchère sera exercée ; et il n'y a là aucune résurrection du droit de suite qui appartenait à ces créanciers, et qui est entièrement éteint. Les créanciers privilégiés profiteront de l'exercice du droit de Primus, qui agit dans son intérêt, et qui use de son droit ; mais, encore une fois, n'est-ce pas équitable?

Reconnaître a Secundus et à Tertius, ajoute M. Mourlon, le droit de s'attribuer, à l'exclusion de Primus, la somme offerte à ce dernier par le donataire, c'est forcément supposer par là même que ce bien était resté leur gage. Or, y eût-il jamais rien de plus faux? Nous répondons que, selon nous, rien ne fut jamais plus vrai : les créanciers ayant des priviléges généraux, sont bien déchus de leur droit de suite ; mais, selon la théorie que nous avons embrassée, quoique ce droit soit éteint, ils conservent encore leur droit de préférence ; et, à ce point de vue, il est vrai de dire que l'immeuble est resté leur gage.

L'auteur, continuant la même hypothèse, suppose ensuite que, le donataire ne recourant point à la purge, Primus fait vendre l'immeuble, et il s'étonne de ce que, dans ce cas, Secundus et Tertius recevront l'argent qui proviendra de la vente : « Si Primus, dit-il, dans le cas où le donataire ne recourt point à la purge, fait vendre l'immeuble qui *n'est plus affecté qu'à lui seul*, Secundus et Tertius, auxquels cet immeuble est complétement étranger, sur lequel ils n'ont aucun droit, interviendront alors; en sorte qu'après avoir perdu son temps et fait des avances pour réaliser son gage exclusif, Primus verra l'argent obtenu par ses soins passer entre les mains de Secundus et de Tertius! Si Primus n'eût pas eu le soin de conserver son hypothèque ou son privilége, Secundus et Tertius n'auraient absolument rien à prétendre ; et parce que Primus a été plus diligent qu'eux, *sa diligence sauvegarde à son préjudice le privilége qu'ils ont laissé éteindre!* L'immeuble qu'il a saisi et transformé en argent était *son gage exclusif;* ils n'avaient, eux, sur cet immeuble, *aucun droit,* et ce sont eux qui en touchent le prix! Ils bénéficient d'une action qui ne leur appartenait pas. Le créancier en la personne duquel elle résidait n'en profite point! Tout cela se peut-il? Je crois trop au bon sens du lecteur pour lui faire l'injure de penser qu'il prêtera jamais son appui à de telles énormités. »

M. Mourlon traite bien sévèrement la doctrine contraire à celle qu'il professe. Il arrive assez souvent, en droit, que l'on jouit du bénéfice de l'action d'autrui, bénéfice que l'on n'aurait pas obtenu soi-même directement. Il arrive aussi tous les jours qu'une poursuite en expropriation est dirigée à la requête de créanciers qui, étant primés par d'autres, ne touchent pas une obole du prix provenant de l'adjudication. Quant au préjudice, du moins pécuniaire, que la diligence de Primus lui fera éprouver, nous ne voyons pas bien quel il peut être. Ses avances, il ne les perdra point. Il ne profitera pas du prix de la vente, c'est vrai; mais on ne peut pas dire que c'est pour lui un préjudice, si, dans ses rapports avec les créanciers privilégiés, il n'y avait aucun droit. Veut-on qu'il ait perdu quelque temps en démarches? Mais faut-il donc embrasser avec tant de passion la cause de Primus parce qu'il aura rendu gratuitement quelques services à ces créanciers, en supposant même qu'il n'ait pas agi dans l'unique but de sauvegarder ses propres intérêts ?

M. Mourlon, partant toujours du même principe, est trop bon logicien pour ne pas rencontrer la même conséquence. L'immeuble, dit-il, que Primus a saisi et transformé en argent était *son gage exclusif;* Secundus et Tertius n'avaient sur cet immeuble *aucun droit*. Nous nions, nous, que Secundus et Tertius, qui ont perdu leur droit de suite, n'aient plus aucun droit sur l'immeuble par rapport à Primus, et que cet immeuble soit devenu le gage exclusif de celui-ci. Nous soutenons, au contraire, que, vis-à-vis de Primus, le droit de préférence est conservé. Il n'y a dans tout cela, à notre sens, aucune énormité.

Mais, ce qui nous paraît assez extraordinaire, c'est que, après avoir soutenu la thèse de l'extinction du droit de préférence comme conséquence de l'extinction du droit de suite (p. 835 et suiv.), M. Mourlon dise plus loin (p. 839) que, dans le cas où le débiteur a vendu l'immeuble, il admet, en principe, la survie du droit de préférence au droit de suite. M. Mourlon avait enseigné ce qui suit : « Si le privilége a été inscrit avant l'aliénation, et au plus tard dans la quinzaine de la transcription faite par le nouvel acquéreur, le créancier a toujours deux débiteurs : son obligé personnel et l'immeuble qui lui est affecté. Dans le cas contraire, l'obligé personnel reste seul tenu de la dette. Le créancier dépouillé de son droit réel se trouve alors dans la condition d'un créancier ordinaire, c'est-à-dire d'un créancier qui a pour débiteur unique une personne proprement dite. Le droit qui lui reste n'est et ne peut être qu'un pur droit chirographaire; car l'immeuble qui lui était affecté, ayant cessé de l'être, a, par cela même, cessé d'être son gage. A quel titre, dès lors, prétendrait-il avoir un droit exclusif sur le prix qui en provient? Comment, en présence d'un immeuble que la loi déclare libre de toute affectation réelle, concevoir la survie d'un privilége, c'est-à-dire d'un droit réel sur cet immeuble » (p. 836 et suiv.)?

Maintenant, à la page 839, et pour le cas où l'immeuble est vendu, nous lisons : « Remarquez, en effet, dans cette espèce, qu'au moment où l'immeuble a été transformé en argent, le droit réel dont il était grevé et qui servait de fondement au privilége subsistait encore. L'acheteur l'a reçu avec la charge qui l'affectait au paiement de la dette que le privilége avait pour objet de garantir. Ce n'est que plus tard, et après l'expiration des quinze jours qui ont suivi la transcription de l'aliénation, et, par conséquent, postérieurement à sa transformation en argent, qu'il s'est trouvé affranchi de la charge qui, au moment de son aliénation, pesait encore sur lui. Or, cette libération, qui fait obstacle au droit de suite, n'entrave en rien l'exercice du droit de préférence. En ne s'inscrivant point dans le délai de la loi, les créanciers auxquels l'immeuble était affecté par privilége général ont tacitement ratifié la vente consentie par leur débiteur, et, par suite, renoncé à leur droit de surenchère, dont ils n'avaient que faire, puisque leur gage se trouvait, par l'effet même de la vente, réalisé en une somme d'argent qui leur a paru suffisante pour les couvrir. Cette somme est la représentation de leur gage; et, de même que l'immeuble qui l'a produite leur était affecté par préférence à tout autre créancier, elle leur est également réservée, à l'exclusion de tout autre prétendant. Le droit réel qu'ils avaient sur l'immeuble, lorsqu'il a été transformé en argent, s'est reporté sur elle. Qu'importe que leur droit réel sur l'immeuble soit actuellement éteint? Ils n'en ont plus besoin » (p. 839 et suiv.).

M. Mourlon convient donc ici que le créancier déchu de son droit de suite *n'a pas seulement un droit purement chirographaire*, et qu'*il a un titre pour avoir un droit exclusif sur le prix provenant de l'immeuble*. — Mais telle est aussi notre opinion.

Il est vrai que l'auteur limite bientôt sa théorie et qu'il l'applique seulement lorsque les créanciers, ayant un privilége général, n'ont vis-à-vis d'eux que des créanciers chirographaires, ou bien encore lorsque l'immeuble vendu étant affecté par privilége spécial ou par hypothèque à d'autres créanciers, le prix déclaré au contrat ou la somme offerte par l'acheteur suffit pour satisfaire les créanciers inscrits, après le prélèvement de ce qui est dû aux créanciers non inscrits (p. 841).

Mais, si le prix déclaré ou la somme offerte par l'acheteur ne suffisent pas, est-ce que le prix ou la somme offferte cessent pour autant d'être *la représentation du gage des créanciers privilégiés?* Est ce que cela empêche le *droit réel qu'ils avaient sur l'immeuble, lorsqu'il a été transformé en argent, de s'être reporté sur cette somme?* Non, certainement. C'est alors que M. Mourlon revient au raisonnement qu'il faisait dans l'hypothèse où l'immeuble avait été aliéné à titre gratuit : Si la somme ne suffit pas pour désintéresser les créanciers inscrits, ils recourront à la voie de la surenchère, et on fera revivre indirectement contre le tiers acquéreur un privilége qui cependant, faute d'avoir été inscrit en temps utile, est éteint à son égard (p. 841). — Nous croyons avoir répondu à cet argument. Il nous semble inutile d'insister davantage.

Que M. Mourlon veuille bien nous permettre de le dire : nous préférerions, si c'était possible, une théorie qui, après avoir posé nettement la thèse de l'extinction du droit de préférence comme conséquence de la perte du droit de suite, déciderait d'une manière générale et absolue que le premier droit est éteint pour tous les priviléges, plutôt qu'une doctrine qui fait des distinctions ne se rattachant ni de près ni de loin à aucun texte et pouvant ainsi varier au gré de l'imagination.

349. — Nous dirons donc, en nous résumant, que la perte du droit de suite n'entraîne pas, en principe, l'extinction du droit de préférence.

Ce dernier droit n'est éteint que lorsqu'il y a impossibilité légale de remplir la formalité de l'inscription à laquelle le privilége est subordonné pour produire son effet. Par conséquent, les priviléges dispensés d'inscription, qui ne pourront plus être inscrits utilement quant au droit de suite, donneront encore lieu au droit de préférence. Mais les priviléges qui ne produisent leur effet que lorsqu'ils sont inscrits et qui ne peuvent plus l'être soit quand la transcription est effectuée, soit après l'expiration d'un certain délai, seront éteints d'une manière complète et absolue.

LI.

La vente par autorité de justice sur expropriation forcée et l'expropriation pour cause d'utilité publique purgent-elles les priviléges et hypothèques?

SOMMAIRE.

350. Principes du Code Napoléon et du Code de procédure civile.—Jurisprudence de la Cour de cassation relativement à la purge des hypothèques légales dispensées d'inscription et non inscrites par suite du jugement d'adjudication sur expropriation.

351. Les priviléges et les hypothèques qui, avant la loi du 23 mars, étaient purgés par l'expropriation forcée, le sont-ils encore aujourd'hui par le jugement d'adjudication lui-même? — Solution négative.

352. Suite.

353. Dispositions des art. 16 et 17 de la loi du 3 mars 1841 sur l'expropriation pour cause d'utilité publique.

350. — La disposition de l'art. 834 C. proc., d'après laquelle les créanciers ayant sur un immeuble une hypothèque non inscrite ou un privilége non conservé au moment de l'aliénation, pouvaient inscrire cette hypothèque ou ce privilége jusqu'à l'expiration du délai de quinzaine à dater de la transcription de l'acte d'aliénation, ne s'appliquait qu'aux aliénations volontaires. Les ventes faites par autorité de justice sur expropriation forcée n'étaient pas soumises à cette régle et restaient régies par le principe de l'art. 2166 C. N., selon lequel un immeuble ne pouvait plus être frappé d'inscription dès qu'il était

sorti du patrimoine du débiteur. Il s'ensuivait que les hypothèques assujetties à la formalité de l'inscription, et qui n'étaient pas inscrites avant le jugement d'adjudication, étaient purgées par ce jugement. Il en était de même des priviléges soumis à la formalité de l'inscription et de ceux qui, bien que dispensés d'inscription en général, y sont cependant assujettis en cas d'aliénation.

Quant aux hypothèques légales des femmes mariées, des mineurs, des interdits, de bons esprits soutiennent que celles qui ne sont pas inscrites lors du jugement d'adjudication sont également purgées par l'expropriation forcée. Si l'expropriation, dit-on, ne purgeait pas par elle-même les hypothèques légales dispensées d'inscription et non inscrites lors du jugement d'adjudication, il en résulterait que l'adjudicataire ne pourrait s'en affranchir qu'en remplissant les formalités des art. 2193 et 2194 C. N. Or, ces dispositions ne s'appliquent littéralement qu'aux aliénations volontaires. En les comparant avec les art. 2181 et suiv. C. N., on voit qu'il ne peut être question de purger les hypothèques non inscrites des femmes mariées, des mineurs et des interdits que dans les cas où il y a lieu de purger les hypothèques inscrites, c'est-à-dire en cas d'aliénation volontaire. On se prévaut aussi des dispositions des art. 750 et 775 C. proc., qui viennent à l'appui de cette argumentation, ainsi que de la publicité qui accompagne l'expropriation forcée et qui rend le plus souvent inutiles les formalités prescrites par les art. 2193 et 2194 C. N. précités.

Mais la Cour de cassation a consacré l'opinion contraire par une jurisprudence constante. Voici notamment comment s'exprime l'arrêt du 30 juillet 1834 :

« La Cour, — Vu les art. 2135, n° 2, 2180, 2193 et 2194 C. civ.; — Attendu qu'il résulte des dispositions ci-dessus que l'hypothèque légale des femmes existe sur les biens de leurs maris indépendamment de toute inscription, et que cette hypothèque ne s'éteint que lorsqu'après l'accomplissement des formalités que la loi prescrit aux susdits art. 2193 et 2194, il n'est pas survenu d'inscription de leur chef; — Attendu que le Code de procédure, en ce qui concerne les saisies immobilières et les adjudications qui en sont la suite, garde le silence sur les hypothèques légales; qu'il n'a, par conséquent, dérogé en rien aux dispositions du Code civil, qui ne fait, à l'égard de ces hypothèques, aucune distinction entre les ventes volontaires et les ventes par expropriation forcée; que, dans l'un comme dans l'autre cas, le moyen de purger les hypothèques légales est le même; — Attendu, dans l'espèce, qu'en rejetant de l'ordre, sous prétexte de non inscription de la créance de la dame veuve Durozé, avant le jugement d'adjudication, la collocation que les premiers juges avaient faite à son profit, et en déclarant ses héritiers non recevables et mal fondés dans leur réclamation, quoiqu'il fût constant que les formalités prescrites par la loi pour purger l'hypothèque légale dont il s'agit n'avaient pas été observées, la Cour royale de Caen a violé expressément les articles de loi précités; — Casse, etc. » (voy. Rej. 22 juin 1833; Sir., 33. 1. 440; — Rej. 26 mai 1836; Sir., 36. 1. 775; — Cass., 18 décembre 1839; Sir., 40. 1. 137; — Rej. 27 mars 1844; Sir., 45. 1. 20).

351. — Nous avons vu, sous les questions précédentes, quelles sont les règles à suivre aujourd'hui relativement à

l'inscription des hypothèques et priviléges quand il y a une aliénation volontaire ; mais que doit-on décider s'il s'agit d'une expropriation forcée? Appliquera-t-on encore les principes qui étaient appliqués avant la loi du 23 mars? Dira-t-on que l'expropriation purge encore aujourd'hui par elle-même soit les priviléges, soit les hypothèques, ainsi que nous l'avons expliqué dans le numéro précédent? Soutiendra-t-on que les rédacteurs de la loi nouvelle, en abrogeant simplement l'art. 834 C. proc., et en laissant subsister l'art. 2166 C. N., ont laissé aussi survivre, quant à la question qui nous occupe, les principes qui existaient auparavant? Alléguera-t-on, enfin, qu'il est de tradition que le *décret nettoie les hypothèques et les priviléges*, et que la publicité qui accompagne l'expropriation équivaut au moins à toute autre publicité?

Nous ne savons si ces objections seront faites; mais elles n'auraient, à notre sens, aucun fondement. Il nous semble certain que les priviléges et les hypothèques qui, avant la loi du 23 mars, étaient purgés par l'expropriation forcée elle-même, ne le seront plus désormais que par la transcription des jugements d'adjudication.

Le 4e alinéa de la loi nouvelle soumet, en effet, ces jugements à la formalité, et l'art. 6, sans faire aucune distinction entre les aliénations volontaires et les ventes faites par autorité de justice sur expropriation forcée, dispose d'une manière générale qu'à partir de la transcription aucune inscription ne peut être utilement prise sur le précédent propriétaire.

Le principe de l'art. 2166 C. N., suivant lequel le privilége ou l'hypothèque non inscrits au moment de l'aliénation ne pouvaient plus frapper l'immeuble dès que l'aliénation était consentie, a été remplacé par la règle de l'art. 3 de la loi du 23 mars, qui doit se combiner avec la disposition de l'art. 6 précité.

352. — Ainsi, même après le jugement d'adjudication et tant que la transcription de ce jugement ne sera pas effectuée, les créanciers ayant des hypothèques ou des privilèges soumis à la formalité de l'inscription pourront encore prendre inscription sur l'immeuble exproprié, à l'effet de conserver leur droit de préférence. Ce n'est qu'après la transcription du jugement d'adjudication que ces créanciers hypothécaires ou privilégiés (1), étant privés du droit de s'inscrire, descendront au rang de simples créanciers chirographaires.

353. — Les jugements d'expropriation pour cause d'utilité publique sont bien translatifs de propriété, mais ils ne sont pas régis par les dispositions de la loi du 23 mars. Ce ne sont pas des jugements d'adjudication. Ils restent, par conséqent, sous l'empire des règles de la loi du 3 mai 1841 sur l'expropriation pour cause d'utilité publique.

Or, d'après les art. 16 et 17 de cette loi, les jugements sont, après l'accomplissement de certaines formalités, transcrits au bureau de la conservation des hypothèques, et les créanciers ayant soit des privilèges, soit des hypothèques conventionnelles, judiciaires ou légales, sont admis à les inscrire jusqu'à l'expiration de la quinzaine à dater de la transcription de ces jugements. A défaut d'inscription dans ce délai, l'immeuble exproprié est affran-

(1) Quant aux privilèges dispensés d'inscription, le droit de préférence ne sera pas éteint, quoiqu'ils n'aient pas été inscrits avant la transcription.

chi de tous priviléges et hypothèques, de quelque nature qu'ils soient; mais les créanciers qui ont des hypothèques légales dispensées d'inscription peuvent cependant exercer leur droit de préférence sur le montant de l'indemnité, tant qu'elle n'a pas été payée ou que l'ordre n'a pas été réglé définitivement entre les créanciers.

LII.

L'action résolutoire dans le cas d'échange avec soulte, de donation onéreuse, ou de dation en paiement avec soulte en faveur du débiteur, est-elle soumise à la règle de l'art. 7 de la loi du 23 mars? **Art. 7.**

SOMMAIRE.

354. Dispositions de l'art. 7 de la loi du 23 mars.
355. Observations des auteurs de l'*Explication* sur l'action en répétition de la chose par le copermutant, et sur l'action en résolution d'une donation en cas d'inexécution des charges. — Ces actions ne sont pas soumises à la règle de l'art. 7.
356. *Quid* si l'échange est fait avec une soulte?
357. Suite.
358. *Quid* si la charge imposée au donataire consiste en une somme d'argent d'une valeur égale à celle de l'immeuble donné?
359. *Quid* si, la donation étant universelle ou à titre universel, le donataire s'oblige à payer les créanciers du donateur?
360. *Quid* en cas de dation en paiement avec soulte en faveur du débiteur?
361. *Quid* si, dans l'hypothèse précédente, le débiteur a fait donation de l'immeuble à la charge par le donataire de le libérer d'une dette contractée envers lui?

354. — D'après les principes du Code Napoléon, l'action résolutoire que le vendeur peut intenter aux termes de l'art. 1654 était occulte; elle n'était soumise à aucune

condition de publicité (1). D'assez nombreux inconvénients résultaient de cette clandestinité. La suppression de cette action avait même été réclamée à l'Assemblée Législative. On se rappelle encore la brillante controverse qui eut lieu à cet égard au sein de cette assemblée.

La loi du 23 mars n'a pas été aussi loin. En laissant subsister les principes du Code relatifs à l'action résolutoire, lorsqu'il s'agit des rapports entre le vendeur et l'acheteur, elle se borne, dans l'intérêt des tiers, à limiter l'exercice de cette action par une condition de publicité, ou plutôt, comme le disait M. Rouher, à rattacher son existence à celle du privilége. C'est en ce sens que l'art. 7 dispose que l'extinction de ce privilége entraîne l'extinction de l'action résolutoire au regard des tiers qui ont acquis des droits sur l'immeuble du chef de l'acquéreur, et qui se sont conformés aux lois pour les conserver.

355. — Les auteurs de l'*Explication* (n° 117) ont fait observer que cette disposition n'était applicable ni à l'action en répétition de la chose par le copermutant, ni à l'action en résolution d'une donation en cas d'inexécution des charges. Ainsi, un échange est fait d'un immeuble contre un autre immeuble, sans aucune soulte; l'un des copermutants est évincé; il a une action en répétition de la chose, fondée sur le principe de l'art. 1184 C. N. Il peut même intenter une action en indemnité. Une donation est faite d'un immeuble de 10,000 fr., à la charge

(1) Voyez toutefois les limites dans lesquelles le droit de résolution a été restreint en matière d'expropriation et d'adjudication par suite de surenchère sur aliénation volontaire (art. 717 et 838 C. proc.).

par le donataire de construire une maison de même valeur. Le donateur, en cas d'inexécution, peut aussi intenter une action en résolution de la donation et rentrer dans la propriété de l'immeuble. Mais ces deux hypothèses ne rentrent ni l'une ni l'autre dans la disposition de l'art. 7, qui est littéralement limitée à l'action résolutoire du *vendeur*. D'ailleurs, l'échangiste n'a pas de privilége; il n'en a pas pour son action en indemnité. Il en faut dire autant du donateur. Or, l'art. 7 décide que c'est l'extinction du privilége qui entraîne l'extinction de l'action résolutoire. On ne se trouve donc pas dans les termes de la loi.

356. — La décision doit être la même quand l'échange est fait avec une soulte de beaucoup inférieure à la valeur de l'immeuble aliéné par le copermutant débiteur de la soulte. La soulte, selon la remarque de Pothier, n'est qu'un accessoire du contrat, qui n'en change point la nature. Il y a même des auteurs qui refusent un privilége au créancier de la soulte (Mourlon, *Examen critique*, n° 149. — *Contra* : Zachariæ, t. II, p. 118; — Troplong, n° 215).

357. — Mais, si la valeur de la soulte est de beaucoup supérieure à celle de l'immeuble aliéné par le copermutant qui la doit, les juges seraient autorisés à voir dans le contrat autre chose qu'un échange, à reconnaître que la convention a tous les caractères d'une vente; et, dès lors, l'action résolutoire serait soumise au principe de l'art. 7 (voy. Duranton, XVI, n° 547; — Aubry et Rau, t. II, p. 578, note 5. — Voy. aussi Mourlon, *Examen critique*, n° 150).

358. — Si la charge imposée au donataire consistait en

une somme d'argent d'une valeur égale à celle de l'immeuble donné, et que celui-ci s'obligerait à payer soit au donateur, soit à ses créanciers en son acquit, il est certain que, malgré la qualification donnée à l'acte, c'est une véritable vente qui aurait lieu entre les parties, et que l'action résolutoire serait subordonnée dans ce cas à la disposition de l'art. 7.

359. — Mais, si la donation était universelle ou à titre universel, l'obligation imposée au donataire de payer les créanciers du donateur n'en changerait pas ainsi le caractère, quand même la somme à payer aux créanciers serait égale à la valeur des biens donnés. Cette obligation est, en effet, une conséquence de la donation, et la stipulation expresse qui en est faite est une clause surabondante qui ne peut altérer la nature de l'acte.

360. Si un débiteur donne en paiement un immeuble à son créancier, et qu'il soit stipulé une soulte en faveur du débiteur, l'action résolutoire qui serait intentée par ce dernier en cas de non paiement de la soulte stipulée serait régie par le principe de l'art. 7. La dation en paiement, sauf quelques règles qui lui sont propres, est assimilée à la vente. Les auteurs reconnaissent aussi que le créancier de la soulte a un privilége (Zachariæ, t. II, p. 118); cette hypothèse rentre donc parfaitement dans la disposition de notre article.

361. — Il en serait ainsi quand même le débiteur aurait fait donation de l'immeuble à la charge par le donataire, outre la soulte, de le libérer d'une dette qu'il aurait envers lui. Le contrat est encore dans ce cas une véritable dation en paiement.

LIII.

Dans quels cas le vendeur qui donne main-levée de son privilége, ou qui laisse périmer l'inscription, est-il déchu de son action résolutoire?

SOMMAIRE.

362. Extinction de l'action résolutoire par suite de la main-levée du privilége.
363. Extinction de l'action résolutoire par suite de la main-levée de l'inscription.
364. *Quid* en cas de péremption de l'inscription du privilége? — Distinction.
365. La péremption de l'inscription n'éteint pas l'action résolutoire si l'immeuble est en la possession du premier acquéreur.
366. *Quid* si l'immeuble a été revendu? — Distinction.
367. Si la transcription a eu lieu, l'action résolutoire subsiste.
368. *Secus* si le vendeur a seulement pris inscription.
369. Les solutions des deux numéros précédents doivent être données dans le cas de vente par l'acquéreur d'un démembrement de la propriété.

362. — Le vendeur qui donne main-levée de son privilége ne peut plus intenter son action résolutoire, soit à l'encontre des créanciers hypothécaires de l'acquéreur, soit à l'égard du sous-acquéreur.

En effet, aux termes de l'art. 7 de la loi du 23 mars, l'action résolutoire du vendeur ne peut être exercée après l'extinction du privilége, au préjudice des tiers qui ont acquis des droits sur l'immeuble; or, le privilége est éteint par suite de la main-levée; donc l'action résolutoire est également éteinte. C'est, du reste, ce que disait M. Rouher à l'Assemblée Législative, dans la séance du 14 décembre 1850 (*Monit.* du 15 décembre 1850. — Voy. *Explicat.* nos 112 et 115).

363. — La main-levée de l'*inscription* du privilége donnée par le vendeur devrait produire le même effet. Le vendeur qui donne main-levée de l'inscription doit, en thèse, être considéré comme ayant renoncé à son privilége. Et il faudrait le décider ainsi quand même la transcription du contrat de vente aurait eu lieu. Autrement la main-levée n'aurait aucune utilité (Mourlon, n° 378).

364. — Lorsque le vendeur laisse périmer l'inscription de son privilége, il faut distinguer si l'immeuble est encore entre les mains du premier acquéreur ou s'il en est sorti par une revente.

365. — Quand l'immeuble est encore la propriété du premier acquéreur, la péremption de l'inscription n'éteint pas le privilége, et cela lors même que la transcription de l'acte de vente n'aurait pas eu lieu. Le vendeur peut toujours renouveler son inscription et primer les créanciers hypothécaires de l'acquéreur (art. 2108 C. N.). Par conséquent il pourra aussi exercer à leur préjudice son action résolutoire (voy. *Explicat.*, n° 116).

366. — Si l'immeuble a été revendu par l'acheteur, de deux choses l'une : ou la transcription de la première vente a été opérée, ou elle n'a pas eu lieu.

367. — Dans le premier cas, la transcription équivalant à inscription pour la conservation du privilége du vendeur, peu importe que l'inscription prise d'office par le conservateur soit ou non périmée et que le sous-acquéreur ait transcrit; le privilége du premier vendeur est conservé, et par suite son action résolutoire reste entière.

368. — Mais, si la transcription du premier contrat

n'avait pas été effectuée et que le vendeur eût seulement, comme il en a le droit, pris inscription, la péremption de cette inscription entraînerait l'extinction de l'action résolutoire au regard du sous-acquéreur qui a transcrit. En effet, on ne se trouve plus, évidemment, dans les quarante-cinq jours pendant lesquels le vendeur peut inscrire son privilége, nonobstant toute transcription, puisque dix ans, on le suppose, se sont écoulés depuis la prise de l'inscription; il y a donc extinction du privilége et de l'action résolutoire.

369. — Au reste, ce que nous venons de décider dans les deux numéros précédents pour le cas de revente de la propriété entière de l'immeuble, serait applicable à l'hypothèse dans laquelle le premier acquéreur aurait vendu des démembrements de ce droit, tels que l'usufruit.

LIV.

En cas de faillite de l'acheteur, ou de décès et d'acceptation de sa succession sous bénéfice d'inventaire, le vendeur dont le privilége n'est pas rendu public par l'inscription ou la transcription est-il déchu de son action résolutoire?

SOMMAIRE.

370. De l'extinction du privilége du vendeur à défaut d'inscription avant la faillite de l'acheteur ou avant le décès de celui-ci, quand sa succession est acceptée sous bénéfice d'inventaire.
371. *Quid* de la transcription effectuée après la faillite ou le décès?
372. *Quid* de l'action résolutoire? — Opinion de M. Mourlon.
373. Le vendeur conserve son action résolutoire.
374. Suite.
375. Suite. — *Quid* si l'inscription est, en cas de faillite, prise au nom de la masse par les syndics?
376. Suite.

370. — Quand l'acheteur fait faillite, ou lorsque, décédant, sa succession est acceptée sous bénéfice d'inventaire, l'inscription du privilége du vendeur ne peut plus avoir lieu, aux termes de l'art. 448 C. comm. et 2146 C. N. Si donc ce privilége n'a pas été inscrit avant la faillite ou le décès de l'acheteur, il sera éteint, et le vendeur descendra au rang des créanciers chirographaires.

371. — Le vendeur ne pourrait même pas faire transcrire la vente à l'effet de conserver son privilége, bien que les art. 448 et 2146 précités ne parlent que de l'inscription; car, dans l'espèce, la transcription équivaut à inscription; et, si l'inscription est nulle, la même nullité doit affecter l'acte qui en tiendrait lieu (Troplong, *Priv. et Hyp.*, n° 650. — Mourlon, n° 379).

372. — Mais le vendeur sera-t-il déchu de son action résolutoire? M. Mourlon se prononce pour l'affirmative (1). Il n'en fait aucun doute : « Ainsi, dit-il, et au cas où l'acheteur est mis en faillite avant la transcription de la vente, le vendeur, s'il n'a pas eu le soin de prendre une inscription directe, fût-il d'ailleurs dans les quarante-cinq jours de son contrat, perd à l'instant même tous les droits dont il était investi. Il n'a plus de privilége, puisque la condition à laquelle la loi en avait subordonné l'exercice n'a pas été remplie et ne peut plus l'être; il n'a plus d'action en résolution, puisque, selon la loi nouvelle, ce droit disparaît dès que le privilége s'éteint » (*loc. cit.*).

(1) M. Mourlon ne parle que du cas où l'acheteur est mis en faillite. Mais la solution doit, en thèse, être la même dans les deux hypothèses, sauf ce que nous dirons spécialement pour le cas de faillite.

M. Mourlon, dans son *Appendice sur la Transcription*, enlève ainsi au vendeur toutes les garanties que la loi lui accorde, après avoir décidé, dans son *Examen critique* (n° 273), que le privilége et l'action résolutoire du vendeur restaient intacts dans notre espèce.

373. — Nous pensons, au contraire, que, sous l'empire du Code Napoléon et du Code de commerce, comme d'après la loi du 23 mars, le privilége qui n'a pas été rendu public par l'inscription ou par la transcription avant la faillite ou le décès de l'acheteur dont la succession est acceptée sous bénéfice d'inventaire, est perdu, mais que le vendeur n'en conserve pas moins son droit de résolution.

374. — Lorsque la loi du 23 mars s'occupe de la publicité de l'action résolutoire, et lorsqu'elle décide que l'extinction du privilége entraîne la perte de cette action, elle n'envisage le droit de résolution que dans ses rapports avec les tiers qui ont acquis des droits sur l'immeuble : « L'action résolutoire, porte l'art. 7, établie par l'art. 1654 C. N. ne peut être exercée, après l'extinction du privilége du vendeur, au préjudice *des tiers qui ont acquis des droits sur l'immeuble du chef de l'acquéreur*, etc. » Or, soit dans le cas de faillite, soit dans celui d'une succession acceptée sous bénéfice d'inventaire, les créanciers n'acquièrent aucun droit particulier sur l'immeuble. Créanciers chirographaires avant le décès, ils restent tels après cet événement. Lorsque la faillite est déclarée, le dessaisissement opéré par le jugement déclaratif enlève seulement au failli, nous l'avons déjà dit ailleurs, l'exercice du droit de propriété ; mais le droit lui-même continue de résider sur sa tête (voy. nos 192 et 195).

375. — Peut-être pourrait-on dire que, dans l'hypothèse de la faillite, dès que l'inscription de l'hypothèque accordée à la masse par les syndics serait prise (art. 490 C. comm.), le vendeur n'aurait plus le droit d'intenter son action en résolution au préjudice des créanciers de la faillite; car on se trouverait alors dans les termes de l'art. 7. Mais, jusque-là, le droit de résolution du vendeur doit rester entier, et l'action qu'il intenterait même après le jugement déclaratif devrait triompher.

376. — C'est déjà un principe rigoureux que celui qui prive le vendeur de son privilége et de son action en résolution dans les hypothèses prévues par la loi. C'était une conséquence, nous en convenons, du régime de publicité admis par le législateur de 1855. Mais il faut rester dans les limites qu'il a posées. Si la solution de M. Mourlon était plus exacte que la nôtre, il y aurait bien des périls pour les vendeurs d'immeubles : dès qu'une vente serait consentie à un homme insolvable, le vendeur pourrait, le lendemain ou le jour suivant, se voir dépouillé sans compensation de sa propriété au profit des créanciers d'une succession ou de la masse d'une faillite, puisqu'il n'aurait plus ni privilége ni droit de résolution (1).

(1) Pour remédier à ces inconvénients, M. Mourlon conseille un moyen dont on a parlé dans une autre occasion, lors de la discussion de la loi au Corps Législatif : on pourrait insérer dans le contrat une clause d'après laquelle la convention serait frappée d'une condition suspensive jusqu'à la transcription, de telle sorte que, jusqu'à l'accomplissement de cette formalité, la propriété ne serait pas transmise et continuerait de résider sur la tête du vendeur (n° 380). — C'est à ce propos que M. Delapalme disait qu'on ne devait pas rédiger une loi dans des conditions telles, que les parties par un renversement de rôles fussent obligées de lui venir en aide (séance du 15 janvier 1855. — *Monit.* du 17).

LV.

Les héritiers du mineur décédé en état de minorité sont-ils obligés de prendre inscription dans l'année qui suit la cessation de la tutelle? — Le délai d'une année après la dissolution du mariage ou la cessation de la tutelle est-il prolongé en faveur des héritiers mineurs de la veuve, du mineur devenu majeur, ou de l'ancien interdit? **Art. 8.**

SOMMAIRE.

377. Disposition de l'art. 8 de la loi du 23 mars.
378. Objections contre une solution affirmative de la première partie de la question.
379. Raisons de décider.
380. Quand la veuve, le mineur devenu majeur ou l'ancien interdit laissent des héritiers ou ayants cause en état de minorité, le délai d'une année ne doit pas être prolongé.

377. — On avait depuis longtemps fait remarquer que la dispense d'inscription accordée aux hypothèques légales des femmes, des mineurs et des interdits se prolongeait au-delà du terme des incapacités qui l'avaient fait établir. Lorsque le mariage est dissous, le mineur devenu majeur, l'interdit relevé de l'interdiction, la veuve, le majeur et l'ancien interdit peuvent très-bien rendre public leur droit hypothécaire. Il suffit qu'un délai à dater du jour où ils sont relevés de l'incapacité leur soit octroyé pour prendre inscription. Telle est aussi la disposition de l'art. 8 de la loi du 23 mars, qui porte que si la veuve, le mineur devenu majeur, l'interdit relevé de l'interdiction, leurs héritiers ou ayants cause n'ont pas pris inscription dans l'année qui suit la dissolution du mariage

ou la cessation de la tutelle, leur hypothèque ne date, à l'égard des tiers, que du jour des inscriptions prises ultérieurement. En d'autres termes, faute d'une inscription dans le délai prescrit, non-seulement la veuve, le majeur et l'ancien interdit seront primés par les créanciers qui, après l'année depuis la dissolution du mariage ou la cessation de la tutelle, auront pris inscription avant eux, mais encore par ceux qui se seront inscrits soit pendant la durée du mariage ou de la tutelle, soit pendant l'année de grâce accordée pour rendre publique l'hypothèque légale. L'art. 8 ne fait aucune distinction ; l'hypothèque ne date à l'égard des tiers que du jour de l'inscription prise ultérieurement. La veuve, le majeur, l'interdit relevé de l'interdiction n'ont plus le droit de prendre leur rang aux époques fixées par l'art. 2135 C. N. C'est l'inscription seule qui le détermine (1).

378. — Si on s'en tenait à la lettre de l'art. 8, il semblerait que, lorsque le mineur décède en état de minorité, ses héritiers ne sont pas obligés de prendre inscription dans l'année qui suit la cessation de la tutelle. La loi, pourrait-on dire, ne parle que des héritiers ou ayants cause du mineur *devenu majeur*. Le privilége, consistant dans la dispense d'inscription, doit exister au profit des héritiers du mineur décédé en minorité, du moins jusqu'à l'époque où le mineur aurait été lui-même obligé de faire inscrire son hypothèque, c'est-à-dire tant que l'année qui suivra le jour où il aurait atteint sa majorité ne sera pas écoulée.

(1) Nous avons vu (nº 329) quelle est la conséquence du défaut d'inscription dans le délai de l'art. 8 par rapport au tiers détenteur de l'immeuble sur lequel frappe l'hypothèque légale.

379. — Ce n'est pas ainsi que la loi doit être interprétée. Elle a parlé du mineur devenu majeur pour faire comprendre que sa disposition ne s'applique ni au cas où la tutelle prend fin par le décès du tuteur, l'état de minorité subsistant, ni à celui où elle cesse par l'émancipation du mineur; car, dans ces cas, il reste un incapable à protéger. Mais le législateur, en énonçant ensuite les héritiers ou ayants cause, n'a certainement pas eu l'intention de les dispenser de la nécessité de l'inscription lorsque le mineur est décédé en état de minorité. On conçoit que les incapables ne soient pas astreints à faire inscrire leur hypothèque. Mais pour quel motif aurait-on accordé la même faveur à leurs héritiers, qui, s'ils sont majeurs, peuvent surveiller leurs droits, ou, s'ils sont mineurs, doivent avoir des mandataires auxquels ce soin est confié? Cette solution est, d'ailleurs, plus conforme à l'esprit dans lequel la loi a été rédigée, et nous ne pouvons pas penser que le législateur qui, par la disposition de l'art. 8, voulait faire disparaître les embarras du crédit foncier résultant, sous l'empire du Code Napoléon, de la trop longue dispense accordée aux hypothèques légales dont nous nous occupons, ait sans aucun motif laissé subsister, du moins dans certaines limites, le même inconvénient (voy., en ce sens, *Explicat.*, n° 121; — Mourlon, n° 390).

380. — Lorsque la veuve, le mineur devenu majeur, ou l'interdit relevé de l'interdiction, laissent des héritiers ou ayants cause qui sont en état de minorité, le délai d'une année qui est accordé à leurs auteurs pour prendre l'inscription n'est pas prolongé. L'hypothèque devra être rendue publique dans l'année déterminée par l'art. 8. Il

s'agit d'une espèce de déchéance. Or, il est de principe que le temps à l'expiration duquel une déchéance a lieu court contre toutes personnes, même contre les mineurs.

LVI.

Art. 9. *Quels sont les changements introduits par la loi du 23 mars dans les principes qui régissent la subrogation ou la renonciation à l'hypothèque légale de la femme mariée?*

SOMMAIRE.

381. Observations générales sur la subrogation et renonciation à l'hypothèque légale de la femme mariée.
382. De la cession de l'hypothèque indépendamment de la créance. — Opinions des auteurs sur cette question avant la loi du 23 mars. — Opinion de M. Valette. — Système de M. Bertauld. — Système de M. Benech.
383. Différences qui existent entre la cession de l'hypothèque et la simple cession d'antériorité.
384. Examen et réfutation de l'opinion de M. Benech sur la cession de l'hypothèque, abstraction faite de la créance.
385. Effets des renonciations à l'hypothèque légale sous l'empire de la loi du 23 mars. — Système de Proudhon. — Système de Zachariæ et de MM. Aubry et Rau.
386. La femme qui s'oblige solidairement avec son mari sans aucune affectation hypothécaire sur les immeubles de celui-ci ne cède pas son hypothèque au créancier.
387. *Secus* s'il y a affectation hypothécaire de la part du mari. — Jurisprudence contraire de plusieurs Cours impériales approuvée par M. Benech. — Arrêt de la Cour de cassation du 8 août 1854.
388. Dans quels cas la femme mariée peut subroger à son hypothèque légale ou y renoncer.
389. Divergence entre les auteurs sur la question de savoir si la subrogation est régie par l'art. 1690 C. N. — Solution négative.
390. Principes antérieurs sur l'inscription de la subrogation et sur le mode de régler la préférence entre différents subrogés. — Disposition de l'art. 9.
391. Application de cette disposition à l'acquéreur de l'immeuble du mari.

381. — Les femmes mariées interviennent souvent dans les actes passés entre les tiers et leurs maris, afin de venir en aide au crédit de ces derniers. C'est alors qu'ont lieu ces stipulations, profondément entrées dans les habitudes de la pratique, et connues sous les noms de *subrogations* ou *renonciations à l'hypothèque légale*.

Du reste, les subrogations ou renonciations ne sont pas seulement expresses; elles peuvent aussi être tacites, c'est-à-dire s'induire de faits qui prouvent nécessairement l'intention de subroger ou de renoncer à l'hypothèque.

La doctrine, en l'absence de textes formels sur cette importante matière, a déduit des principes généraux du droit des règles, pour faciliter la solution des difficultés qu'elle peut faire naître (1), en reconnaissant cependant que les théories ne devaient pas résister aux faits, et que

(1) Voyez M. Mourlon, *Traité théorique et pratique des subrogations personnelles;* — M. Bertauld, *De la subrogation à l'hypothèque légale des femmes mariées;* — M. Gauthier, *Traité de la subrogation des personnes;* — M. Benech,

trop de radicalisme dans les déductions de droit conduirait souvent à la violation de la volonté des parties contractantes, c'est-à-dire, dans certains cas, à l'injustice.

Toutefois, il est des nécessités légales dont la convention ne peut pas s'affranchir, des règles dont elle doit tenir compte, des principes, enfin, que les contractants sont obligés de respecter. A ce point de vue, la doctrine a pu abstraire et ériger des systèmes qui devaient être d'autant plus nombreux que les textes étaient moins explicites.

Nous n'avons pas l'intention de traiter ici avec tous les développements qu'elle comporte, cette matière qui a été l'objet des savants travaux que nous avons cités dans la note précédente. Nous avons seulement à rechercher quelles sont les modifications qui ont été apportées par la loi du 23 mars aux règles suivies auparavant.

382. — Il est un point que nous devons examiner tout d'abord, parce qu'il se rattache intimement à notre sujet, et qu'il est d'ailleurs, selon nous, fondamental. C'est la question de savoir si l'hypothèque légale de la femme peut être cédée principalement et indépendamment de la créance.

Les auteurs qui s'en sont occupés ne l'ont pas résolue d'une manière uniforme. Ainsi, même avant la loi du 23 mars, plusieurs jurisconsultes ne voyaient aucun obstacle sérieux à ce qu'un droit d'hypothèque fût cédé séparément et abstraction faite de la créance qu'il garantit (Championnière et Rigaud, t. II, n° 113). M. Valette disait :

Le nantissement appliqué aux droits, créances et reprises de la femme sur les biens de son mari. — La jurisprudence renferme aussi d'assez nombreuses décisions sur cette matière.

« Suivant nous, il y a lieu d'appliquer ici l'adage : *Qui peut le plus peut le moins;* nul n'a d'intérêt ni qualité pour se plaindre de ce que la cession ne comprend qu'un accessoire, un émolument de la créance, au lieu d'embrasser la créance tout entière » (*Traité des priv. et hyp.*, p. 20).

D'autres jurisconsultes soutenaient la négative (voy. notamment Zachariæ et MM. Aubry et Rau, t. II, § 288, p. 13; — M. Mourlon, *Traité théorique et pratique des subrogations personnelles*, p. 578).

Pour M. Bertauld, ce qu'on appelle la *subrogation à l'hypothèque légale* de la femme, c'est « non pas simplement l'engagement de l'accessoire, de la sûreté hypothécaire, mais encore de la chose assurée... c'est un abandon éventuel par la femme de la totalité, ou seulement de partie de ses droits, sous la condition qu'ils lui demeureront, qu'elle pourra les exercer elle-même, si le subrogé n'en use pas, en telle sorte que celui-ci n'en est investi que comme d'un gage, d'un nantissement... C'est un acte qui participe tout à la fois du transport et du nantissement, mais dans lequel le caractère du transport prédomine » (n°s 5 et 6). La femme, selon M. Bertauld, peut bien renoncer partiellement à son hypothèque; mais une semblable renonciation n'a rien de translatif et est purement extinctive (n° 10). Le transport de l'hypothèque, abstraction faite de la créance qu'elle garantit, n'est pas une chose rationelle; on ne peut pas l'admettre. Si, dans le cas de paiement avec subrogation, les accessoires de la créance peuvent lui survivre, c'est là une dérogation aux principes, et cette dérogation est l'œuvre de la toute-puissance de la loi (n° 12).

M. Bertauld cite ensuite (p. 19) un arrêt de la Chambre des requêtes du 25 janvier 1853 qui, selon le savant professeur, aurait consacré son système. Mais, dans l'espèce sur laquelle est intervenu cet arrêt, il ne s'agissait pas d'une cession d'hypothèque, mais bien d'une simple cession d'antériorité. Voici les faits tels qu'ils sont rapportés par l'arrêtiste :

Les sieurs Charvin et Fischer avaient été colloqués au premier rang dans un ordre pour deux obligations hypothécaires, dont l'une était garantie par une inscription du 28 juillet 1824, renouvelée le 20 mai 1830, et l'autre avait, en vertu d'*une cession d'antériorité*, pris la place de la créance d'un sieur Lenoble. — Des contredits furent élevés contre les deux collocations : 1° en ce que l'inscription de 1830, prise en renouvellement, ne portait pas l'indication de l'inscription renouvelée; 2° en ce que Charvin et Fischer ne rapportaient pas la justification de l'existence actuelle de la créance Lenoble.

Jugement du Tribunal civil de Libourne, qui maintient les collocations.

Mais, sur l'appel, le 4 décembre 1850, arrêt de la Cour de Bordeaux qui infirme le jugement et admet les contredits.

Pourvoi en cassation par Charvin et Fischer, pour : 1° violation de l'art. 2154 C. N., qui n'impose pas l'obligation de mentionner l'inscription renouvelée dans l'inscription prise en renouvellement; — 2° violation des art. 1583 et 1690 du même Code, en ce que la *cession d'antériorité* d'un rang hypothécaire confère au cessionnaire un droit au rang de la créance cédée, sans qu'il y ait à examiner si, plus tard, cette créance existe encore ou a conservé son rang. — C'est en cet état que la Chambre des requêtes a rendu, le 25 janvier 1853, l'arrêt suivant :

« Attendu que l'hypothèque ne peut avoir d'existence propre indépendamment de la créance dont elle est l'accessoire et le moyen d'exécution; que dès lors la convention par laquelle un créancier cède son hypothèque à un autre créancier qui lui était postérieur, ne peut avoir d'autre résultat que de lui substituer le cessionnaire aux lieu et place qu'aurait occupés dans l'ordre la créance du cédant; d'où il suit que, si cette créance a cessé d'exister ou a elle-même perdu son rang hypothécaire, la *cession d'antériorité* ne peut avoir aucun effet pour le cessionnaire; — Attendu, dès lors, qu'en refusant aux demandeurs en cassation de les colloquer au *rang hypothécaire à eux cédé* par Lenoble, faute de justification de l'existence actuelle de la créance dudit Lenoble, l'arrêt attaqué, loin de violer aucune loi, a au contraire fait à l'espèce une juste application des principes de la matière, — Rejette, etc. » (J. P. 1853, t. I, p. 697).

La Cour, on le voit, n'avait pas à décider et n'a pas décidé *in terminis* la question de validité de la cession de l'hypothèque consentie indépendamment de la créance. Nous sommes loin, du reste, de contester l'exactitude de la décision contenue dans cet arrêt en ce qui concerne la déchéance du cessionnaire par suite de l'extinction de la créance. Nous sommes au contraire de cet avis, comme on le verra plus loin.

M. Benech, qui a écrit depuis la promulgation de la loi du 23 mars, analyse séparément chacun des traités qui ont ordinairement lieu dans les actes. Pour lui, le traité qui intervient quand la femme *cède* au créancier du mari ses créances, droits et reprises, n'a de cession que le nom, puisqu'il n'y a point, puisqu'il ne peut point y avoir de prix stipulé. C'est un acte qui est nul comme cession, et dans lequel on ne peut voir qu'un cautionnement ou nantissement tacite (p. 9 et suiv.).

La femme *subroge-t-elle* à ses droits et reprises, il n'y a pas là non plus de subrogation proprement dite, puisqu'il n'y a point de paiement effectué. Cette prétendue subrogation est inexistante, comme la cession elle-même, à moins qu'il ne résulte des stipulations que la femme a simplement consenti une cession d'antériorité d'hypothèque (p. 16 et suiv.). Quant aux *renonciations* de la femme à ses reprises en faveur d'un créancier donné, elles ne pourraient être que translatives des droits de la femme (p. 19); mais le créancier au profit duquel la femme a renoncé à ses reprises ne peut, pas plus que celui qui en a accepté la cession ou la subrogation, être investi de la propriété des créances, puisqu'il n'en a pas soldé le prix, et que d'ailleurs la femme n'a pas eu l'intention d'aliéner à tout autre titre, gratuit ou onéreux (p. 22).

Les actes contenant cessions, subrogations ou renonciations aux reprises de la femme, nulles comme telles, ne confèrent même pas aux créanciers un droit de privilége attaché à un gage tacite, puisqu'on n'y a pas observé les conditions et formalités sous lesquelles ce privilége peut être exercé en matière de meubles incorporels, tels qu'une créance mobilière (p. 23 et suiv.).

« En résumé, dit M. Benech, les parties n'ont pas entendu faire ni une cession ni une subrogation; on ne peut donc admettre l'acte comme tel sans aller contre leurs intentions formelles (art. 1156). En second lieu, l'acte est inexistant faute de stipulation de prix et en raison de l'absence de toute autre *justa causa;* il ne peut donc pas se transformer en un droit de gage; le néant ne se transforme pas. 3° Fût-il susceptible de transformation, l'acte ne saurait valoir comme gage, les formalités spéciales et constitutives de ce droit n'ayant pas été accomplies » (p. 32 et suiv.).

Passant ensuite aux traités qui contiennent des cessions ou subrogations à l'*hypothèque légale*, l'auteur examine la question de savoir si cette hypothèque peut être cédée indépendamment de la créance, et prend aussi parti pour la solution négative (p. 43 et suiv.).

Ainsi, dans le système du savant professeur de Toulouse, la cession des droits et reprises de la femme est nulle; la subrogation à ces droits l'est également. Même solution pour la cession de l'hypothèque, indépendamment de la créance; et toutes ces cessions ou subrogations ne valent pas même comme impignorations tacites. Quel est donc le seul traité valable? C'est celui qui porte sur l'antériorité de rang (p. 77). C'est le seul dont l'art. 9 de la loi du 23 mars s'occupe (*ibid.*).

383. — Avant de discuter la partie de ce système qui a trait à la cession de l'hypothèque, il n'est peut-être pas inutile de bien préciser les différences qui séparent cette cession de la simple cession d'antériorité (1).

(1) M. Benech les a parfaitement exposées dans le travail précité.

Par le premier acte, la femme transfère son hypothèque à un autre, s'en dépouille pour l'en investir et le fait monter à son rang. L'hypothèque de la femme est éteinte dans les limites de la créance jusqu'à concurrence de laquelle le transfert a eu lieu.

Par la cession d'antériorité, la femme conserve son droit hypothécaire, promet à un créancier hypothécaire de ne pas se prévaloir de son hypothèque, mais seulement vis-à-vis de lui (M. Benech, p. 38).

Ces deux opérations ne sont donc pas identiques, quoiqu'il soit difficile de les distinguer par suite de l'obscurité ou de la confusion qui existe souvent dans la rédaction des actes.

Cette différence dans les opérations conduit à quelques résultats assez importants.

Ainsi, lorsqu'il y a cession de l'hypothèque, le cessionnaire ou subrogé produit en son propre nom dans l'ordre et se fait attribuer la collocation à laquelle la femme avait droit.

Autrefois plusieurs auteurs, et de nos jours quelques arrêts de Cours d'appel, ont décidé que, lorsqu'il y a simple cession d'antériorité de la part de la femme, celle-ci, par suite de l'effet de la cession, se trouvait au dernier rang des créanciers hypothécaires; que le cessionnaire la primait, mais passait toutefois après les autres créanciers intermédiaires.

M. Bertauld (nº 20) et M. Benech (p. 40) font très-bien observer que ce résultat est en opposition avec le principe que les conventions ne peuvent nuire ni profiter aux personnes qui y sont étrangères (art. 1165 C. N.; L. 73,

§ 4, D., *De reg. jur.*). Les créanciers hypothécaires intermédiaires conserveront leur position, comme dans le cas de cession d'hypothèque.

Mais, s'il n'y a que cession d'antériorité, c'est la femme elle-même qui sera en son nom colloquée à son rang, sauf à elle à remettre au créancier qui a stipulé l'antériorité, le montant de sa collocation ou à le lui laisser prendre.

La cession de l'hypothèque peut avoir lieu au profit d'un créancier chirographaire; *secus* de la cession d'antériorité.

En cas de cession d'hypothèque, la perte de l'hypothèque qu'avait le créancier cessionnaire ne rendrait pas inefficace le bénéfice de la cession. Mais il en serait autrement dans le cas de cession d'antériorité (M. Benech, p. 42. — Paris, 24 août 1853, cité par M. Benech).

Doit-on dire, comme quatrième différence, que, dans la cession d'antériorité, le cessionnaire se trouvera déchu de son droit par suite de l'extinction ultérieure, en tout ou en partie, de la créance de la femme, soit par compensation, confusion ou autrement, tandis qu'il n'en sera pas de même dans le cas de cession d'hypothèque? Nous ne le pensons pas. Nous croyons que, dans l'un et l'autre cas, il y aura déchéance pour le cessionnaire. Lorsqu'il s'agit de la cession d'antériorité, la solution n'est pas douteuse, puisque la femme conserve et sa créance et son hypothèque (voy. arrêt 25 janvier 1853 précité).

La Cour d'Orléans a rendu la même décision dans le cas de cession de l'hypothèque : « Considérant qu'on ne peut céder à un autre plus de droits qu'on n'en a soi-même ; — Considérant que si, aux termes de l'art. 2135

C. civ., la femme mariée a une hypothèque légale sur les biens de son mari, notamment pour l'indemnité des obligations qu'elle a contractées solidairement avec lui pendant l'existence de la communauté, cette hypothèque ne produit son effet qu'autant que, lors de la dissolution de cette communauté, elle a droit à une indemnité ; — Considérant que de là il suit qu'en subrogeant le prêteur dans son hypothèque légale, elle ne lui confère qu'un droit purement éventuel ; — Considérant que si, en souscrivant solidairement avec son mari l'obligation du 25 décembre 1829, la dame Leblanc est devenue créancière de l'indemnité à laquelle elle avait droit à raison de ladite obligation, cette créance était éteinte dès avant la deuxième production du sieur Picaut de La Férandière ; qu'en effet, en acceptant purement et simplement, ce qui était dans leur droit, la succession de leur mère et ensuite celle de leur père, les héritiers Leblanc sont devenus tout à la fois créanciers et débiteurs de cette indemnité ; d'où il suit que la confusion s'est opérée de plein droit, et que, par suite, la subrogation dont excipe le sieur Picaut de La Férandière est devenue sans objet » (arrêt 16 mars 1849, cité par M. Bertauld, n° 70, et par M. Benech, p. 51).

M. Bertauld n'approuve pas cette décision ; elle renferme, selon lui, une grave erreur (n° 70). M. Benech adopte au contraire, avec raison, la doctrine consacrée par cet arrêt, et il la justifie par de puissants motifs (p. 52 et suiv.). Il n'en est pas de l'hypothèque comme de la créance, lorsqu'elle est cédée et que le cessionnaire a rempli les formalités de l'art. 1690 C. N. La créance a une existence propre, indépendante, tandis que l'hypothèque conserve toujours, quand elle est cédée, une relation nécessaire avec la créance. Si la créance s'éteint, l'hypothèque doit subir le même sort.

384. — Abordons maintenant les raisonnements faits et les considérations invoquées par M. Benech pour soutenir que, même sous l'empire de la loi du 23 mars, l'hypothèque légale ne peut pas être cédée indépendamment de la créance.

Le principal argument de M. Benech est puisé dans les différentes phases d'élaboration législative que l'art. 9 de la loi du 23 mars a traversées. — Tout en reconnaissant l'exactitude des documents produits par l'honorable auteur, nous ne pouvons accepter la conclusion qu'il a formulée, et nous pensons qu'aujourd'hui il est certain que l'hypothèque légale peut être cédée principalement et abstraction faite des créances qu'elle garantit.

L'art. 2139 du projet de révision des lois hypothécaires était ainsi conçu : « Le créancier à qui l'hypothèque a été consentie, ses héritiers ou ayants cause, pourront *céder cette hypothèque* ou son rang d'antériorité, mais seulement par acte authentique. » Au sein de l'Assemblée Législative, M. de Vatisménil, dans son rapport au nom de la commission, critiquait cette disposition et s'exprimait de la manière suivante : « L'art. 2139 du projet paraît supposer que l'hypothèque peut être cédée indépendamment de la créance. La commission ne croit pas devoir admettre ce genre de cession, qui lui paraît contraire aux principes et sujet à de graves inconvénients : *contraire aux principes*, car l'hypothèque, étant accessoire, est naturellement transmise en même temps que la créance dont elle forme la sûreté (Code civil, art. 1692); mais on ne conçoit pas bien qu'elle puisse être détachée de la créance pour être cédée isolément; *sujet à de graves inconvénients*, car, dans le système que nous combattons, le créancier qui aurait hypothèque sur plusieurs immeubles pourrait, en conservant sa créance et son hypothèque sur un des immeubles, faire un trafic très-fâcheux de cette même hypothèque, en tant qu'elle frapperait sur les autres immeubles» (*Moniteur*, suppl. au n° 116 du 26 avril 1850. — M. Benech, p. 45 et suiv.).

L'art. 2139 ci-dessus cité du projet du Gouvernement avait été modifié par la commission dans son art. 2159, ainsi conçu : « Les cessionnaires *de toute créance privilégiée ou hypothécaire* et les personnes valablement subrogées dans lesdites *créances* exerceront sur l'immeuble les mêmes droits que le cédant ou le subrogeant. »

M. Bethmont, dans son rapport au nom de la commission du Conseil d'Etat, disait aussi : « La cession soit de l'hypothèque, soit du rang d'antériorité, est organisée par l'art. 2139 du projet. La pensée qui a inspiré cet article doit être approuvée, mais la rédaction se prête à des interprétations dangereuses. Le projet paraît admettre qu'un créancier hypothécaire pourra céder son hypothèque sans sa créance. Une semblable cession ne se conçoit pas. On doit donc exprimer formellement la faculté de céder la créance hypothécaire, mais non la faculté de céder l'hypothèque comme un droit distinct détaché de l'obligation » (M. Benech, p. 46 et suiv.).

En conséquence, le Conseil d'Etat proposait de substituer à l'art. 2139 du projet du Gouvernement la rédaction suivante : « Le créancier à qui l'hypothèque a été consentie, ses héritiers ou ayants cause, peuvent céder *leur créance hypothécaire* ou leur rang d'antériorité, mais seulement par acte authentique » (M. Benech, p. 47, à la note).

Se prévalant de ces documents, M. Benech en conclut qu'aux yeux de l'Assemblée Législative et du Conseil d'État la créance et l'hypothèque sont tellement unies, que la seconde ne peut être cédée indépendamment de la première (p. 47).

Nous convenons que les autorités citées par M. Benech sont puissantes. Mais nous ne croyons pas qu'elles soient de nature à jeter des doutes sérieux sur l'interprétation de l'art. 9 de la loi du 23 mars.

Si les changements de rédaction ci-dessus mentionnés avaient été sanctionnés par un vote définitif de la loi sur la réforme hypothécaire, il faudrait bien se soumettre aux dispositions précitées. Mais quelle peut être l'influence des observations de MM. de Vatisménil et Bethmont sur l'interprétation de la loi actuelle, qui précisément, dans son art. 9, offre une rédaction semblable à celle des dispositions que MM. de Vatisménil et Bethmont critiquaient? Ne sommes-nous pas bien fondés à dire que, si ces éminents jurisconsultes étaient appelés à interpréter la loi du 23 mars, ils seraient probablement portés à lui donner le sens que nous lui donnons nous-mêmes? Ne doit-on pas, d'ailleurs, penser que les documents rapportés plus haut, et qui étaient si récents, étaient connus des rédacteurs de la loi nouvelle, et que, s'ils ont employé la formule qui avait été l'objet des critiques consignées dans les rapports de MM. de Vatisménil et Bethmont, c'est qu'ils ont eu le dessein de ne pas adopter l'opinion émise par les deux honorables rapporteurs?

Cependant M. Benech ajoute : « Si la faculté de détacher le rang de la créance soulève de si vives résistances quand il s'agit de créances ordinaires, ces résistances doivent grandir encore quand il s'agit de procéder ainsi à l'égard de l'hypothèque légale. Cette hypothèque est, en effet, tout entière l'œuvre de la loi (2117), et la loi l'a accordée à la femme mariée, indépendamment de toute stipulation et de toute inscription, par des considérations toutes *personnelles*, pour la protéger contre la puissance du mari. Autoriser ici la séparation de la créance et du rang, c'est donc détruire l'œuvre et l'économie de la loi et faire jouir une créance ordinaire d'une faveur spéciale et exceptionnelle qui n'a été établie que comme contrepoids à la puissance maritale, en violant ainsi cette maxime fondamentale : *Beneficium personale non convertitur in beneficium commune* (Paul, fr. 68, *De div. reg. jur. antiq.*). »

Nous admettons que les considérations exposées par M. Benech sont celles qui ont fait introduire l'hypothèque que la loi accorde à la femme mariée sur les biens de son mari. Mais nous nions qu'il faille en tirer la conséquence exprimée par le savant professeur. De ce que la loi accorde une garantie particulière à la femme, il ne s'ensuit pas nécessairement qu'elle ne puisse s'en dépouiller au profit d'un tiers. Dans quelques observations sur la réforme hypothécaire, on avait proposé de ne lui permettre de subroger à son hypothèque qu'avec l'autorisation de justice;

mais rien de semblable n'a été consacré par la loi du 23 mars. Non-seulement il n'existe aucun texte prohibitif; mais l'art. 9 semble bien, au contraire, lui permettre de consentir cette cession quand elle n'est pas mariée sous un régime qui y fasse obstacle.

Toutes les considérations qu'on pourra invoquer doivent, selon nous, échouer contre la disposition de cet article. Que porte le premier alinéa? « Dans les cas où les femmes peuvent *céder leur hypothèque légale* ou y renoncer, cette *cession* ou renonciation doit être faite par acte authentique, et les *cessionnaires* n'en sont saisis à l'égard des tiers que par l'inscription de cette hypothèque prise à leur profit ou par la mention de la subrogation en marge de l'inscription préexistante. » On ne peut trouver rien de plus précis que les termes de cette disposition; c'est bien de la cession de l'hypothèque, et non du droit d'antériorité, qu'il est question.

L'art. 2139 du projet de révision des lois hypothécaires ci-dessus cité disait bien aussi : *pourront céder cette hypothèque;* mais, à côté de la cession de l'hypothèque, on avait ajouté : *ou son rang d'antériorité*. Si les rédacteurs de la loi du 23 mars avaient eu l'intention de ne faire porter leurs prescriptions que sur la cession d'antériorité, ils auraient employé ces dernières expressions. Ils seraient vraiment impardonnables de s'être servis d'une locution qui, aux yeux de tout le monde, ne peut désigner que la cession de l'hypothèque.

Non, il faut le dire, le législateur de 1855 a préféré consacrer une opinion qui avait pour elle, ainsi que M. Benech l'établit si bien (p. 43), la sanction du temps et les suffrages de la majorité des jurisconsultes anciens et modernes.

Aussi M. Mourlon, qui, avant la loi du 23 mars, avait sur cette question adopté la négative dans son *Traité des subrogations* (p. 578 et suiv.) et combattu la doctrine ci-dessus rapportée de M. Valette, dit-il dans son *Appendice sur la Transcription :* « La loi nouvelle a tranché le débat. Aujourd'hui le doute n'est plus permis ; l'hypothèque peut être cédée principalement, c'est-à-dire abstraction faite de la créance dont elle est un accessoire » (n° 392. — Voy. aussi *Explicat.*, p. 79, note).

Nous convenons avec M. Benech que, sauf la condition de publicité imposée par l'art. 9, cette disposition n'a pas eu pour but d'apporter des changements dans les principes qui régissent la subrogation à l'hypothèque légale de la femme. C'est ce que disait M. le rapporteur de Belleyme en parlant de l'art. 11 du projet (art. 9 de la loi) : « Elle (la commission) a fait subir à l'art. 11 un changement de rédaction tendant à bien établir que la loi actuelle n'a pas eu pour but de modifier en quoi que ce soit la législation relative aux droits de la femme mariée en matière de cession ou de renonciation à une hypothèque légale. » — Mais ce n'est pas à dire, comme le soutient M. Benech, que la loi ne se soit pas prononcée sur la question de validité de la cession de l'hypothèque légale ou de la subrogation à cette hypothèque. Les rédacteurs de la loi du 23 mars pouvaient d'autant mieux penser, en consacrant l'opinion contraire à celle de M. Benech, ne rien modifier, que c'était, nous le répétons, celle qui était le plus généralement adoptée.

Nous convenons encore que la simple cession du droit d'antériorité sera soumise à la disposition de l'art. 9, d'après la maxime : *Ubi est eadem ratio, ibi idem jus*. Il y a, en effet, même raison d'appliquer le principe de publicité édicté par cet article aux cessions d'antériorité. Nous convenons, enfin, que les autres règles plus haut développées relativement à ces cessions devront encore aujourd'hui recevoir leur application. Mais nous ne pensons pas que ces propositions aient rien d'incompatible avec la thèse que nous venons de défendre.

385. — La loi du 23 mars consacre aussi l'opinion la plus générale sur les effets des renonciations à l'hypothèque légale. La jurisprudence admet en principe que ces renonciations sont translatives, et non pas purement abdicatives.

Le système de Proudhon, qui considère la renonciation comme un acte d'abstention duquel il ne peut résulter ni transport ni délégation de droits, est répudié par la majorité des auteurs : « Une question, dit Proudhon, qui se présente encore sur ce conflit d'intérêt des créanciers, consiste à savoir quel devrait être le sort de celui qui se présenterait avec un acte portant que la femme n'a pas seulement déclaré qu'elle entendait s'obliger personnellement pour la garantie de l'emprunt du mari, mais qu'elle a renoncé à son hypothèque en faveur du prêteur ; cette renonciation pourrait-elle être considérée comme équipollente à une cession ou à une subrogation d'hypothèque, et donner au créancier qui l'aurait obtenue un droit de préférence sur les autres? Nous croyons que cette question doit être décidée dans un sens négatif, parce qu'autre chose est de renoncer à l'exercice d'un droit et d'y renoncer même en faveur de quelqu'un, autre chose est de lui déléguer ou céder ce même droit pour qu'il l'exerce à son profit sur des tiers. La renonciation n'est, par sa nature, que *privative* pour celui qui la fait. Lui donner la force d'une cession de droits, ce serait étendre ses effets au-delà de ce que comporte leur cause » (*Usufruit*, n° 2239).

C'est avec juste raison que ce système a été repoussé comme étant en opposition avec l'intention de la partie qui renonce.

Le texte de l'art. 9 de la loi du 23 mars semble bien, du reste, consacrer l'opinion admise par l'immense majorité des auteurs, en assimilant la renonciation à la cession ou subrogation : « Dans les cas où les femmes peuvent céder leur hypothèque légale ou y renoncer, cette cession ou cette renonciation doit être faite par acte authentique, et les *cessionnaires* n'en sont saisis, etc. » La loi, en qualifiant de *cessionnaires* aussi bien le créancier au profit duquel la femme a renoncé que celui qui est subrogé, indique suffisamment, ce nous semble, que l'acte de renonciation n'est pas purement privatif.

Cependant, Zachariæ et ses annotateurs, MM. Aubry et Rau, distinguent si c'est un créancier chirographaire, ou bien, au contraire, un créancier hypothécaire, en faveur duquel la renonciation est faite : « Le créancier purement chirographaire, au profit duquel la femme a renoncé à son hypothèque légale, n'acquiert aucun droit d'hypothèque par suite de cette renonciation, qui ne lui confère qu'un droit personnel contre la femme. Tous les créanciers chirographaires au profit desquels ont eu lieu de pareilles renonciations se trouvent donc sur la même ligne, quelle que soit la date de la renonciation dont ils se prévalent. Au contraire, lorsque la femme renonce à son hypothèque légale dans l'intérêt d'un créancier hypothécaire du mari, la renonciation emporte virtuellement en faveur de ce créancier cession de la priorité du rang hypothécaire appartenant à la femme. Le droit de priorité qui fait l'objet de cette cession, venant s'incorporer à un droit d'hypothèque préexistant, participe nécessairement de la nature de ce droit réel, et dès lors la femme ne peut plus en neutraliser les effets par de nouvelles renonciations » (t. 2, § 228).

Nous avouons que nous ne comprenons pas bien cette *incorporation* dont parlent les éminents professeurs de la Faculté de Strasbourg, et par suite de laquelle, à la différence de la cession consentie à un créancier chirographaire, celle qui aurait lieu au profit d'un créancier hypothécaire ne pourrait plus être neutralisée par de nouvelles renonciations de la femme. Ce raisonnement est pour nous trop métaphysique. Nous savons toutefois que les autres auteurs n'approuvent pas cette doctrine et qu'ils la repoussent comme étant tout-à-fait arbitraire (voy. Bertauld, n° 18 ; Benech, p. 55).

386. — Lorsque la femme s'oblige solidairement avec son mari, mais sans aucune affectation hypothécaire sur les immeubles de celui-ci, il est aujourd'hui parfaitement établi que la femme ne transfère pas par cela même son hypothèque légale au créancier. L'effet de l'obligation solidaire ne peut être que de faire considérer la femme comme personnellement tenue de toute la dette vis-à-vis

du créancier. On ne peut raisonnablemeut pas en tirer la conséquence qu'elle lui a cédé son hypothèque.

387. — Mais que décider lorsqu'il y a obligation solidaire de la part du mari et de la femme avec affectation hypothécaire de la part du mari?

Plusieurs Cours ne voient dans cette stipulation qu'une simple cession du droit d'antériorité relative. C'est la doctrine des Cours de Paris (24 août 1853) et de Caen (9 février 1853). — Cette doctrine est approuvée et savamment défendue par M. Benech (p. 58 et suiv.). Cet auteur reconnaît cependant que la renonciation expresse de la part de la femme est translative; mais il accorde plus de puissance à la renonciation expresse qu'à la renonciation tacite : « Dans la première, dit-il, la femme parlant au contrat *sur l'hypothèque,* il est bien difficile qu'elle puisse se faire illusion sur les effets de sa renonciation formelle et qu'elle ne comprenne pas qu'elle s'est dessaisie du droit auquel elle renonce en faveur d'un autre. Mais, quand elle garde le silence, comment préjuger de la même manière de sa volonté, celle-ci pouvant s'expliquer tout aussi bien par une simple renonciation à son droit de priorité, renonciation bien moins onéreuse que la renonciation transmissive? »

Quelle que soit la valeur des arguments produits par M. Benech, nous croyons que c'est avec juste raison que la Cour de cassation ne fait aucune distinction entre la renonciation expresse et la renonciation tacite.

« Attendu, porte l'arrêt du 8 août 1854, que la femme qui s'oblige solidairement avec son mari envers un tiers et qui consent à hypothéquer, à la sûreté de cette obligation, des immeubles du mari affectés à son hypothèque légale, transporte virtuellement à ce créancier ses droits sur lesdits immeubles, et, par conséquent, son hypothèque légale... Attendu que, s'étant dessaisie de son hypothèque jusqu'à concurrence de son obligation solidaire, la femme ne peut transporter à tous autres par des subrogations ultérieures des droits qu'elle n'avait plus; qu'ainsi, en décidant que la subrogation tacite résultant de l'obligation solidaire contractée par la femme Bayle envers Delvigne avait le le même effet et la même force que la subrogation expresse....., la Cour impériale s'est conformée à la loi, — Rejette. » Nous croyons fermement que l'adhésion solidaire de la femme à l'affectation hypothécaire de la part du mari doit nécessairement entraîner le résultat consacré par la Cour régulatrice (1).

388. — La loi du 23 mars a laissé sous l'empire des principes précédemment établis la question de savoir dans quels cas la femme mariée peut subroger à son hypothèque légale ou y renoncer.

Les femmes mariées soit sous le régime de la communauté, soit sous celui de séparation de biens, soit sous le régime exclusif de communauté, soit même sous le régime dotal, peuvent subroger ou renoncer à leur hypothèque, à la condition que, dans le dernier cas, l'hypothèque ne garantisse que des reprises paraphernales.

Il est évident que, si l'hypothèque garantissait des reprises dotales, la subrogation ou la renonciation serait inefficace. — Peu importerait que ces reprises dotales fussent mobilières ou immobilières.

(1) Voyez cependant l'argumentation de M. Benech (*loc. cit.*).

Dans le système que nous avons embrassé, et qui décide que l'hypothèque peut être cédée indépendamment de la créance dont elle est l'accessoire, il est conséquent de statuer que la femme ne peut pas renoncer à l'hypothèque garantissant même sa dot mobilière. En effet, peu importe que l'on considère cette dot comme étant ou non aliénable, puisque la cession porte sur l'hypothèque seulement. Or, ce droit, considéré seul et abstraction faite de la créance, est, quoi qu'on en dise, un droit réel immobilier (M. Bertauld, n° 7. — *Contra* : M. Benech, p. 79, note 1re). La femme ne peut, par conséquent, le céder.

Aussi M. Troplong, qui admet l'aliénabilité de la dot mobilière et la cession de l'hypothèque indépendamment de la créance, refuse-t-il à la femme le droit de renoncer à son hypothèque légale au préjudice de ses reprises dotales : « J'accorde cependant, dit-il, que la femme ne peut renoncer à son hypothèque légale sur les biens de son mari; qu'elle ne peut la céder à ses propres créanciers, pendant le mariage, au préjudice de sa dot. Mais pourquoi cette concession? C'est que l'hypothèque légale de la femme est un droit immobilier qui, d'après l'art. 1554, est inaliénable, en ce sens que la femme ne saurait s'en priver au préjudice de ses droits dotaux. L'hypothèque est un *jus in re*, un démembrement de la propriété; c'est un immeuble : les immeubles dotaux sont inaliénables » (n° 3265).

Ceux, au contraire, qui pensent que l'hypothèque ne peut pas être cédée indépendamment de la créance, et qui considèrent la dot mobilière comme aliénable, doivent décider que la subrogation à l'hypothèque n'est défendue que lorsque cette subrogation tend à compromettre les répétitions que la femme peut avoir à exercer à raison de ses immeubles dotaux (voy. MM. Aubry et Rau, t. III, § 537, note 1re).

La femme mariée sous le régime dotal peut subroger à l'hypothèque légale lorsque la subrogation a pour cause l'établissement de ses enfants (art. 1555 et 1556 C. N. — Req., 1er avril 1845; Sir.-Dev., 45. 1. 256. — Nîmes, 30 avril 1846; Sir.-Dev., 46. 2. 68. — Troplong, *Contr. de mariage*, n° 3352. — Bertauld, n° 38).

M. Bertauld donne la même solution si la subrogation a lieu dans les termes et aux conditions de l'art. 1558 C. N. (*loc. cit.*).

389. — Les auteurs qui pensent que l'hypothèque ne peut pas être cédée indépendamment de la créance ne sont pas d'accord sur le point de savoir si la subrogation à l'hypothèque légale est soumise au principe de l'art. 1690 C. N., c'est-à-dire si elle ne peut être opposée aux tiers qu'autant qu'elle a été signifiée au mari ou acceptée par lui dans un acte authentique.

M. Bertauld soutient la nécessité de la signification ou de l'acceptation (n° 59). M. Gauthier défend l'opinion contraire (n° 577).

Selon nous, la subrogation ou la renonciation ne sont pas assujetties aux formalités de l'art. 1690, qui n'est édicté que pour *la cession des créances proprement dites*.

390. — Autrefois, et avant la loi du 23 mars, quelques personnes avaient prétendu que la subrogation devait être inscrite. Mais la jurisprudence et la doctrine avaient bientôt reconnu que l'obligation d'inscrire n'était nullement

imposée au subrogé, et qu'entre différents subrogés la préférence devait se régler uniquement par la date des actes d'où résultait la subrogation, sans égard aux inscriptions qu'ils auraient cru devoir prendre.

Aux termes de l'art. 9 de la loi du 23 mars, il n'en est plus ainsi; les cessions ou renonciations à l'hypothèque légale consenties par la femme n'ont d'effet à l'égard des tiers qu'autant qu'elles ont été rendues publiques par l'inscription au profit du subrogé de l'hypothèque cédée, lorsque l'hypothèque n'a pas encore été inscrite, ou par la mention de la cession en marge de l'inscription préexistante.

C'est la date des inscriptions ou des mentions qui détermine l'ordre dans lequel les cessionnaires doivent être colloqués. Conséquente avec ces nouveaux principes, la loi veut que les cessions et renonciations soient, sous peine de nullité, faites dans la forme authentique.

Mais, remarquons-le, ce n'est qu'à l'égard des tiers que la publicité de l'hypothèque et l'authenticité de l'acte de subrogation sont exigées. Il est certain que le défaut d'inscription ne pourrait être opposé par la femme au subrogé. Il en serait de même du défaut d'authenticité de l'acte de subrogation. Le subrogé ne pourrait pas, en vertu d'un acte sous seing privé, requérir l'inscription qui lui est nécessaire pour conserver ses droits à l'égard des tiers. C'est le motif qui a fait prescrire l'authenticité : « L'acte de subrogation doit être authentique, puisqu'il doit servir de première base à une inscription qui ne peut se fonder que sur un acte solennel. » Mais, dans ses rapports avec la femme, la subrogation produirait tous ses effets.

391. — Ce n'est pas seulement pour le créancier subrogé ou cessionnaire que la nécessité de l'acte authentique et de l'inscription existe, mais encore pour l'acquéreur de l'immeuble du mari en faveur duquel la femme peut renoncer à son hypothèque soit d'une manière expresse et formelle, soit en se portant covenderesse ou en garantissant la vente consentie par le mari. Dans tous ces cas la renonciation est translative. Proudhon, qui considère la renonciation, lorsqu'elle intervient en faveur d'un créancier, comme un simple acte d'abstention de la part de la femme, ainsi que nous l'avons vu plus haut, lui reconnaît un effet translatif quand elle résulte de la coopération de la femme à l'acte d'aliénation faite par le mari : « Ici, dit-il, l'aliénation du fonds, consentie par les deux époux, opérerait nécessairement au profit de l'acquéreur le transport de tous les droits des vendeurs; la femme n'aliénerait pas moins son droit d'hypothèque sur le fonds vendu que le mari son droit de propriété dans le même fonds, puisque l'acte de vente, consenti simultanément par eux, emporterait par sa nature la cession des droits que l'un et l'autre avaient dans la chose; et, comme le mari ne pourrait plus aliéner ou engager efficacement, au profit d'un autre, la propriété cédée à ce premier acquéreur, de même la femme ne pourrait plus céder ni engager à un autre bailleur de fonds l'hypothèque qu'elle avait sur l'héritage vendu et dont elle est restée dépouillée par l'acte de vente » (*Usufruit*, n° 2340). Il est évident que la renonciation expresse de la part de la femme dans l'acte de vente doit aussi être investitive.

De ce qui précède il résulte que, lorsqu'un acquéreur

voudra obtenir la renonciation à l'hypothèque légale de la femme sur l'immeuble vendu, dans l'acte même de vente, il sera obligé de passer un contrat notarié.

Ce n'est pas à dire que la renonciation consentie par la femme dans un acte de vente sous signatures privées n'aurait aucun effet vis-à-vis de la femme, et que celle-ci pourrait se prévaloir vis-à-vis de l'acquéreur du défaut d'authenticité de l'acte contenant sa renonciation; mais ce dernier ne pourrait pas, en vertu de cet acte, remplir les formalités conservatoires de ses droits au regard des tiers à qui la femme pourrait ensuite céder son hypothèque.

Il paraîtra peut-être assez extraordinaire de voir l'acquéreur, lorsque l'hypothèque légale de la femme n'aura pas été inscrite, requérir à son profit une inscription sur un bien dont la vente lui a été consentie. Cependant, s'il est vrai que la renonciation de la femme soit investitive, s'il est vrai que la femme pourrait encore, malgré sa renonciation en faveur de l'acquéreur, consentir d'autres cessions de son hypothèque qui primeraient ce dernier si elles étaient inscrites avant la sienne, il faut bien admettre que la renonciation faite en sa faveur est soumise à la disposition de l'art. 9.

Nous disons que la femme pourrait consentir d'autres subrogations. Cela arriverait, par exemple, si elle voulait, après la vente, favoriser son propre crédit, et même celui du mari, qui, malgré l'aliénation de l'immeuble, peut encore aujourd'hui consentir des hypothèques sur le bien aliéné, tant que la transcription de l'acte d'aliénation n'a pas été opérée.

392. — Il est certain que les droits du créancier subrogé

sont les mêmes que ceux de la femme vis-à-vis des créanciers hypothécaires primés par elle, et que, quoique la femme n'ait pas requis inscription et qu'ils soient inscrits avant l'inscription du subrogé, celui-ci les primera. Il succède à l'hypothèque de la femme avec les effets produits au moment de la subrogation (M. Lemarcis, p. 44).

393. —Enfin, la femme, au lieu de subroger ou de renoncer à son hypothèque, peut consentir la cession de sa créance hypothécaire, et on peut se demander si cet acte de cession est soumis aux formalités de l'art. 9 de la loi du 23 mars.

Nous ne le pensons pas. Ces formalités n'ont trait, d'après les termes mêmes de cet article, qu'à la *cession de l'hypothèque*. Celles qui sont prescrites pour la *cession de la créance* par la disposition de l'art. 1690 C. N. continueront d'être observées. Ainsi, la femme subroge-t-elle ou renonce-t-elle à son hypothèque légale, il faudra que le cessionnaire ou subrogé ait en sa faveur un titre authentique et prenne ou une inscription à son profit, ou fasse faire une mention en marge de l'inscription existante, pour être saisi vis-à-vis des tiers. La femme cède-t-elle sa créance hypothécaire, il suffira d'un acte sous seing privé et d'une notification ou d'une acceptation par acte authentique. La loi du 23 mars n'a pas abrogé les principes du Code Napoléon sur ce dernier point. Tel est le système qui a été émis par les auteurs de l'*Explication* (n° 137).

394. — Cependant l'opinion contraire est embrassée par M. Mourlon (*Append.*, n° 392) : « Bien que la loi ne le dise pas expressément, il n'est point douteux que la ces-

sion de la *créance* hypothécaire ne soit soumise aux mêmes règles que la cession de l'hypothèque; car, céder sa créance, c'est céder en même temps son hypothèque, et c'est par conséquent faire en même temps qu'un autre acte celui que la loi a pris soin de régler. » Tel est le raisonnement fait par M. Mourlon à l'appui de sa solution.

395. — Les auteurs de l'*Explication* disent : L'hypothèque n'est qu'un accessoire de la créance; elle se trouve nécessairement transmise avec le droit qu'elle garantit. Or, la loi (art. 1690 C. N.) n'exige pour la transmission de la créance à l'égard des tiers, ni la forme authentique, ni l'inscription ou la formalité de la mention; donc ces dernières formalités ne sont pas exigées.

396. — M. Mourlon part de la même base : Céder sa créance, c'est céder en même temps son hypothèque; mais sa conclusion est tout-à-fait opposée : donc, dit-il, on devra appliquer à la cession de la créance les formalités exigées pour la cession de l'hypothèque. Nous ne croyons pas que cette conclusion se trouve renfermée dans les prémisses. Nous aimons mieux dire que la cession de l'hypothèque restera nécessairement soumise aux formalités de la cession de la créance. « C'est, dit le savant auteur, faire en même temps qu'un autre acte celui que la loi a pris le soin de régler. » Oui ; mais cet acte que la loi a réglé n'est, dans l'espèce, qu'un accessoire de l'acte principal, la cession de la créance. Ce ne sont pas deux actes distincts et séparés; céder sa créance, selon M. Mourlon lui-même, c'est céder en même temps son hypothèque. Or, il en résulte évidemment, selon nous, que c'est l'acte principal, la cession de la créance, qui seul doit être pris

en considération pour déterminer la nature des formalités à remplir.

397. — On invoquera peut-être des considérations à l'appui de l'opinion contraire à la nôtre; les tiers cessionnaires, dira-t-on, courront dans l'espèce le même risque d'être trompés que celui qu'ils couraient avant la loi du 23 mars dans le cas de subrogation à l'hypothèque; car, malgré l'espèce de publicité résultant de la notification, il pourront bien n'être pas renseignés sur les cessions antérieures. C'est possible. Mais des considérations ne sont pas assez puissantes pour lutter contre des textes et des principes qui nous paraissent formels.

398. — Nous ne pensons pas non plus que la disposition de l'art. 9 soit applicable au cas où la femme, au lieu d'une cession de son hypothèque, aurait consenti un nantissement. M. Benech (p. 113, note 2) est du même avis, et émet le vœu qu'une extension du principe de l'art. 9 soit décrétée par le législateur qui reprendra un jour la révision de nos lois hypothécaires.

399. — Quand la femme, après avoir cédé une partie aliquote de sa créance, cède ensuite le surplus à une autre personne ou le lui donne en gage, on admet que les cessionnaires ou créanciers gagistes viendront en concours, quelle que soit la date des notifications qu'ils auraient faites des cessions ou des actes constitutifs du nantissement. Les seconds cessionnaires ou les créanciers gagistes ont, en effet, des droits soit de propriété, soit de gage, chacun sur une fraction de la même créance, et les fractions de cette créance ayant la même qualité, ne jouissent les unes par rapport aux autres d'aucun droit de préférence (M. Ber-

tauld, n° 107. — M. Mourlon, *Examen critique*, n° 328. — M. Benech, p. 104).

La disposition de l'art. 1690 C. N. n'est pas applicable à cette hypothèse; et, en outre, il est évident que ce cas n'est pas régi par l'art. 9 de la loi du 23 mars, qui, selon nous, n'est édicté ni pour les cessions intégrales de créances ni pour les cessions de parties aliquotes.

400. — Toutefois, il peut se faire que le premier cessionnaire d'une partie aliquote, afin de prévenir le concours, obtienne de la femme une déclaration par laquelle elle crée un droit d'antériorité d'hypothèque en faveur de la partie de la créance cédée. Si elle cède ensuite à un autre le surplus de sa créance, ou le frappe d'un droit de gage à son profit, on décide que l'hypothèque du second cessionnaire ou du créancier gagiste ultérieur passe après celle du premier cessionnaire (1). La femme n'a pas pu leur transmettre le droit de concourir avec le premier cessionnaire, puisqu'elle avait renoncé en sa faveur à son droit d'hypothèque : « Pour le résidu de la créance non affecté, dit M. Benech, cette hypothèque sera déclassée d'une manière relative » (*loc. cit.*). Par conséquent, elle n'est

(1) M. Benech, p. 105. — M. Bertauld, n° 100. — M. Mourlon, dans son *Examen critique*, n° 329, estime que l'acte par lequel un créancier privilégié cède une portion de son droit, avec promesse de le faire valoir, implique de sa part, et dans la limite de l'intérêt qu'il a garanti, une renonciation au privilége. Par suite du même principe, M. Mourlon voit (*Traité des subrogations*, p. 557 et suiv.) dans l'obligation personnelle de la femme garantissant la solvabilité actuelle et future du mari, une renonciation de celle-ci à son droit d'hypothèque qui doit faire considérer la portion de créance restée dans le patrimoine de la femme comme purement chirographaire relativement au premier cessionnaire. — M. Benech (p. 106) fait connaître les objections qui peuvent être présentées contre ce système, et donne le conseil prudent, afin d'éviter toutes difficultés, de faire consentir par la femme une déclaration expresse de déclassement relatif de son hypothèque.

transmise qu'avec le nouveau rang qui lui a été assigné.

Mais nous pensons que ce cas devrait être soumis à la disposition de l'art. 9. Le premier acte renferme, en effet, outre la cession d'une partie aliquote de la créance, la renonciation de la femme à son hypothèque au profit du premier cessionnaire et relativement aux autres cessionnaires ou créanciers gagistes. Les termes de l'art. 9 et l'esprit dans lequel il est conçu conduisent nécessairement à cette solution. Quand la femme voudra ainsi favoriser un premier cessionnaire, l'acte de cession devra donc être passé dans la forme authentique, et le cessionnaire sera obligé de rendre publique la renonciation de la femme, selon le vœu de l'art. 9 précité.

LVII.

Le mandat donné par la femme à l'effet de subroger à son hypothèque légale ou d'y renoncer, peut-il être consenti par acte sous seing privé?

SOMMAIRE.

401. — Raisons qui semblent militer pour une solution négative.
402. — Jurisprudence sur une question analogue.

401. — La femme, nous le savons, ne peut céder son hypothèque légale ou y renoncer que par un acte authentique.

Mais, si la femme donne une procuration à l'effet de consentir la subrogation ou la renonciation à son hypothèque, c'est une question, selon nous, assez grave que celle de savoir si le mandat peut être donné par un acte sous seing privé. C'est bien l'acte de subrogation qui constitue la cession de l'hypothèque; mais, pour nous servir des expressions de Merlin, il ne la constitue que par son identification avec le mandat. C'est dans ce mandat qu'est le consentement duquel il tire toute sa force. Isolé du mandat, il n'est rien; le consentement qu'il énonce manque de preuve. D'ailleurs, ne voyons-nous pas la loi, conformément à ces principes, exiger l'authenticité de la procuration toutes les fois qu'il s'agit de la passation d'un acte authentique, témoin les art. 36, 66, 933 C. N.?

402. — Cependant, il est probable que la jurisprudence se prononcera sur cette question dans le même sens que sur le point de savoir si le mandat, pour conférer hypothèque, peut être consenti par un acte sous seing privé. La Cour de cassation et quelques Cours d'appel ont décidé l'affirmative. Le mandat, a-t-on dit, peut être donné par acte sous seing privé, quel qu'en soit l'objet (art. 1985 C. N.). Ce n'est donc que lorsqu'il y a une disposition spéciale qui exige l'authenticité de la procuration, comme on le voit dans les art. 36, 66, 933 précités, qu'il est dérogé au principe général consacré par l'art. 1985 et que l'authenticité de la procuration est nécessaire (voy. Rej. 27 mai 1819; Sir., XIX. 1. 324; — 5 juillet 1827; Sir., XXVIII. 1. 105; — Caen, 22 juin 1824; Dall., 1825. 2. 112).

Quoique la jurisprudence paraisse bien établie, nous devons dire qu'il reste dans notre esprit des doutes assez graves sur la légitimité de cette décision.

LVIII.

Dans quels cas l'obligation de rendre publique l'hypothèque légale après l'expiration de l'année qui suit la dissolution du mariage ou la cessation de la tutelle incombe-t-elle aux subrogés ou cessionnaires de la femme mariée ou veuve, du mineur devenu majeur, ou de l'interdit relevé de l'interdiction?

SOMMAIRE.

403. — *Quid* si la subrogation de la part de la femme a eu lieu pendant le mariage?
404. — *Quid* si la subrogation est consentie pendant l'année qui suit la dissolution du mariage?
405. — *Quid* si c'est après l'année?
406. — *Quid* si la femme a laissé expirer le délai de l'art. 8 sans prendre inscription?
407. — Solutions en cas de cession des créances de la femme garanties par l'hypothèque.
408. — *Quid* si c'est le mineur devenu majeur ou l'interdit relevé de l'interdiction qui subrogent à leur hypothèque?
409. — Suite. — *Quid* si la subrogation a lieu dans l'année qui suit la cessation de la tutelle?
410. — *Quid* si la subrogation est consentie après l'année?
411. — Solutions en cas de cession de la créance hypothécaire.

403. — Si la femme a subrogé, pendant l'existence du mariage, à son hypothèque légale, nous savons que le subrogé n'en est saisi vis-à-vis des tiers que par l'inscription prise à son profit, quand l'hypothèque cédée n'était pas inscrite, et qu'il ne peut prendre un rang avantageux à l'égard des tiers que par cette inscription. Par conséquent, après l'expiration de l'année accordée par l'art. 8, lors même que l'hypothèque légale de la femme aurait été inscrite en temps utile, si le subrogé n'avait pas

eu le soin de prendre l'inscription à son profit, il serait primé par les subrogés inscrits antérieurement. Mais, s'il a pris inscription, peu importe, quant à lui, que la femme n'ait pas rendu publique son hypothèque avant l'expiration de l'année.

D'un autre côté, quoique la femme ait subrogé à son hypothèque, elle n'en reste pas moins investie de son droit à l'égard de toute autre personne que le subrogé. Elle sera donc obligée, pour ce qui la concerne, de rendre publique son hypothèque dans l'année qui suit la dissolution du mariage.

404. — Si la veuve subroge à son hypothèque dans l'année qui suit la dissolution du mariage, quand même elle aurait inscrit son hypothèque avant l'expiration de l'année, le subrogé ne serait pas dispensé de prendre inscription en vertu de la subrogation qui lui a été consentie; et, s'il a pris inscription, cela doit suffire.

405. — Enfin, la veuve peut subroger à son hypothèque après l'année qui suit la dissolution du mariage; alors, de deux choses l'une : ou la femme aura déjà pris inscription avant l'expiration de l'année pour sauvegarder ses droits, et le subrogé fera faire la mention de la subrogation en marge de l'inscription préexistante; ou bien la femme n'aura pas encore pris inscription, et le subrogé prendra l'inscription à son profit, sous peine, dans les deux cas, d'être primé par les cessions qui seraient mentionnées ou inscrites antérieurement. L'art. 9 de la loi du 23 mars ne distingue pas, en effet, si la subrogation a lieu pendant le mariage ou bien après sa dissolution, et même après l'année depuis cette dissolution. Il exige d'une manière

générale que la mention ou l'inscription soient opérées pour que la subrogation soit opposable aux autres cessionnaires.

406. — Il est certain aussi que, si la femme avait laissé expirer le délai imparti par l'art. 8 sans prendre inscription, l'hypothèque cédée après l'expiration de l'année serait primée par celle des créanciers du mari qui auraient pris inscription avant que le subrogé ne se soit lui-même inscrit.

Mais, dès que le subrogé aura pris inscription en vertu de la subrogation, il l'emportera sur les créanciers du mari qui s'inscriraient ensuite, quand même la femme n'aurait pas fait inscrire elle-même son hypothèque.

407. — Si, au lieu de subroger simplement à son hypothèque, la femme cède les créances qui sont garanties par cette hypothèque, nous croyons avoir démontré, sous la question LVI, que l'art. 9 n'est pas applicable à ce cas. Si donc la femme consent cette cession pendant l'existence du mariage, ou bien dans l'année qui suit la dissolution, le cessionnaire ne sera, pas plus que la femme, obligé de prendre inscription. Mais, une fois qu'une année se sera écoulée depuis la dissolution, il sera tenu, comme la femme l'aurait été elle-même, de faire inscrire le droit hypothécaire.

L'art. 8, en imposant l'obligation de l'inscription aux ayants cause des personnes énoncées dans sa disposition, ne distingue pas entre les ayants cause universels ou à titre universel et les ayants cause à titre particulier.

Si la cession de la créance était consentie par la veuve dans l'année qui suit la dissolution du mariage, les mêmes règles devraient être suivies.

Si, enfin, cette cession avait lieu après l'année, ou l'hypothèque légale aurait été inscrite dans l'année, et le cessionnaire de la créance n'aurait aucune formalité autre que celle de l'art. 1690 à remplir; ou bien la veuve n'aurait pas encore rendu publique son hypothèque, et le cessionnaire serait obligé, comme la veuve l'était elle-même, de prendre inscription.

408. — Supposons maintenant que c'est le mineur devenu majeur, l'interdit relevé de l'interdiction, qui subrogent à leur hypothèque légale.

L'acte de subrogation, dans ce cas, n'a pas besoin d'être passé dans la forme authentique; le subrogé n'est pas non plus tenu de le rendre public par le mode prescrit par l'art. 9, pour le rendre opposable aux tiers. Cette disposition ne parle que des subrogations ou renonciations consenties par la femme, et n'a aucun trait à celles qui sont consenties par toute autre personne. Or, nous sommes dans une matière où tout raisonnement par analogie doit être interdit.

409. — Cela dit, si le majeur ou l'interdit relevé de l'interdiction subrogent un tiers à leur hypothèque dans l'année qui suit la cessation de la tutelle, tant que l'année ne sera pas écoulée, la dispense d'inscription existera pour le subrogé aussi bien que pour les subrogeants. L'art. 9 ne l'oblige pas, nous venons de le dire, à rendre publique sa subrogation, et l'art. 8 n'exige pas non plus la publicité de l'hypothèque, tant que l'on se trouve dans l'année depuis la cessation de la tutelle.

Mais, une fois l'année écoulée, l'obligation de rendre publique l'hypothèque naîtra aussi bien pour le subrogé que pour le majeur ou l'ancien interdit. Le subrogé est leur ayant cause, et nous avons vu que, selon la disposition de l'art. 8, les ayants cause même à titre particulier sont tenus d'inscrire l'hypothèque légale après l'expiration de l'année.

410. — Si c'est après l'année accordée pour prendre inscription que la subrogation a lieu, le subrogé ne sera pas tenu de rendre publique l'hypothèque qui lui a été cédée, lorsque le majeur et l'ancien interdit auront déjà pris l'inscription prescrite par l'art. 8; mais, si cette inscription n'avait pas encore été prise, il devra rendre publique l'hypothèque légale, sous peine d'être primé par les créanciers qui seraient inscrits avant lui.

411. — Enfin, si, au lieu de subroger à leur hypothèque, le majeur et l'interdit relevé de l'interdiction cèdent la créance garantie par l'hypothèque légale, les cessionnaires pourront, pendant l'année qui suit la cessation de la tutelle, laisser cette hypothèque occulte ; mais, après l'expiration de l'année, ils seront obligés, aux termes de l'art. 8, de la rendre publique ; ils sont les ayants cause du majeur ou de l'interdit, et, comme tels, tenus de requérir l'inscription exigée par cet article.

Il est presque inutile d'ajouter que, si c'était après l'expiration de l'année que la cession de la créance fût consentie, le cessionnaire serait obligé de rendre publique l'hypothèque, dans le cas seulement où le majeur ou l'ancien interdit n'auraient pas déjà pris l'inscription prescrite par l'art. 8; car, si cette inscription avait été prise, l'hypothèque garantissant la créance cédée aurait effet à partir du jour où les causes de ladite hypothèque auraient elles-mêmes pris naissance.

LIX.

Art. 10 et 11. *Quand un acte de vente passé avant le 1er janvier 1856 aura été ratifié ou confirmé après cette époque, faudra-t-il, pour consolider les droits de l'acquéreur à l'égard des tiers, faire transcrire soit l'acte de ratification, ou de vente et de ratification, soit l'acte de confirmation?*

SOMMAIRE.

412. — Disposition du premier alinéa de l'art. 11 de la loi du 23 mars. — Observations de M. Josseau et de M. Pont. — Passage de l'*Exposé des motifs*.

413. — En cas de ratification, on doit faire transcrire l'acte de vente et de ratification, ou l'acte de ratification seul, selon les cas.

414. — La transcription de la vente passée avant le 1er janvier 1856 et la transcription de l'acte qui la confirme ne sont pas nécessaires.

412. — Le premier alinéa de l'art. 11 de la loi du 23 mars porte que les dispositions des art. 1, 2 et 3 ne sont pas applicables aux actes ayant acquis date certaine avant le 1er janvier 1856, et que l'effet de ces actes doit être réglé par la législation sous l'empire de laquelle ils sont intervenus (1).

Le 15 mars 1854, M. Josseau combattait cette disposition, qui, selon lui, ôtait à la loi tout son nerf, paralysait

(1) Dans le but de lever les obstacles qui pourraient s'opposer à la régularisation des actes sous signatures privées, il a été, sur le rapport du Ministre secrétaire d'Etat au département des finances, rendu, le 29 septembre 1855, le décret suivant :

Art. 1er. Il est accordé jusqu'au 1er janvier 1856 pour soumettre au visa pour timbre et à l'enregistrement, sans droits en sus ou amendes, les actes sous seings privés translatifs de propriété immobilière ou de droits réels susceptibles d'hypothèques, ou constitutifs d'antichrèse, de servitude, d'usage ou d'habitation, et tous les baux de biens immeubles.

Art. 2. Cette disposition ne s'applique qu'aux contraventions existantes au jour de la publication du présent décret (*Monit.* du 30 septembre 1855).

indéfiniment ses bienfaits, embarrassait, loin de le simplifier, l'établissement de la propriété immobilière, déposait enfin le germe d'une multitude de difficultés et de procès, qui naîtraient de la coexistence de deux législations différentes sur le même sujet.

Il s'efforçait ensuite de démontrer que le législateur pouvait édicter une autre disposition sans qu'elle fût atteinte du vice de rétroactivité : « Quel serait, disait-il, le caractère de la disposition... qui consisterait à imposer aux possesseurs de droits acquis l'obligation de les faire transcrire dans un certain délai, pour les conserver vis-à-vis des tiers? Est-ce là une disposition qui tienne à *l'essence* des contrats, à leurs *conditions de validité,* à leurs *effets immédiats?* Assurément non. Que règle-t-elle? l'avenir. Que prescrit-elle? un *mode de conservation* du droit approprié aux *nouveaux besoins de la société,* une formalité dont l'accomplissement dépend exclusivement *de la volonté des parties.* A qui cause-t-elle un préjudice? A personne, puisque nul n'en peut éprouver que par sa faute. Comment le respect et l'inviolabilité des droits acquis auraient-ils à souffrir, quand on les soumettra, pour l'avenir seulement, à des formes de conservation raisonnables, de facile exécution, que chacun peut comprendre et s'appliquer? » (*Gazette des Tribunaux,* n° du 15 mars 1854).

Le législateur en a disposé autrement, et il a ainsi sagement prévenu les graves perturbations qui eussent été la conséquence de l'adoption du système de M. Josseau. La formalité de la transcription pour les actes antérieurs au 1er janvier 1856 eût rencontré une difficulté matérielle d'exécution dont les rédacteurs de la loi du 23 mars ont bien fait de tenir compte : « Des trois millions d'actes que les notaires reçoivent par an en France, disait M. Pont, en voilà seize cent mille environ qui vont être soumis à la transcription cette année. Maintenant, si la loi nouvelle veut la transcription même pour le passé, il faudra remonter en arrière au moins à tout le temps que comporte la plus longue prescription, soit 30 ans. Ainsi, ce sera trente fois seize cent mille actes à transcrire, moins les deux cent vingt ou deux cent trente mille qui sont transcrits par an, et nous arriverons à ce chiffre énorme d'au moins quarante-un millions d'actes dont il faudra opérer la transcription immédiatement ou dans le délai que la loi impartira » (*Revue critique de Législation*, t. IV, 4e année, p. 171).

Du reste, c'est aussi bien le désir, de la part du législateur, de ne pas porter atteinte à des droits acquis, que les motifs ci-dessus indiqués, qui a dicté la disposition de l'art. 11. Nous en trouvons la preuve dans le passage suivant de l'*Exposé des motifs :* « La nécessité de pourvoir à l'exécution de la nouvelle loi par la préparation des registres nécessaires et les instructions à donner aux conservateurs, enfin le RESPECT DES DROITS ACQUIS justifient suffisamment les dispositions transitoires qui terminent ce premier projet. »

413. — Cela posé, si une vente a été consentie par un porte-fort dans un acte ayant date certaine avant le 1er janvier 1856, et que la ratification du propriétaire de l'immeuble soit postérieure à cette dernière époque, on devra faire transcrire et l'acte de vente et l'acte de ratification, ou l'acte de ratification seul, s'il peut être le titre de la convention pour l'acheteur.

La vente a bien une date certaine antérieure au 1er janvier 1856 ; mais il n'y avait encore aucune aliénation opérée, aucun droit de propriété transmis. L'acquéreur n'avait, avant le 1er janvier 1856, qu'une simple action en dommages-intérêts contre celui qui s'est porté fort pour le propriétaire. C'est la ratification seule qui lui transfère la propriété.

414. — Supposons maintenant qu'il s'agisse non d'une ratification, mais d'une confirmation; la solution, selon nous, devra être différente. Ainsi, un mineur vend son immeuble par acte ayant date certaine avant le 1er janvier 1856; devenu majeur, il ratifie, après cette époque, la vente qu'il a consentie en minorité; ceux à qui il vendrait ou hypothéquerait ensuite le même immeuble ne pourraient pas arguer du défaut de transcription pour être maintenus dans les droits qu'il leur aurait concédés. En vain diraient-ils que l'aliénation n'était pas opérée avant le 1er janvier 1856 et que l'acheteur n'avait encore à cette époque aucun droit acquis; que, par conséquent, la vente qui lui a été consentie ne se trouvait pas régie par le 1er alinéa de l'art. 11 ; que, d'ailleurs, la confirmation, étant postérieure au 1er janvier 1856, devait être soumise à la formalité. L'acheteur serait bien fondé à leur répondre qu'il n'était pas plus nécessaire de transcrire l'acte de vente que l'acte de confirmation. Une fois la vente confirmée, c'est l'ancien contrat qui subsiste. Or, cette convention, ayant une date certaine antérieure au 1er janvier 1856, n'est pas soumise à la transcription.

Cette solution nous semble être la conséquence nécessaire des effets produits par la confirmation.

LX.

Le jugement rendu après le 1er janvier 1856 et déclaratif d'une convention constatée par un écrit ayant date certaine avant cette époque, mais non transcrit, est-il soumis à la formalité de la transcription?

SOMMAIRE.

415. Solution négative.

415. — L'art. 11 de la loi du 23 mars a dispensé de la nécessité de la transcription les actes et les jugements énumérés par les art. 1 et 2, lorsque ces actes ont une date certaine, ou quand les jugements sont rendus avant le 1er janvier 1856; leur effet est réglé par la législation sous l'empire de laquelle ils sont intervenus.

Mais la loi ne parle pas du cas où, comme dans notre espèce, l'acte ayant date certaine avant le 1er janvier 1856, le jugement est rendu après cette époque. La question, du reste, ne nous semble pas susceptible d'une controverse sérieuse, et il n'est pas douteux que la transcription ne sera point nécessaire. S'il s'agissait d'une convention verbale ou n'ayant pas une date certaine antérieure au 1er janvier 1856, le jugement devrait être transcrit (art. 1 et 2, 3es alinéas). Mais, dès que nous supposons que la convention a une date certaine avant le jour où la loi est devenue exécutoire, la formalité n'est pas exigée, bien que le jugement soit postérieur, puisque, d'une part, la loi en dispense cette convention, et que, d'autre part, le jugement qui est rendu ne fait que reconnaître les droits préexistants. Si, lorsqu'un jugement prononce la résolution, nullité ou rescision d'un acte non transcrit, mais ayant date certaine avant le 1er janvier 1856, la loi en ordonne la transcription, c'est qu'il y a dans les droits un changement qui n'existe pas dans notre hypothèse.

LXI.

Lorsque l'hypothèque non inscrite et la vente de l'immeuble sur lequel l'hypothèque est consentie sont antérieures au 1er janvier 1856, la transcription antérieure ou postérieure à cette époque purge-t-elle l'hypothèque?

SOMMAIRE.

416. Si la vente est postérieure au 1er janvier 1856, il est certain que l'hypothèque consentie avant cette époque et non inscrite est purgée par la transcription.

417. Lorsque l'hypothèque non inscrite et la vente seront antérieures au 1er janvier 1856, l'hypothèque sera purgée à partir de cette époque par la transcription faite moins de 15 jours avant le 1er janvier.

418. La transcription postérieure au 1er janvier d'une vente antérieure purgera l'hypothèque non inscrite.

416. — Si la vente était postérieure au 1er janvier 1856, et que l'acquéreur fasse transcrire son titre, il est certain que l'hypothèque non inscrite, quoique consentie auparavant, serait purgée par la transcription, en supposant, bien entendu, qu'aucune inscription n'ait été prise avant l'accomplissement de cette formalité. Ce n'est que l'inscription qui donne la vie à l'hypothèque. Le créancier est dans la position où se trouveront, à partir du 1er janvier 1856, jour où la loi du 23 mars sera exécutoire, tous les créanciers auxquels des hypothèques seront consenties, et qui pourront se trouver évincés par suite

d'une vente transcrite avant qu'ils aient pris une inscription pour la conservation de leurs droits. Aussi l'art. 11, qui indique les dispositions que l'on ne devra pas appliquer aux actes ayant date certaine avant le 1er janvier 1856, ne mentionne pas l'art. 6, qui veut qu'à partir de la transcription, les créanciers privilégiés ou hypothécaires non dispensés d'inscription ne puissent plus s'inscrire utilement sur le précédent propriétaire.

417. — Mais supposons que non-seulement l'hypothèque, mais encore la vente et la transcription, soient antérieures au 1er janvier 1856. Ainsi, Pierre consent une hypothèque à Paul le 15 décembre 1855 ; le 20 du même mois, il vend à Jacques l'immeuble sur lequel l'hypothèque est consentie; Paul n'a pas encore pris inscription; Jacques transcrit son contrat le 25 décembre; il n'est pas douteux que Paul peut encore inscrire son hypothèque, puisque, au moment où il requiert l'inscription, on est régi par l'art. 834 C. proc., qui accorde quinzaine à partir de la transcription. Mais, dès que la loi sera devenue exécutoire, c'est-à-dire le 1er janvier 1856, le créancier qui n'aura pas pris inscription verra son hypothèque purgée par la transcription qui aura été effectuée. En vain dirait-il que, cette transcription ayant eu lieu avant le 1er janvier 1856 et sous l'empire du Code de procédure, il doit avoir quinze jours pour s'inscrire, tandis que nous ne lui en accordons que six dans l'espèce; on lui répondra, avec juste raison, que l'art. 11 ne renvoie pas à l'art. 6, et que cet article est devenu exécutoire dès le 1er janvier 1856. Peu importe à quelle époque la vente a été consentie; peu importe aussi que la transcription ait été

opérée avant le 1er janvier; dès qu'elle existe, elle doit, à dater du 1er janvier, produire son effet au regard des créanciers hypothécaires non dispensés d'inscription et qui n'en ont pas encore pris une. A compter du 1er janvier 1856, les art. 834 et 835 C. proc. sont abrogés (art. 6, *in fine*), et le créancier hypothécaire, qui, dans notre hypothèse, n'avait aucun droit acquis, ne peut, à partir de ce moment, invoquer des dispositions qui n'existent plus.

418. — Il est évident, d'après ce que nous venons de dire, que quand même la vente serait antérieure au 1er janvier 1856, l'hypothèque consentie avant cette date et non inscrite serait également purgée par la transcription postérieure au 1er janvier.

LXII.

Quand une revente ou un partage auront eu lieu avant le 1er janvier 1856, à partir de quel moment le vendeur originaire ou le copartageant seront-ils déchus de leurs priviléges?

SOMMAIRE.

419. *Quid* dans le cas d'une revente consentie avant le 1er janvier 1856, si la première vente n'ayant pas été transcrite, ou si le vendeur n'ayant pas pris inscription, la transcription de la revente a été faite? — *Quid* du partage consenti avant le 1er janvier 1856, si la transcription de l'aliénation de l'immeuble grevé du privilége du copartageant a été opérée?

420. Suite. — *Quid* si la transcription de la revente ou de l'acte d'aliénation n'a pas eu lieu avant le 1er janvier 1856?

421. Suite. — *Quid* si le sous-acquéreur ou celui qui a acheté du cohéritier ont fait transcrire avant le 1er janvier 1856, mais moins de quinze jours avant cette époque?

419. — Quand une revente aura été consentie avant le 1er janvier 1856, si la première vente n'a pas été transcrite, ou si le vendeur n'a pas inscrit son privilége et que la transcription de la revente ait été opérée, si plus de quinze jours se sont écoulés depuis cette transcription, le privilége du premier vendeur sera complétement éteint, puisqu'on était encore régi par le principe de l'art. 834 C. proc.

De même, si un partage a lieu avant le 1er janvier 1856, que la transcription de l'acte d'aliénation de l'immeuble sur lequel portait le privilége du copartageant ait été effectuée, et que plus de quinze jours soient écoulés depuis la transcription, le droit de suite sera éteint, et même le droit de préférence s'il y a plus de soixante jours depuis le partage.

Il n'y a point de difficulté dans ces deux hypothèses, puisqu'il s'agit simplement de faire l'application de la législation antérieure à la loi du 23 mars.

420. — Mais supposons que la transcription de la revente dans le premier cas, ou de l'acte d'aliénation de l'immeuble sur lequel portait le privilége du copartageant dans le second, n'ait pas été faite avant le 1er janvier 1856, et demandons-nous à partir de quel moment le privilége soit du premier vendeur, soit du copartageant, sera éteint.

Ainsi, Pierre consent la vente de son immeuble à Paul le 1er septembre 1855 ; Paul ne transcrit pas, et Pierre ne prend pas d'inscription ; Paul revend à Jacques le 1er décembre de la même année, et ce dernier ne fait transcrire son contrat que le 16 février 1856.

Ou bien encore, le partage a eu lieu le 1er septembre

1855; le cohéritier a aliéné le lot sur lequel portait le privilége le 1er décembre, et l'acquéreur n'a transcrit que le 16 février 1856.

Avant la loi du 23 mars, le vendeur et le copartageant avaient le droit de s'inscrire tant que la transcription n'avait pas eu lieu, et même dans la quinzaine après la transcription. D'après l'art. 6, 2e alinéa, de cette loi, dès que quarante-cinq jours depuis la première vente ou depuis l'acte de partage sont expirés, le vendeur originaire et le copartageant ne peuvent plus prendre utilement une inscription. Mais cet article a trait aux ventes et aux partages passés postérieurement au jour où la loi sera devenue exécutoire. Les actes de vente et de partage, dans l'espèce, ont eu lieu antérieurement à la loi. D'un autre côté, l'art. 11 n'énumère pas l'art. 6 au nombre de ceux qui ne sont pas applicables lorsque les actes ont une date certaine avant le 1er janvier 1856. Que faut-il en conclure? C'est que jusqu'à cette époque le vendeur et le copartageant avaient toujours le droit de prendre inscription, tant que la transcription n'avait pas eu lieu, et même dans la quinzaine après l'accomplissement de cette formalité. Mais une fois la loi devenue exécutoire, le vendeur et le copartageant se trouvent régis par le principe formulé dans le second alinéa de l'art. 6. Par conséquent, quand quarante-cinq jours depuis le 1er janvier 1856 seront expirés, le vendeur et le copartageant qui n'auront pas rendu publics leurs priviléges en seront déchus.

Il est vrai que la loi du 23 mars n'accorde que quarante-cinq jours depuis l'acte de vente ou de partage, et qu'ici nous accordons un plus long délai. Mais peu importe le temps qui s'est écoulé avant que la loi soit devenue exécutoire. On ne peut pas faire courir le délai à dater de l'acte de vente ou de partage, puisque c'est seulement à partir du 1er janvier 1856 que les droits des créanciers dont il s'agit se trouvent régis par le nouveau principe de la loi.

421. — Le sous-acquéreur et celui qui a acheté du cohéritier peuvent avoir fait transcrire leur acte avant le 1er janvier 1856, mais moins de quinze jours avant cette époque. Faudra-t-il dire, dans ce cas, que dès que quinze jours depuis la transcription seront expirés sans que le vendeur originaire ou le copartageant aient pris inscription, ils ne pourront plus la prendre utilement? Nous ne le pensons pas. A la vérité, si plus de quinze jours s'étaient écoulés depuis la transcription et avant que la loi fût devenue exécutoire, ils seraient déchus du droit de s'inscrire; mais, puisque nous supposons que la quinzaine accordée par l'ancienne législation n'était pas expirée à la date du 1er janvier 1856, ils n'étaient pas encore forclos, et ils doivent bénéficier du délai accordé par la loi nouvelle pour prendre inscription. Au 1er janvier 1856, il restait encore un jour ou deux, par exemple, pour compléter la quinzaine depuis la transcription; dès que le 1er janvier est arrivé, l'art. 834 C. proc. s'est trouvé abrogé (voy. art. 6, *in fine*) et n'a pu avoir aucune influence sur les droits des parties.

On ne pourrait pas, selon nous, décider que le vendeur ou le copartageant qui ont laissé expirer la quinzaine depuis la transcription sans prendre inscription, sont déchus du droit de s'inscrire, sans violer la disposition précitée de l'art. 6.

LXIII.

Quand un jugement qui prononce la résolution, la nullité ou rescision d'un acte est postérieur au 1er janvier 1856, dans quels cas doit-il être mentionné ou transcrit, et sous quelle sanction?

SOMMAIRE.

422. Disposition du 1er alinéa de l'art. 11 de la loi du 23 mars.
423. *Quid* quand le jugement est rendu après le 1er janvier? — Si l'acte est postérieur, on devra mentionner le jugement lorsque l'acte aura été transcrit.
424. Suite. — Si l'acte est antérieur au 1er janvier et a été transcrit, il suffira de mentionner le jugement. — Si l'acte antérieur n'a pas été soumis à la formalité, le jugement doit être transcrit.
425. Le défaut de transcription du jugement ne produit d'autres conséquences que le défaut de mention.
426. Les autres règles édictées pour la mention sont applicables à la transcription du jugement.

422. — Quand un jugement qui prononce la résolution, la nullité ou rescision d'un acte transcrit ou non transcrit est antérieur au 1er janvier 1856, la loi n'exige pas qu'il en soit fait mention. Telle est est la disposition du premier alinéa de l'art. 11.

423. — Mais, si le jugement est rendu après le 1er janvier 1856, il faut distinguer : l'acte qui est résolu, annulé ou rescindé peut être postérieur au 1er janvier; il peut aussi être antérieur à cette époque. S'il est postérieur, on devra simplement *mentionner* le jugement, aux termes de l'art. 4, mais seulement dans le cas où l'acte sera transcrit. L'art. 4 n'exige, en effet, la mention que lorsque l'acte résolu, annulé ou rescindé a été soumis à la formalité.

424. — Si l'acte a une date certaine antérieure au 1er janvier, ou il a été transcrit, ou il ne l'a pas été. Si la transcription en a été effectuée, il suffira de faire opérer la mention, conformément à la disposition de l'art. 4; mais s'il n'a pas été transcrit, comme on ne peut pas faire de mention en marge de la transcription, puisqu'il n'en existe pas, on devra transcrire le jugement en entier. — Telles sont les solutions qui nous semblent découler des dispositions des art. 4, 1er alinéa, et 11, 1er et 3e alinéas de la loi du 23 mars.

425. — Du reste, dans le cas où, l'acte ayant date certaine avant le 1er janvier 1856, le jugement doit être non pas mentionné, mais transcrit, le défaut de transcription de ce jugement ne produira pas d'autres conséquences que le défaut de mention dans les autres cas. Or, nous savons que le défaut de mention ne peut être opposé par les tiers au bénéficiaire du jugement. — C'est ce qui nous paraît résulter de la disposition du 3e alinéa de l'art. 11, qui porte que le jugement sera, dans l'hypothèse qui nous occupe, transcrit *conformément à l'art. 4 de la présente loi.*

426. — Ces dernières expressions signifient, en outre, que la transcription devra être opérée, dans le mois à dater du jour où le jugement aura acquis l'autorité de la chose jugée, par les soins des personnes indiquées dans l'art. 4, et sous les peines que cette disposition prononce en cas d'omission, c'est-à-dire, soit par l'avoué du Tribunal de première instance, soit par celui de la Cour, selon les circonstances (voy. Quest. XLIII), lesquels seront condamnés à une amende de 100 fr., mais ne seront pas passibles de dommages-intérêts envers les tiers.

LXIV.

Quelle peut être l'influence des dispositions de la loi du 23 mars sur les principes qui gouvernent la transcription des actes portant donation?

SOMMAIRE.

427. Exposé de la question.
428. Etat de la doctrine antérieure à la loi du 23 mars sur la nécessité de la transcription des institutions contractuelles, des donations entre époux et des gains de survie.
429. M. Duvergier pense que, sous l'empire de la loi du 23 mars, les actes portant les donations précitées doivent être transcrits. — Citation du passage contenant cette opinion.
430. Réfutation de l'opinion de M. Duvergier. — Opinion conforme de M. Pont, des auteurs de l'*Explication* et de M. Lemarcis.
431. Etat de la doctrine antérieure à la loi du 23 mars sur la nécessité de la transcription des actes portant donations de servitudes réelles, d'usage ou d'habitation.
432. *Quid* sous l'empire de la loi du 23 mars?
433. Suite. — Opinion de M. Mourlon.
434. Examen du raisonnement fait par M. Mourlon à l'appui de son opinion.
435. Décision possible devant les Tribunaux.
436. Il est aujourd'hui certain que les donations déguisées sous la forme de contrats à titre onéreux doivent être transcrites.
437. Il en est de même des donations grevées de charges.

427. — Les actes portant donation, on le sait, étaient déjà, avant la loi du 23 mars, soumis à la formalité de la transcription (voy. art. 939 et suiv. C. N.); et les rédacteurs de cette loi se sont occupés, non pas des actes à titre onéreux seulement, comme le dit M. Lemarcis (p. 50), mais de tous autres actes que ceux portant donation.

Il existe, du reste, sur la transcription de ces derniers actes plusieurs difficultés qui divisent la doctrine, et nous avons à examiner si on peut, ou non, trouver quelques éléments de solution dans les textes de la loi nouvelle.

428. — Ainsi, sous l'empire du Code Napoléon, on s'est demandé si les institutions contractuelles, les donations faites entre époux pendant le mariage, les donations à titre de gain de survie, étaient soumises à la formalité de la transcription.

D'après la doctrine généralement suivie, cette formalité n'est pas requise pour les institutions contractuelles (voy. notamment Grenier, t. II, n° 430 ; — Toullier, t. V, n° 845 ; — Duranton, t. VIII, n° 506 ; —Zachariæ, annoté par MM. Aubry et Rau, t. V, § 704, p. 325 ; — Troplong, *Donations*, n° 1169).

En ce qui concerne les donations entre époux, de nombreux auteurs pensent qu'elles ne sont pas non plus assujetties à la formalité, parce qu'elles sont essentiellement révocables (voy. Duranton, t. VIII, n° 509 ; — Coin-Delisle, n° 19 ; — Troplong, n° 1170. — Voy. cependant ce que disent MM. Aubry et Rau, t. V, note 4, p. 325).

Enfin, quant aux donations à titre de gain de survie, M. Troplong est d'avis qu'elles sont soumises à la règle générale de la formalité de la transcription, et qu'elles n'en sont dispensées que lorsqu'elles ont plutôt le caractère de dispositions à cause de mort que celui de donations entre-vifs (1). Telle serait la donation des acquêts que le donateur laissera à son décès et qu'il assurerait par con-

(1) Un arrêt de Cour d'appel a cependant décidé, dans le cas d'une donation de biens présents faite à l'épouse survivante, que c'était un gain de survie dispensé de la formalité de la transcription (Toulouse, 7 mai 1829). — M. Troplong critique cette décision.

trat de mariage à sa future épouse en cas de survie de celle-ci; telle serait encore la donation de la moitié ou du quart de ses biens présents et à venir, dans le même cas de survie et sans état annexé (*Donations*, n° 1171).

429. — M. Duvergier a examiné ces différentes questions dans ses annotations sur la loi du 23 mars, et il pense que le texte et l'esprit de cette loi doivent porter à décider que soit l'institution contractuelle, soit la donation faite entre époux pendant le mariage, soit le gain de survie, sont désormais soumis à la formalité. Voici le passage dans lequel il développe cette opinion :

« Lorsqu'au moment du décès de l'instituant, le sort de l'institution sera fixé, s'il n'y a pas eu de transcription, qui pourra empêcher les héritiers de l'instituant d'aliéner les biens compris dans l'institution? L'institué pourra-t-il les revendiquer contre les acquéreurs qui, après avoir fait transcrire leurs actes de vente, argumenteront du défaut de transcription de l'institution? Avant la loi nouvelle, cela était douteux; cela sera bien difficile sous l'empire d'une législation qui fait de la publicité par le moyen de la transcription la condition absolue et générale de la transmission de la propriété.

« L'institué, je le sais, aura la ressource de prétendre que l'institution n'est pas un acte entre-vifs à proprement parler; qu'elle participe autant du testament que de la donation, et que la transmission par testament, non-seulement n'est pas soumise par le texte de la loi nouvelle à la formalité de la transcription, mais que le rapport de la commission du Corps Législatif dit expressément que la transcription n'est pas exigée pour les testaments.

« Ces arguments ne sont pas sans valeur juridique, mais ils ne sont pas décisifs.

« Lorsque le législateur a dans la loi actuelle employé les mots *actes entre-vifs*, il me paraît avoir surtout voulu désigner les actes auxquels ont concouru ceux au profit desquels ils créent des droits, sans se préoccuper de la question de savoir si les droits conférés le sont irrévocablement. Ce qui le prouve, c'est que, comme on l'a vu dans le rapport de M. de Belleyme (*supra*, n° 59), les légataires n'ont pas été soumis à l'obligation de faire transcrire les testaments, parce qu'ils ont pu en ignorer l'existence, ou que, du moins, il serait souvent fort difficile d'assigner le moment où cette existence leur a été révélée, et où, par conséquent, il leur aurait été possible d'opérer la transcription. L'institué contractuellement n'ignore point l'acte d'institution, puisqu'il y a été porté; la raison d'exemption pour le légataire ne peut donc pas être invoquée par lui. D'un autre côté, l'acte d'institution est un acte entre-vifs, du moins en ce sens, que celui qui transmet la propriété et celui à qui elle est transmise y figurent comme parties contractantes.

« Enfin, si l'acte n'est pas absolument irrévocable, il l'est au moins sous certains rapports (art. 1083).

« Ajoutons que l'idée générale, le principe fondamental de la loi nouvelle est que tout acte translatif de propriété immobilière doit être transcrit. On doit, autant que possible, respecter ce principe; il ne doit fléchir que devant une exception formelle ou une impossibilité matérielle.

« Pour les donations entre époux, elles sont bien entre-vifs, quoique révocables. L'art. 1096 le dit lui-même; elles le sont surtout dans le sens de la loi nouvelle.

« Les donations à titre de gain de survie sont irrévocables, et, quoiqu'on puisse dire qu'elles participent de la nature de la donation à cause de mort, ce n'est pas un motif pour les soustraire à la formalité de la transcription ; elles sont faites par actes entre-vifs, en prenant ces mots dans l'acception que le législateur leur a donnée dans la loi actuelle » (*Collect. compl. des Lois*, etc., 1855, 2e cah., p, 61 et suiv.).

Ainsi raisonne M. Duvergier.

430. — Nous ne pensons pas que la loi du 23 mars doive ou puisse exercer sur la nécessité de la transcription des trois espèces de libéralités précitées l'influence que le savant jurisconsulte entend lui attribuer. La question de savoir si les actes contenant ces libéralités sont ou non soumis à la formalité, reste, à notre sens, la même qu'auparavant. Le but et le texte de la loi actuelle nous semblent tout à fait contraires à l'opinion de M. Duvergier.

La loi du 23 mars a, en effet, été promulguée principalement afin de favoriser le crédit immobilier et d'empêcher les prêteurs d'être victimes des déceptions ou des fraudes qu'ils avaient autrefois à redouter. Or, on ne prête guère, que nous sachions, sur des immeubles provenant d'institutions contractuelles, de donations entre époux ou de gains de survie ayant le caractère de donations à cause de mort. Le législateur n'avait donc pas à se préoccuper de ce point, et tout ce qu'il devait faire, c'était de laisser ces donations sous l'empire des principes consacrés par le Code Napoléon. Aussi le dernier alinéa de l'art. 11 de la loi du

23 mars est-il ainsi conçu : « Il n'est point dérogé aux dispositons du Code Napoléon relatives à la transcription des actes portant donation.....; elles continueront à recevoir leur exécution. »

Nous nous étonnons qu'en présence d'un texte qui paraît aussi décisif, M. Duvergier cherche à puiser dans les autres dispositions de la loi du 23 mars des arguments en faveur de l'opinion qu'il professe.

Sans doute, l'institution contractuelle et la donation entre époux se font par des actes entre-vifs dans le sens des art. 1 et 2 de la loi nouvelle. Sans doute encore, il n'y avait pas pour ces donations le même motif d'exemption que pour les testaments. Mais quelle peut être la valeur de ces considérations contre le texte de l'art. 11 précité, quand bien même nous concéderions que la loi du 23 mars, en soumettant à la formalité les actes translatifs, y a assujetti même ceux qui ne transfèrent que des droits révocables?

En vain dirait-on que le dernier alinéa de l'art. 11 n'a trait qu'aux dispositions du Code Napoléon qui ont statué d'une manière expresse sur la transcription des donations, que c'est seulement ces dispositions qui doivent continuer à recevoir leur exécution; mais qu'il en doit être autrement quant aux questions ci-dessus résolues par M. Duvergier, puisqu'elles n'étaient l'objet d'aucune disposition formelle. Ce ne serait là qu'une pure subtilité : il est évident que, bien que les questions qui, en général, sont agitées par la doctrine ou résolues par la jurisprudence ne soient pas l'objet de textes précis, si elles se décident au moyen des principes qui résultent des dispositions elles-mêmes, elles sont gouvernées par ces dispositions.

Si l'intention du législateur avait été de promulguer des règles sur cette matière, on en trouverait quelques traces soit dans l'Exposé des motifs, soit dans le Rapport, soit dans la Discussion. Or, nous avons parcouru tous ces documents sans rien rencontrer qui puisse révéler cette intention.

Si la loi nouvelle avait entendu modifier les principes du Code en ce sens qu'elle soumettait à la transcription les libéralités qui nous occupent, quand auparavant elles n'y étaient pas assujetties, le dernier alinéa de l'art. 11 serait autrement conçu : le législateur n'eût pas dit purement et simplement qu'il n'était pas dérogé aux dispositions du Code Napoléon, et ajouté d'une manière générale que ces dispositions continueront de recevoir leur exécution.

Soutiendrait-on que, dans l'opinion des rédacteurs de la loi du 23 mars, les libéralités dont il s'agit doivent, selon les règles du Code, être transcrites? Mais M. Duvergier lui-même dit, avec raison, que presque tous les auteurs enseignent le contraire. Comment les rédacteurs de la loi auraient-ils pu avoir une opinion différente? S'il en a été ainsi, comment ne pas trouver dans les sources de la loi un seul mot qui indique la volonté, de la part du législateur, d'édicter des règles dans un sens opposé à une doctrine aussi constante, aussi généralement admise?

L'opinion que nous défendons était celle qu'un savant magistrat, M. Pont, émettait dans les observations qu'il présentait sur le projet de loi : « Que décider, disait-il, à l'occasion de ces actes qui, comme les institutions contractuelles et les donations de biens à venir, sont donations par la forme et par le caractère d'irrévocabilité, et, néanmoins, participent du testament en ce qu'ils n'ont d'effet qu'au décès du donateur ou de l'instituant? La transcription leur sera-t-elle applicable? La combinaison de l'art. 1er du projet avec le dernier § de l'art. 13 (devenu l'art. 11) qui maintient, par une déclaration expresse, la disposition du Code Napoléon relative à la transcription des donations, conduira nécessairement à poser la question, et le projet de loi ne fournit aucun texte à l'aide duquel elle puisse être tranchée. Il est sans doute dans la pensée des rédacteurs de la loi d'étendre à ces sortes d'actes l'exception qu'ils ont virtuellement consacrée en faveur des testaments, car les raisons de décider sont les mêmes (1); et, de plus, par rapport à celles de ces dispositions qui, quoique irrévocables, peuvent être annulées par la vente que consentirait le donateur du bien qui en fait l'objet, quelle serait la signification de la transcription (2)? Nous n'hésitons donc pas à penser que de tels actes doivent participer à l'exemption admise en faveur des testaments » (*Revue critique de Législation*, 1854, t. IV, p. 168 et suiv.).

Enfin, les auteurs qui ont commenté la loi du 23 mars ont embrassé la même opinion (voy. *Explicat.*, p. 98, à la note; — M. Lemarcis, p. 50 et suiv.).

(1) Voyez toutefois, dans les annotations ci-dessus citées de M. Duvergier, les différences qu'il signale entre le légataire et l'institué contractuellement.

(2) Cependant, si on admet, avec quelques auteurs, que le donataire particulier peut opposer le défaut de transcription, l'accomplissement de la formalité serait utile pour empêcher que les effets de l'institution ne fussent annulés par une donation postérieure.

431. — Selon la disposition de l'art. 939 C. N., les donations de biens *susceptibles d'hypothèques* sont seules soumises à la formalité de la transcription. Cet article a fait naître une controverse assez sérieuse sur la question de savoir si les actes portant donation de servitudes réelles, d'usage ou d'habitation devaient être transcrits. Si Grenier (n° 162), Coin-Delisle, Bugnet sur Pothier (t. VIII, p. 385), Valette, Mourlon (*Répétitions*, t. II, p. 300), décident qu'ils sont assujettis à la formalité, d'un autre côté, Duranton (VIII, n° 504), Zachariæ (V, p. 326) et ses annotateurs, MM. Aubry et Rau (*loc. cit.*, note 8), Marcadé (sur l'art. 939), Troplong (*Donations*, n° 1163), enseignent la négative.

Dans l'opinion adoptée par ces derniers auteurs, on explique l'art. 939 C. N. par l'art. 2118, qui donne une définition limitative des biens susceptibles d'hypothèques, et la question se résout par un syllogisme rigoureux : la loi ne soumet à la formalité de la transcription que les donations de biens susceptibles d'hypothèques (art. 939) ; or, les servitudes réelles, l'usage et l'habitation n'en sont pas susceptibles (2118) : donc les donations de ces biens ne doivent pas être transcrites.

432. — Les dispositions des deux premiers articles de la loi du 23 mars sont-elles de nature à favoriser ou à contredire cette doctrine? L'art. 1er soumet à la formalité les actes translatifs *de biens susceptibles d'hypothèques*, et le second article renferme une énumération d'autres droits qui ne peuvent en être grevés; parmi ces droits se trouvent énoncés les servitudes réelles, l'usage et l'habitation. D'une part, si ces derniers droits avaient été compris sous

la dénomination de *biens susceptibles d'hypothèques*, on ne les eût certainement pas énumérés dans le second article; d'autre part, en consacrant une seconde disposition spéciale pour les droits qui n'en sont pas susceptibles, et en énonçant dans cette disposition les servitudes prédiales, l'usage et l'habitation, le législateur ne reconnaît-il pas que ces droits ne peuvent pas être grevés d'hypothèques? Comment dès lors expliquer l'art. 939 autrement qu'on interprète l'art. 1er de la loi du 23 mars? Si cette disposition n'était pas suivie de l'art. 2, évidemment les actes constitutifs de servitudes ne devraient pas être transcrits.

Dira-t-on que, si la transcription n'est pas ordonnée par l'art. 939 du Code, elle l'est du moins formellement par l'art. 2 de la loi du 23 mars? Mais le dernier alinéa de l'art. 11 fournit une réponse à cette objection. Les auteurs de l'*Explication* (p. 99) et M. Mourlon (n° 334) se sont déjà livrés à des observations à peu près semblables sur ce sujet.

433. — Cependant, M. Mourlon persiste à penser que les donations de servitudes réelles, d'usage et d'habitation doivent être transcrites (*loc. cit.*). Du reste, ce n'est pas sur les dispositions de la loi du 23 mars que cet auteur s'appuie. Il se détermine par ce motif, invoqué aussi par la plupart des auteurs qui, sous l'empire du Code, embrassaient la même opinion, à savoir : que si les droits de servitudes réelles, les droits d'usage et d'habitation ne sont point susceptibles d'hypothèques quand ils sont dans la main du donataire, il en est autrement quand on les considère par rapport au donateur; en donnant, ajoute

l'auteur, une décision contraire, les créanciers hypothécaires seraient obligés de subir les effets d'une donation dont ils n'auraient pas soupçonné l'existence.

434. — Nous sommes peu touchés de l'argument qui consiste à dire que si les droits dont il est question ne sont pas susceptibles d'hypothèques lorsqu'ils sont dans la main du donataire, il n'en est pas de même si on les considère par rapport au donateur. Nous ne demanderions pas mieux que de trouver dans ce raisonnement une valeur juridique, et de décider que ces droits seront transcrits; car cette argumentation et cette décision seraient d'accord avec le principe que nous avons plusieurs fois professé dans le cours de cet ouvrage, en disant que, pour savoir si un droit est soumis à la formalité de la transcription, il faut le considérer par rapport à celui qui l'aliène, et non quand il est dans la main de celui auquel il est transmis.

Mais, dans l'espèce, comment peut-on dire que les droits de servitudes réelles, d'usage et d'habitation, s'ils ne sont pas susceptibles d'hypothèques quand ils appartiennent au donataire, peuvent en être grevés quand on les considère par rapport au donateur? Par cela même, dit M. Mourlon, après MM. Bugnet et Valette, que le donateur hypothèque l'immeuble sur lequel il a constitué ces droits, il hypothèque son droit de propriété, son droit plein et entier, c'est-à-dire tous les droits réels dont se compose le droit de propriété. — Malgré l'autorité des savants jurisconsultes qui enseignent cette doctrine, on nous permettra de dire qu'elle n'est pas exacte. Oui, sans doute, quand un propriétaire a consenti une hypothèque sur son immeuble, tous les éléments dont se compose le droit de propriété en sont affectés. Mais ce qui est hypothéqué, c'est le droit de propriété lui-même; ce ne sont pas les démembrements de ce droit pris séparément. Tant que ces démembrements sont réunis en un seul faisceau, ce ne sont ni des droits de servitudes réelles, ni des droits d'usage et d'habitation; c'est tout simplement la pleine propriété. Or, de ce que ce dernier droit est susceptible d'hypothèques; de ce que, par suite de la constitution d'un droit de cette nature, la pleine propriété se trouve grevée dans tous ses éléments, il n'est pas permis, il n'est pas possible d'en conclure que ce soit comme droits de servitude, d'usage ou d'habitation qu'ils sont hypothéqués, et que, partant, considérés par rapport à l'aliénateur, ils sont susceptibles d'hypothèques.

Enfin, si on suppose que la constitution des droits de servitude, d'usage et d'habitation est antérieure à la constitution de l'hypothèque, ce dernier droit ne peut pas les atteindre.

435. — Toutefois, et quoique la solution donnée par M. Mourlon ne soit pas conforme à la logique du droit, elle a peut-être quelque chance d'être accueillie par les Tribunaux, qui déjà, avant la loi du 23 mars, semblaient se prononcer pour la nécessité de la transcription (voy. Riom, 23 mai 1842; Sir.-Dev., 42. 2. 340; — Caen, 19 mai 1853; J. P., 54. 2. 394). Les Tribunaux verront, d'une part, dans l'assujettissement de ces donations à la formalité, un remède contre le danger des fraudes; d'autre part, ils considéreront sans doute que, si les autres actes constitutifs de servitudes réelles, d'usage et d'habitation sont soumis à la transcription par l'art. 2 de la loi du

23 mars, il y a au moins même raison d'y soumettre les donations de ces mêmes biens.

436. — Avant la loi du 23 mars, on demandait si les donations déguisées sous la forme de contrats onéreux étaient assujetties à la transcription. M. Coin-Delisle enseignait l'affirmative (sur l'art. 939, n° 17). M. Troplong disait, au contraire, que ces donations, par leur constitution même, répugnaient à la nécesité de la formalité (n° 1172). Aujourd'hui, il n'y a plus de difficulté possible, puisque les actes à titre onéreux eux-mêmes doivent être transcrits.

437. — Enfin, il n'est pas douteux non plus qu'une donation grevée de charges ne soit soumise à la formalité, sans qu'il y ait à distinguer si ces charges sont supérieures ou inférieures à la valeur de l'objet de la donation.

LXXV.

Quels sont les actes dont la transcription doit être faite moyennant le droit fixe d'un franc? **Art. 12.**

SOMMAIRE.

438. De la législation sur le droit de transcription des actes contenant vente d'immeubles.

439. Droits sur les échanges d'immeubles.

440. La présentation d'un acte à la formalité de la transcription rend le droit exigible, que la transcription ait été requise à tort ou à raison. — Quel droit doit être perçu lorsque l'acte est subordonné à une condition suspensive. — *Quid* si le même acte donne lieu à transcription dans plusieurs bureaux?

441. La loi du 23 mars n'a apporté aucune modification aux principes antérieurs. — La transcription des actes ou jugements qui n'étaient pas soumis à la formalité a lieu moyennant le droit fixe d'un franc.

438. — L'art. 52 de la loi du 28 avril 1816 porte ce qui suit : « Le droit d'enregistrement des ventes d'immeubles est fixé à 5 1/2 p. 0/0; mais la formalité de la transcription au bureau de la conservation des hypothèques ne donne plus lieu à aucun droit proportionnel. »

Cette disposition eut pour but de rendre obligatoire le paiement du droit de transcription, qui auparavant était facultatif, et elle confondit le droit de transcription, qui était de 1 1/2 p. 0/0 du prix intégral des mutations (art. 15 L. 21 ventôse an VII), avec celui d'enregistrement, qui était de 4 p. 0/0 (art. 69, § 7, n° 1, L. 22 frimaire an VII).

L'art. 54 de la même loi dispose : « Dans tous les cas où les actes *seront de nature à être transcrits* au bureau des hypothèques, le droit sera augmenté d'un et demi pour cent, et la transcription ne donnera plus lieu à aucun droit proportionnel. »

439. — Quant aux échanges, ils sont soumis à deux droits différents : l'un perçu sur l'échange proprement dit, et qui est de 2 1/2 p. 0/0, *y compris le droit de transcription;* l'autre établi sur la soulte, le retour ou la plus-value, réglé, suivant la loi de 1824, par l'art. 52 de la loi du 28 avril 1816, c'est-à-dire à 5 1/2 p. 0/0. En effet, l'art. 16 de la loi du 24 mai 1834 abroge la disposition de l'art. 2 de la loi du 16 juin 1824, qui réduisait à un franc fixe le droit d'enregistrement des échanges dans lesquels

l'une des parties recevait des biens qui lui étaient contigus, et décide ensuite que ces échanges jouiront toutefois de la modération de droit introduite pour les échanges en général dans la seconde disposition du même article. Or, d'après cette seconde disposition, le droit pour les échanges en général est d'*un pour cent*. Ce droit est perçu sur la valeur d'une des parts seulement, et celui d'*un et demi pour cent*, fixé par l'art. 54 de la loi du 28 avril 1816, a lieu également sur la même valeur.

Enfin, le droit réglé par l'art. 52 de la même loi est perçu sur le montant de la soulte ou plus-value.

440. — La jurisprudence décide que la présentation d'un acte à la formalité rend le droit de transcription exigible, que la partie ait requis à tort ou à raison cette transcription.

Il a été jugé que, lorsqu'un acte translatif, mais subordonné à une condition suspensive, est présenté à la transcription, le conservateur ne peut demander que le droit fixe, sauf à exiger le droit proportionnel à l'événement de condition.

Si le même acte donnait lieu à transcription dans plusieurs bureaux, le droit devrait être acquitté en totalité dans le premier bureau, et il ne serait payé pour chacune des autres transcriptions que le simple salaire du préposé (art. 26 et 22 L. 21 ventôse an VII).

441. — La loi du 23 mars n'a rien changé aux principes établis par les lois antérieures. Elle décide seulement que la transcription des actes ou jugements qui auparavant n'étaient pas soumis à cette formalité, doit être faite moyennant le droit fixe d'un franc (art. 12).

442. — Ainsi, les actes constitutifs d'antichrèse, les actes portant renonciation à ce droit, les jugements qui en déclarent l'existence en vertu d'une convention verbale, les actes contenant des baux d'une durée de plus de dix-huit ans, les actes ou jugements constatant quittance ou cession d'une somme équivalente à trois années de loyers ou fermages non échus n'étaient pas, avant la loi du 23 mars, soumis à la formalité, et, par conséquent, ne paieront que le droit fixe d'un franc, outre le salaire du conservateur.

443. — Nous avons à dessein exclu de l'énumération que nous venons de faire les servitudes réelles, ainsi que l'usage et l'habitation.

C'est une question assez grave que celle de savoir si, avant la loi du 23 mars, ces droits étaient ou non soumis au droit additionnel de transcription.

On pourrait très-bien soutenir qu'ils n'y étaient pas assujettis. La loi du 29 vendémiaire an VI portait qu'il serait établi : « un droit proportionnel de 1 1/2 p. 0/0 sur le prix intégral *des mutations que les nouveaux possesseurs voudraient purger d'hypothèques.* » La disposition de la loi du 11 ventôse an VII est conçue dans le même sens. Suivant l'art. 19, il doit être perçu : « un droit sur la transcription des actes *emportant mutation de propriétés immobilières.* » Or, on pourrait dire : il n'y a que les ventes de la pleine propriété ou de l'usufruit qui soient passibles du droit additionnel, puisque ce sont les seules qu'on puisse considérer comme mutations de propriétés immobilières susceptibles d'hypothèques. Les servitudes réelles, l'usage et l'habitation n'en sont pas susceptibles.

Cependant, l'Administration a une autre doctrine; une instruction générale du 20 mars 1807, n° 1205, porte ce qui suit : « Il résulte de l'art. 526 C. civ. que les servitudes ou services fonciers sont immeubles par l'objet auquel ils s'appliquent. Ainsi, les transmissions de servitudes sont sujettes aux mêmes droits d'enregistrement que celles des immeubles. » Ce principe est appliqué par deux décisions des 27 septembre et 4 octobre 1826.

Des règles analogues sont suivies quant aux droits d'usage et d'habitation (voy. *Dict. de l'enregistrement*, v° HABITATION, n° 3), que la régie assimile à l'usufruit.

Les termes de l'art. 52 de la loi du 28 avril 1816 semblent, du reste, de nature à justifier le système de la régie : cette disposition veut que l'on perçoive le droit de 5 1/2 p. 100 sur les *ventes d'immeubles;* or, ces expressions paraissent bien embrasser dans leur généralité les servitudes, l'usage et l'habitation, aussi bien que l'usufruit.

Si cette solution est adoptée, il en résultera que les actes constitutifs de servitudes réelles, d'usage et d'habitation continueront d'être soumis aux mêmes droits que par le passé, et ne seront pas assujettis au droit fixe d'un franc seulement.

444. — Que doit-on décider relativement à l'emphytéose temporaire? Si on suivait la doctrine enseignée par plusieurs auteurs sur la nature de l'emphytéose, le droit de transcription ne serait que d'un franc, puisque, dans l'opinion de ces auteurs, l'emphytéose n'a pas une nature différente de celle des baux ordinaires ou à longue durée. Pendant un long laps de temps, l'administration, ne tenant

compte que de l'élément de durée du bail, pensa que les baux emphytéotiques temporaires devaient être considérés comme des baux à durée limitée, et par conséquent assujettis au même droit que les baux à ferme ou à loyer (Circulaire du 16 messidor an VII. — Délibération des 23 mai 1833 et 21 janvier 1834).

Mais aujourd'hui, et d'après une jurisprudence constante (voy. notamment : arrêts 18 mai 1847, 6 mars 1850 et 17 novembre 1852, 26 août 1853), la Cour de cassation décide qu'en raison de la nature du droit transmis, l'acte constitutif d'un bail emphytéotique est soumis au droit proportionnel de mutation immobilière.

Quelles que soient les raisons que l'on puisse faire valoir contre cette jurisprudence, aussi longtemps qu'elle sera maintenue, ce n'est pas le droit fixe, mais le droit additionnel de 1 1/2 p. 100 qui sera perçu.

FIN.

TABLE MÉTHODIQUE DES MATIÈRES.

FIN DE LA TABLE MÉTHODIQUE DES MATIÈRES.

TABLE ALPHABÉTIQUE & ANALYTIQUE.

(Les chiffres indiquent les numéros d'ordre.)

A.

B.

C.

D.

E.

F.

G.

H.

I.

N.

P.

Q.

R.

S.

T.

FIN DE LA TABLE ALPHABÉTIQUE ET ANALYTIQUE.